JN098357

カナダ☆

アメリカ合衆国★ 🚀

フランス領ギアナ★ 🚀

コスタリカ☆

ベネズエラ☆

コロンビア☆

エクアドル☆

ブラジル☆ 🚀

チリ☆

アルゼンチン☆

🚀　人工衛星打上げ用の射場を有する国

　　宇宙活動を実施するための網羅的な
　　許認可制度を有する国（★）

　　包括的な宇宙活動のための許認可制
　　度はもたないが，宇宙活動に関する
　　何らかの法令を有する国（☆）

ージーランド★ 🚀

宇宙ビジネスのための
宇宙法入門

Introduction to Space Law for Entrepreneurs

第3版

小塚荘一郎・佐藤雅彦 編著

Souichirou Kozuka　　Masahiko Sato

有斐閣

　本書の初版が出版されたのは，2015（平成27）年のことであった。当時，米国にはいくつもの宇宙ベンチャーが現れていたが，日本では「ニュースペース」という言葉も知られておらず，宇宙ビジネスはもっぱら既存の大企業のものであった。宇宙活動を規制する法律もまだ日本には存在しない時期で，日本の宇宙法と言えば宇宙基本法とJAXA法だけであった。

　それから9年を経て，状況は大きく変化した。宇宙ベンチャーが日本にも続々と出現し，これまで宇宙ビジネスとは無縁であった企業が「月面産業」を語るようになっている。民間宇宙活動のために許可制度を創設した宇宙2法に加えて，世界でも数少ない宇宙資源に関する法律までもが制定された。国際関係においても，月面活動の活発化を視野に入れたアルテミス合意や日米宇宙協力枠組協定の締結など，大きな進展が見られた。そして，本書の初版にどの程度の読者がいるのかと不安を覚えていたことがうそのように，多くの大学生や実務家，さらには高校生からも，宇宙法への関心を聞くことが増えた。2023（令和5）年には宇宙法模擬裁判大会のアジア太平洋地区予選が日本で開催されたが，それも，こうした背景の下で実現したことである。

　改訂すべき箇所の多さに悲鳴を上げながら，この9年間の歩みを確認する機会を持ち得たことは，著者としてこの上ない幸せであった。反面で，通り一遍の条文の解説であれば簡単に入手できるようになった現在，本書に求められるものは何かと悩みながらの改訂作業ともなった。宇宙ビジネスの歴史と現状をふまえつつ立体的に宇宙法を記述するように心がけたつもりであるが，その成否は読者の判断に俟たなければならない。

　第3版の編集作業は，有斐閣実務書編集部の五島圭司氏が担当してくださった。本文の一部についてはJAXAの税所大輔氏に目を通していただき，また校正などの作業には，小塚ビジネス法研究所の藤原もと子さん，一宮舞さんの手を煩わせた。ここに記して，感謝の気持ちをとどめたい。

　　令和6年3月

著者を代表して

小塚荘一郎

　本書の初版は，2015 年の 1 月に出版された。その翌年，2016 年（平成 28 年）には，宇宙 2 法と呼ばれる「人工衛星等の打上げ及び人工衛星の管理に関する法律」（宇宙活動法）および「衛星リモートセンシング記録の適正な取扱いの確保に関する法律」（衛星リモセン法）が成立し，日本にもいよいよ，民間宇宙活動を国内法に基づく許可制度の中で監督し，宇宙条約等の実施を確保するという体制が成立した。宇宙 2 法は，2017 年に宇宙活動法の一部を除いて施行されており，残る部分も 2018 年 11 月には施行される。

　そうするうちにも，宇宙ビジネスの動きは速く，new space と呼ばれる革新的な宇宙ビジネスが，日本にも生まれてきた。近年では，伝統的な宇宙産業が築き上げてきた財産（legacy）を，new space の革新性と融合させ，新たな可能性を開いていくことの必要性が説かれるようになった。このような事業者間の提携を効果的に進めるためにも，宇宙ビジネス法がもつ意味は，いよいよ大きくなるといえる。

　宇宙ビジネスの観点から宇宙法を考えるというわれわれの問題意識は幸いにして多くの読者に受け入れられ，本書の初版は，広い範囲の読者に温かく迎えられた。宇宙法に対する関心も，法律家コミュニティの内外で，かつてないほどに高まっている。このことは，われわれにとって，文字どおり望外の喜びであった。しかし，宇宙法と宇宙ビジネスが大きく変化していく中で，当初の評価に安住するわけにはいかない。そこで，最新の動向を取り込んで，ここに第 2 版を世に送ることとした。

　改訂に際しては，new space 企業のひとつとして知られる株式会社エールから，図版の提供をいただいた。ここに記して厚く御礼を申し上げる。また，初版に引き続き，第 2 版の編集にもご尽力をいただいた株式会社有斐閣の笹倉武宏氏にも，著者一同から感謝を申し上げたい。そして，ここで一々お名前を挙げることは控えるが，各著者が執筆に際して直接，間接の負担をかけている研究室のスタッフや家族にも，心から感謝の思いを伝えたい。

　　2018 年 2 月

著 者 一 同

　大学で宇宙法の講義を行っていると,「宇宙法の授業があるのですか。面白そうですね。」などと言われる。「子供の頃から宇宙に興味がありました。一度話を聞かせて下さい。」と言ってこられる方もある。宇宙に対して夢を抱き,ロマンを感じる人の数は,日本では,かなり多いらしい。

　ロケットであれ衛星であれ,宇宙機器を製造するには高度な技術が必要になる。だから,宇宙活動を行う能力は,国の産業の底力を示す指標である。幸いにして,日本の宇宙産業は,世界でも高い評価を受けてきた。しかし,それを宇宙ビジネスとして展開するためには,技術力だけでは十分とは言えない。収益を生むビジネスモデルを開発し,技術リスクその他のリスクを適切に管理してはじめて,「宇宙活動」を「宇宙ビジネス」にすることができる。それを実現した企業は,世界でも,まだ数えるほどしかない。

　そうした宇宙ビジネスにとって,宇宙法が持つ役割は,実はきわめて大きい。宇宙活動の枠組を形づくる国連の宇宙諸条約はもとより,契約や保険などによるリスク管理にも,宇宙活動に特有の事情が反映される。もっぱら国家プロジェクトとして宇宙開発が進められた時代からの慣行や実務も,いまに至るまで大きな影響を及ぼしている。本書は,これらを含む広い意味での宇宙法について,現在の姿を描き出そうとしたものである。日本でも,宇宙活動法の制定がいよいよ現実的な課題として語られるなど,宇宙法は,日々新たな展開を見せているが,本文の記述では,2014 年（平成 26 年）秋頃までの動きをフォローした。

　本書の執筆にあたっては,多くの方から御助力をいただいた。原稿に対して,御意見や御指摘を寄せられ,また資料を提供して下さった,栗井勇貴弁護士（TMI 総合法律事務所）,植野公介弁護士（TMI 総合法律事務所）,宇治勝氏（一般社団法人日本航空宇宙工業会）,大塚聡子氏（日本電気株式会社）,小貫正弘氏（日本スペースイメージング株式会社）,北永久弁護士（弁護士法人御堂筋法律事務所）,北島隆次弁護士（TMI 総合法律事務所）,白井恭一氏（東京海上日動火災保険株式会

社), 杉田尚子氏 (独立行政法人宇宙航空研究開発機構), 秦重義氏 (一般社団法人日本航空宇宙工業会), 深津功二弁護士 (TMI 総合法律事務所), 藤野将生弁護士 (オリック東京法律事務所・外国法共同事業), 渡辺忠一氏 (三菱スペース・ソフトウエア株式会社) の皆様に, 厚く御礼申し上げる。もちろん, 記述の内容については, 著者たちがすべての責任を負っている。なお, 著者たちはそれぞれ, 直接, 間接に宇宙政策とかかわりを持っているが, 本書に書いたことはすべて, 個人の立場で述べる意見である。その所属する組織や機関の見解は, どのような意味でも反映されてはいない。

　最後に, 有斐閣書籍編集部の笹倉武宏氏にも, 著者一同から御礼申し上げたい。こうした書物は時期尚早ではないかと躊躇する著者たちの背中を押して, 本書の刊行を実現させたものは, ひとえに, 笹倉氏の熱い情熱であった。

　著者たちは, 身近な人と過ごす時間を執筆に使わせてもらったり, 研究室スタッフに作業を手伝ってもらったりして, 周囲の人々に助けられている。そうした方々には, 完成した書物を手に, それぞれが, 感謝の思いを伝えることにしよう。

　　2014 年晩秋

著 者 一 同

about the author　｜　著者紹介　　（50音順。肩書きは2024年3月現在）◈

◈ 著者紹介

青木 節子 ◉　Setsuko Aoki　　▶▶ 第2章・第4章Ⅰ5執筆

慶應義塾大学大学院法務研究科教授

　慶應義塾大学法学部卒業。カナダ，マッギル大学法学部附属航空・宇宙法研究所博士課程修了。D.C.L.（法学博士）。立教大学法学部助手，防衛大学校社会科学教室専任講師，助教授，慶應義塾大学総合政策学部助教授，教授を経て，2016年4月より現職。

小塚 荘一郎 ◉　Souichirou Kozuka　　▶▶ 第4章Ⅰ6〜7・第5章・第6章執筆

学習院大学法学部教授

　東京大学法学部卒業。博士（法学）。千葉大学法経学部助教授，上智大学法科大学院教授等を経て，2010年4月より現職。

佐藤 雅彦 ◉　Masahiko Sato　　▶▶ 第3章・第4章Ⅰ4執筆

宇宙航空研究開発機構（JAXA）ワーク・ライフ変革推進室長，総務部参与（法務担当）。慶應義塾大学法学部非常勤講師，学習院大学法学部客員教授

　学習院大学法学部法学科卒業。ジョージワシントン大学国際関係大学院宇宙政策研究所客員研究員，JAXA総務部法務課，人事部人事課長，ワシントン駐在員事務所長，評価・監査部長等を経て，2023年7月より現職。国際宇宙法学会理事。

竹内 悠 ◉　Yu Takeuchi　　▶▶ 第1章・第4章Ⅰ1〜4・Ⅱ執筆

宇宙航空研究開発機構（JAXA）研究開発部門研究推進部参事

　上智大学法学部地球環境法学科卒業。一橋大学国際・公共政策大学院，カナダ，マッギル大学法学部附属航空・宇宙法研究所修士課程修了。慶應義塾大学大学院法学研究科後期博士課程修了。博士（法学）。JAXA総合技術研究本部，総務部法務課，第一宇宙技術部門，有人宇宙技術部門，外務省総合外交政策局宇宙室（出向）等を経て，2023年10月より現職。2015年から2017年まで慶應義塾大学法学部非常勤講師。

水野 素子 ◉　Motoko Mizuno　　▶▶ 第1章・第4章Ⅰ1〜4・第6章執筆

参議院議員

　東京大学法学部卒業。ライデン大学国際法修士課程修了。中小企業診断士。外務省国際科学協力室（出向），JAXA総務部法務・コンプライアンス課長，調査国際部参事等を経て，2022年7月より現職。2010年から2019年まで東京大学公共政策大学院非常勤講師，2013年から2014年まで慶應義塾大学法学部非常勤講師。

v

目 次

CHAPTER 1 イントロダクション 1
◈「宇宙法」は宇宙ビジネスをキャッチアップしているか？

CHAPTER 2 宇宙活動の基本ルール 27

カバー画　水循環変動観測衛星「しずく」（GCOM-W1）
© 宇宙航空研究開発機構（JAXA）

CHAPTER 1

イントロダクション

「宇宙法」は宇宙ビジネスをキャッチアップしているか?

I 旅行代理店で「宇宙へのパックツアー」を買ってみよう!

宇宙旅行が現実に ◉ 本書を手に取る方の多くが幼少期に宇宙飛行士という職業, 少なくとも宇宙に行くという行為に一度は憧れたり, 技術の進歩で将来当たり前に宇宙に行っている自分を想像したことがあるのではないだろうか。大人になるにつれ夢物語としてあきらめ, 記憶の彼方に捨て去ってしまった未知なる世界への冒険。

現在でも職業宇宙飛行士になるのは至難の業, 狭き門である。日本では宇宙航空研究開発機構 (JAXA) が不定期に宇宙飛行士の募集を行っているが, 自然科学系の素養を備えた人だけが対象で, 合格後も, 職業宇宙飛行士として宇宙空間での作業を完璧にこなすため, 何年にもわたる訓練や学習を経てようやく宇宙空間に到達することができる。それでもこの狭き門をめぐって, 毎回応募者が殺到する。

人はなぜ宇宙に惹かれるのだろうか。未知なるものへの好奇心, フロンティアの開拓精神, 資源獲得による富の獲得など, 様々な理由が挙げられている。生命の進化の過程, すなわち, 太古の昔に海上から陸地に進化した生命が重力の呪縛を解かれる時代であるという説もある。

Figure 1.1 ◉ 民間宇宙旅行の販売

（出典）　株式会社クラブツーリズム・スペースツアーズのウェブサイト

　大自然のど真ん中でこぼれるほどの星空を見て，あるいは夜空でひと際大きく輝く満月を見て，人は太古から手に届きそうで届かないもどかしさとあきらめを感じてきた。今日の技術的発展をしても，やはり自分は宇宙に到達できないのか……。しかし，あきらめるのはまだ早い。今や旅行代理店に行けば，宇宙旅行を買える時代なのだ。代表的な例としては，クラブツーリズム株式会社が 2005 年 5 月に日本での民間宇宙旅行の販売について，ヴァージン・ギャラクティック社と提携し，販売を開始している（同社は 2014 年 1 月にクラブツーリズム・スペースツアーズを設立）。

宇宙旅行機の開発競争 ◉　1998 年の「ペプシ 2001 年宇宙の旅キャンペーン」をご記憶の方もいるだろう。アーサー・C・クラークとスタンリー・キューブリックによる小説や映画を彷彿とさせるセンセーショナルな企画である。当選者は，米国の ZEGRAHM SPACE VOYAGES 社が企画した「Space Tour」に招待されたが，残念ながら 2001 年までに宇宙旅行用の機体が開発されなかった。当選者は 1000 万円ともいわれるキャッシュバックか機体の開発を待つかの二者択一となったが，多くの当選者が開発を待つ道を選択し，フライトを楽しみにしている。

　これは，地球の軌道周回を行わず，弾道飛行により地上 100km に到達後，数分間滞在する「サブオービタルフライト」といわれるものである。この弾道飛行による宇宙旅行の実現を具体化したのが，米国西海岸に本拠を置くXプラ

イズ財団である。Ｘプライズ財団は，大富豪アンサリ氏の資金提供により，賞金1000万ドルの弾道宇宙旅行用機体開発コンペティション「アンサリ・Ｘプライズ」を実施した。このコンペティションは，航空機技術の発展を加速し，海外旅行の日常化をもたらすきっかけとなったリンドバーグの大西洋横断に着想を得ている。リンドバーグによる大西洋横断は，フランス人のホテル王オルティグによる国際コンペティションにより実現した。Ｘプライズ財団は，アポロ計画の成功後すぐに到来すると思われつつ一向に実現しない宇宙旅行時代を自らの手で手繰り寄せようと，米国を中心とした創意あふれる起業家や，IT関係で成功した資産家と協力し，宇宙旅行機体開発のコンペティションを開催したのである。

ベンチャー気質 ◉ このアンサリ・Ｘプライズには世界各国から26チームが参加した。しかし残念ながら，日本からの参加チームはゼロであった。米国を中心とした多くのチームが，大学院生などと航空宇宙系OBが提携し，民間投資家が資金を注入する形であった。若手のユニークな発想を経験豊富な技術者が補強し，新たなビジネスチャンスを狙った投資家が資金提供をするビジネスモデルである。日本ではベンチャーが育ちづらいといわれる。終身雇用制度による人材の非流動性，資金獲得の困難さなどを背景とするベンチャーの少なさは，現代の日本社会の閉塞感の象徴でもある。

なお，Ｘプライズ財団がその後2007年に開始した「グーグル・ルナ・Ｘプライズ」（月面に宇宙機を着陸させ，500m以上走行し，画像を地球に送信することを課題とするコンペ，Googleがスポンサー）では，日本のチームHAKUTO（探査機SORATO）が5組のファイナリストに選出されている。

宇宙旅行時代の幕開け ◉ アンサリ・Ｘプライズでは，スケールド・コンポージット社が開発したスペースシップワンが2004年に高度100km到達などの条件を満たし，1000万ドルの賞金を獲得した。ヴァージン・グループ会長のリチャード・ブランソン氏が設立した宇宙旅行会社ヴァージン・ギャラクティック社がスケールド・コンポージット社との技術提携により事業化を果たし，2023年6月29日にスペースシップツーにより初の商業飛行に成功した。そのわずか9日後には，アマゾンの創業者であるジェフ・ベゾス氏が設立したブルーオリジン社もニューシェパードによる初の商業

飛行に成功した。人類の長年の夢であった宇宙旅行の時代がついに到来したのである。

サブオービタル宇宙旅行のチケット代はヴァージン・ギャラクティック社で45万ドルで、すでに約800人が予約しているという。残念ながら庶民にはなかなか手が届かない価格で当面は富裕層を対象としたビジネスとなるが、各社とも技術リスクや製造・運航コストを低減させ、将来は100万円程度まで価格を低減させることを目指し、しのぎを削っている。日本でも、九州工業大学から生まれた宇宙ベンチャーの株式会社 SPACE WALKER と ANA ホールディングスおよびエイチ・アイ・エス等から出資を受けた PD エアロスペース株式会社とが有人宇宙飛行機の開発を目指している。そう遠くない将来に、少し貯金すれば宇宙に行ける時代が実現するかもしれない。

商業宇宙港 ◉ 米国では宇宙旅行ビジネスの発展を見込んで複数の商業宇宙港（スペースポート）が存在し、州政府と連携して事業者の誘致に乗り出している。宇宙旅行者は大枚をはたいてサブオービタル宇宙旅行を購入するが、宇宙空間での滞在時間はほんの数分である。そのため、リッチな環境での訓練や前後の滞在をセットとした1週間程度のパックツアー全体のバリューが顧客獲得競争での重要な鍵となっている。サブオービタル宇宙旅行は、ホテルや観光、関連グッズなどのハイエンド向けの関連ビジネスも期待できる有望産業なのである。

日本でも、鹿児島県種子島と内之浦（肝付町）にある2つの JAXA の射場とは別に、PD エアロスペース株式会社が拠点を置く沖縄県宮古島市の下地島や、北海道大樹町、大分空港の活用を目指す大分県などいくつもの地点でスペースポートの構想があり、そうした活動の連携・支援組織として一般社団法人 Space Port Japan も設立されている。

今でも種子島や内之浦での JAXA の打上げは毎回多くの観光客が詰めかける。既存の日本や海外の打上げ見学をより身近に、あるいはエンターテインメントとしてより豪華に楽しむ旅行パッケージにも、高いニーズがある。世界の射場をめぐるツアーなど、宇宙をテーマとした旅行にも商品価値はあるだろう。

ISS への宇宙旅行 ◉ 軌道を周回しない弾道宇宙旅行は、訓練込みで約1週間、宇宙（無重力環境）に滞在できるのはわずか数分程度である。もう少し資金的に余裕があり、長期の訓練の時間を確保する

ことができる人は，プロの宇宙飛行士並みの「国際宇宙ステーション（ISS）1週間の旅」を購入することができる。ロシアのソユーズロケットでカザフスタンのバイコヌール基地から出発し，国際宇宙ステーションに約1週間滞在するこの宇宙旅行は，ロシア宇宙庁と提携した米国のスペース・アドベンチャーズ社が販売を開始し，前澤友作氏をはじめ複数の民間人がISSへの旅を楽しんでいる。2022年4月には，アクシオムスペース社が手配してスペースX社が運航する有人宇宙船クルードラゴンによる初の民間人ISS滞在が実現した。スペースX社は月周回旅行の募集も開始しており，前澤氏が初飛行の有力候補となっている。

　2011年に米国のスペースシャトルが退役してから，国際宇宙ステーションに往復する有人ロケットはロシアのソユーズ宇宙船のみの時代が長く続いたが，2020年にスペースX社のクルードラゴンの初飛行が成功し宇宙旅行の可能性は一気に広がった。この「国際宇宙ステーション滞在の旅」のチケット代は依然として50～80億円程度といわれ，スペースX社が販売する「月周遊の旅（月面着陸は行わない）」に至っては，価格は100億円を超えるといわれている（月周回用機体はまだ開発中）。しかし，今や宇宙に行けるのは「選ばれし宇宙飛行士」だけではないのである。

　リッチな宇宙旅行，おそらく一生に一度の特別な旅に出かける旅人は，旅心をくすぐる様々な演出やサービスを求めている。スタイリッシュな宇宙服，機内での短時間の無重力浮遊状態を失敗なく撮影するポータブルカメラ，訓練のために滞在するラグジュアリーなホテル，宇宙旅行気分を盛り上げる食事や音楽，またとない記念旅行を記録するビデオ撮影サービス，宇宙旅行に無理なく適合するための体調管理，宇宙ウェディング……。宇宙旅行にはビジネスチャンスとしても様々な可能性がある。

Ⅱ　人類の宇宙進出と宇宙法

　宇宙活動を律する宇宙法の全体像を，その歴史とともに概観してみよう。

　人類の宇宙飛行で最も有名かつ衝撃的だったのは米国のアポロ計画であろう。東西冷戦下の米国では，1957年のスプートニク・ショックに始まる米ソ間の

Figure 1.2 ◉ アポロ宇宙計画

左：オルドリン飛行士の国旗敬礼，右：月から見た地球（Earthrise）

（出典）　NASA ウェブサイト

宇宙開発競争において，旧ソ連に対する劣勢に業を煮やしていた。宇宙空間を周回するスプートニクが発するビーコン音は，「ソ連は宇宙から米国を監視しいつでも攻撃できる」というメッセージとして米国関係者に響いたという。この劣勢を挽回すべく時のケネディ大統領が打ち出したのが世界初の月面有人着陸，アポロ宇宙計画である。当時の国際情勢や政治的環境を背景に，莫大な資金を投下して驚くべき短期間で，1969 年に人類の月への第一歩が記録されることになる。

　当時圧倒的な経済力や技術力を誇った米ソ超大国による宇宙競争の過熱に国際社会の不安も高まった。国連はスプートニクが打ち上げられた翌年の 1958 年に宇宙空間平和利用委員会（COPUOS：United Nations Committee on the Peaceful Uses of Outer Space）を招集した。COPUOS は翌 1959 年から正式に常設委員会となり，今日では 100 カ国以上が参加する国連での最も大きな委員会のひとつとなっている。この COPUOS の全体議長を JAXA（宇宙航空研究開発機構）の堀川康氏が 2012 ～ 2013 年にかけて，科学技術小委員会議長を宇宙飛行士の向井千秋氏が 2017 年に，法律小委員会議長を本書共著者の青木節子教授が 2021 ～ 2022 年にかけてそれぞれ務めている。近年日本の宇宙技術や国際貢献が国際社会に高く評価され，信頼されている証といえよう。

　COPUOS は科学技術小委員会と法律小委員会を擁し，法律小委員会での検討をもとに 1960 年代から 1970 年代にかけて現在の国際宇宙法（宇宙公法）の基本的な骨格をなす 4 つの条約，すなわち，宇宙の憲法といえる「宇宙条約」

Figure **1**.3 ● COPUOS 議場の堀川康議長（右から 2 番目）

と，その細則を定めた「宇宙救助返還協定」，「宇宙損害責任条約」および「宇宙物体登録条約」を生み出した。なお，同じく COPUOS が起草した「月協定」は，発効はしたが加盟国が少なく，実効性が疑問視されている。

　COPUOS は 1 カ国でも反対すると合意を形成できない「コンセンサス方式」を採用している。冷戦下の危機感が薄れ，加盟国も増加し多様化した現在では，コンセンサスを形成するのが困難であり，機能不全が問題視される。近年，宇宙のゴミ（スペース・デブリ）が問題となっている。スペース・デブリは宇宙空間に存在する機能していない人工物であり，小さなものでも超高速で移動しているため，衛星に衝突すれば機能不全を起こすなど，甚大な被害を生じる。宇宙関係条約では，デブリ衝突による損害や除去費用を誰が負担すべきかについては明確な規定がない。宇宙条約 9 条の汚染防止義務への違反を根拠にデブリを発生させた国に責任を負わせる考え方もあるが，COPUOS でのコンセンサスは容易ではない。

　このスペース・デブリ問題に対する規制ルールが国連の枠外である IADC（Inter-Agency Space Debris Coordination Committee：宇宙機関間でスペース・デブリに関する問題を調整する国際委員会）で主導されるなど，国連以外の場での当事者の合意で国際レジームが発展する動きもみられる。しかし最近では法的拘束力はないものの国家に一定の行動を促す勧告的な意義を有する国連総会決議などの法文書（ソフトロー）を複数生み出すなど，法規範作成に関する COPUOS の一定の機能が再評価されるようになっている。

Ⅲ 宇宙法の種類

　本書でこれから扱う様々な「宇宙法」について，便宜上4つの類型に整理して説明する。

1 国際宇宙公法（国際法──国家間のルール）

　国際宇宙法は国際公法のひとつのジャンルである。国際法は国際社会における国家間の活動を律するものであり，国際法の主体は国家であって私人には国際法上の法人格がない。

　この国際宇宙公法の類型の代表的なものは，国連宇宙空間平和利用委員会（COPUOS）が起草した宇宙関係5条約である。COPUOSが起草した宇宙活動に関する国連総会決議等も，ソフトローではあるが，この類型に準じる。また，国連の外で当事者間の合意により締結された国際宇宙ステーション協定（IGA）などの国際協定，また，日米宇宙協力枠組協定などの二国間の宇宙条約も国際宇宙公法に含まれる。宇宙活動の発達と多様化に伴い，空法，海洋法，環境法，安全保障関係の国際規範など，宇宙以外の分野の国際公法との関係性が高まっている点にも注意したい。

　宇宙関係条約の内容には時代背景が強く影響している。それらの多くは，米ソの対立を背景に国家が安全保障を念頭に宇宙開発にしのぎを削っていた時代に作成されたため，民間による自由かつ多様な宇宙活動はほとんど想定されていなかった。その結果，民間の宇宙活動により生じた損害であっても，民間事業者を監督する立場である国家が直接国際社会に対して責任を負うものとされた。

　近年民間による多様な宇宙活動が進展している。宇宙条約8条は，「宇宙物体の所有権は宇宙活動により影響を受けない」旨規定している。国際宇宙法における宇宙物体に対する「管理管轄権」や「無過失賠償責任」などの国家の権利義務と，「所有権」などの私法上の権利義務の整理は，今日発展しつつある宇宙ビジネスに付随する課題のひとつである。

　なお，国際宇宙法学会（IISL）では，アポロ時代に形成された「国家」によ

る宇宙活動を主眼とした現在の宇宙関係条約には限界があるため，航空法をモデルに民間事業者を主役とした国家間の条約を制定することを念頭に置いた，宇宙交通管理（STM：Space Traffic Management）の概念による法整備の提案も行われている。

2 国内宇宙法（国内公法──国と私人の間のルール）

　国際宇宙公法は国家間の関係を規律するものであり，民間の活動を具体的に規律するのは各国が制定する国内法である。しかし，宇宙活動を律するための国内法が未発達な国が多く存在し，宇宙関係条約に参加しても義務が完全に履行されない可能性もある。宇宙条約履行の具体的な手続も国内法によるため，バラツキが生じる。さらに，そもそも宇宙活動を行っているのに宇宙関係条約の全部または一部に参加せず，国際的な義務を免れている国もいまだに多く存在する。これらの問題を解決するため，COPUOS では宇宙関係条約への参加や国内法の制定を促すとともに，各国の国内実行に関する情報を集めて提示する取組みも行われている。

　今日の民間宇宙活動はこのようなあいまいな法的環境の下で急速に発達かつ多様化し，また，国際的なアライアンスを伴い複雑化している。国際企業コンソーシアムのシー・ローンチ社は，当初英国ケイマン諸島に設立され，宇宙条約未加盟のリベリア船籍の船舶で公海上から打上げ事業を行った。このように，規制が緩い国家に本籍を置くフォーラム・ショッピングの問題も発生している。また，民間活動に対する規制が不十分なため，スペース・デブリの増加にもつながっている。

日本の国内宇宙法　　　国内宇宙法の整備について，わが国を例にとって具体的にみてみよう。日本では，戦後まもなく大学や公的機関を中心にロケットや衛星の研究開発が始まり，現在では世界有数の技術力を有し，多様なプレイヤーが宇宙ビジネスを展開している。しかし，2008年の宇宙基本法制定までは，日本の国内宇宙法の発展は緩慢であった。

　国内の宇宙法の未発達は，宇宙開発利用に対する法的対応のバラツキももたらす。国際宇宙ステーション（ISS）での活動を例にとってみよう。ISS で日本人宇宙飛行士が誤って他国の宇宙飛行士に危害を与えたケースを仮に想定して

みる。国際宇宙公法としての国際宇宙ステーション協定（IGA）は22条で刑事裁判権に関する国家間の法律の適用関係を整理しており，被疑者の国籍国の法律が優先的に適用される。しかし，わが国の刑法上，宇宙空間は「国外」と位置づけられているため，刑法3条に限定列挙された国外犯に該当する場合を除けば適用対象外となる。そのため，わが国の宇宙飛行士は被害者の国籍国など他の関係国の法律により裁かれる不利益を被ることになり，被疑者保護の観点で課題がある。わが国の刑法1条2項では日本国外にある日本船舶または航空機内にも日本の刑法を適用する旨規定している。日本ではいまだ一般国内法を改正して宇宙物体を適用対象に加えるほど宇宙活動はメジャーな活動とは認識されていないが，米国のように，柔軟に法改正を行ってISS全体に国内法を適用して幅広く法的利益を確保しようとする国も存在する。

　また，衛星を輸入して種子島などで打ち上げる場合の課税にも同様の問題がある。物品を一時輸入して再度輸出する場合は関税定率法17条の再輸出免税の制度が適用され，消費税も含めて無税となる。しかし，関税法2条1項2号は，輸出とは内国貨物を「外国」に向けて送り出すことをいうと定義しており，宇宙空間などの「国外」に向けて移送する場合は「外国」でないため輸出には該当せず，再輸出免税は適用されないのである。産業振興のために宇宙物体の輸出入免税を打ち出している国は多い。消費税率が上昇しており，宇宙という将来有望な分野の産業振興を念頭に置いた税制的な措置も期待したい。

　これらの問題は，日本において宇宙活動を総合的に捉えた法規範の発展が不十分であることの証左といえる。ようやく2008年に宇宙基本法が定められ，外交・安全保障や産業振興など宇宙開発利用の目的の拡大や国家の実施体制の再編が行われた。しかし，それだけでは宇宙条約6条で定められた非政府団体の宇宙活動に対する許可および継続的監督には不十分である。そのため，2016年に「人工衛星等の打上げ及び人工衛星の管理に関する法律」（「宇宙活動法」）および「衛星リモートセンシング記録の適正な取扱いの確保に関する法律」（「衛星リモートセンシング法」）が制定された。しかし，サブオービタル事業や有人宇宙飛行は許可の対象外であるなど，今後も法政策のさらなる発展が必要である。

3 宇宙私法 （契約法——私人間のルール）

　今日の宇宙ビジネスは多様化している。たとえば気象情報による天気予報やGPS衛星を利用したカーナビゲーション・サービス，低軌道コンステレーション衛星を利用した高速通信サービスなど，日常に密接に関連する私人間のビジネスが急速に増加している。国家と私人という視点のみならず，私人間の契約の問題として，一般の民法や商法など私法の分野で宇宙ビジネスが適切にとらえられているか検討する必要がある。一方で，ウクライナ戦争においてスペースX社の衛星通信サービスが明確に軍事利用目的で供与されたように，宇宙分野は国家政策が密接に絡み，一般的なビジネスの常識が通用しない局面も存在する。公法と私法が交錯する今日の宇宙ビジネスを発展させるための法制度はいかなるものであるべきかも本書の検討課題のひとつである。

　こうした問題については，宇宙活動を対象としているものの，宇宙法の特有の法制度よりも，各国の一般的な国内法の方が重要な意味をもつ。宇宙ビジネス法を専門とする弁護士が日常的に行う法実務の分野である。そのような専門の弁護士が集まって意見を交わす場として，国際法曹協会（IBA）に宇宙法委員会が設けられている。

4 国際宇宙私法 （各国私法の適用関係を調整するルール）

　私法は私人間の活動を律するものであり，国際私法は私法の適用関係を調整するルールである。この国際私法の分野でも，最近宇宙がひとつの領域を形成しつつある。

　宇宙ビジネスに関するルールのほとんどは，企業間の取引に関する契約法や，企業が起こした事故についての不法行為法など，各国の国内法である。すると，いくつかの国の企業や民間人が関与する国際的な紛争の場合には，どの国の民事法を適用するべきかという，国際私法（準拠法選択）の問題が発生する。準拠法の選択は，訴訟が提起された裁判所が，自国の国際私法ルール（わが国であれば，法の適用に関する通則法）に基づいて決定することになるが，現在のところ，宇宙活動に特化した国際私法ルールは，どこの国にも存在しない。したがって，裁判所は，宇宙ビジネスを原因とする訴訟を扱う場合には，解釈に

よって準拠法を決定しなければならない。

このとき，宇宙条約が，宇宙物体については登録を行った国が管轄権および管理の権限をもつと定めていることから，それをふまえた準拠法の決定が必要になると考えられている。たとえば，宇宙物体同士の衝突によって損害が発生する場合，不法行為の準拠法は，結果が発生した場所（結果発生地）の法とする考え方が一般的であるが（法の適用に関する通則法17条），宇宙空間にはどの国の主権も及ばないので，結果発生地の法は存在しない。似たような状況は，公海上で船舶が衝突した場合にも生じ，それについて通説は，不法行為当事者の本国法として双方の船舶の旗国法を累積的に適用すると解してきた（最近の裁判例として，東京高決平成29・6・30判例タイムズ1446号93頁。事案ごとに密接関係地法〔法の適用に関する通則法20条〕を探求すべきであるという見解も有力になっている）。これと同じように考えられるかどうか，今後議論していく必要があるだろう。

別のケースとして，宇宙物体の所有権や，宇宙物体上に設定した担保権など，物権の準拠法が問題となる場合がある。物権については，一般に，その所在地法が準拠法となるが（法の適用に関する通則法13条参照），打ち上げられて軌道上にある宇宙物体の所在地は宇宙空間であって，「所在地法」は存在しない。従来，南極のように所在地法が存在しない場合は，占有者の属人法が物権の準拠法になると考えられてきたので，宇宙物体の物権については，宇宙条約8条から，宇宙物体の登録国の法がそれに当たると解釈することができそうである。

このような国際私法による準拠法の決定は，最終的には，それぞれの裁判所の判断によることになるから，端的に，各国の民事法のルールを統一し，準拠法の選択というプロセスを踏まない方が簡単だと思われる。そうした統一法のひとつとして，国際的な私法の統一を任務とする国際組織ユニドロワ（UNIDROIT）で，人工衛星などの宇宙物体に担保物権を設定し，高価なプロジェクト経費への投融資を促進することを目的に作成された「宇宙資産議定書」がある。

ユニドロワ（私法統一国際協会）

第一次世界大戦の余燼がなお燻る1926年，各国の民事法統一を推進するための国際組織として，私法統一国際協会（International Institute for the Unification of Private Laws）が設立された。それは，19世紀後半以来の私法統一運動が，専門の国際組織の設立に結実したものである。「ユニドロワ」（UNIDROIT）は，「法」を意味するフランス語「ドロワ」と，「統一」のニュアンスを込めた「ユニ」を組み合わせた造語であるが，この組織の愛称として定着している。

ユニドロワの本部は，イタリアのローマに置かれた。設立当時の独裁者ムッソリーニが，法に関係する国際組織の本部は，ローマ法以来の伝統をもつローマになければならないと言って，市内にあった中世の貴族の館を無償で提供し，誘致したためである。2023年現在の構成国は65カ国であり，日本は1954年に加盟して以来，理事が連続して選出されている有力な構成国である。

ユニドロワが目指す私法の統一には，既存の国内法の相違を埋めるもののほか，まったく新たな分野に私法のルールを作り出すものも含まれる。そのような流れのなかで，宇宙の商業化が本格的になった2000年頃から，宇宙法にかかわるテーマがユニドロワで取り上げられるようになった。

国際法曹協会（IBA）

国際法曹協会（International Bar Association：IBA）は，国際法務（渉外法務）に携わる法律家の世界的な団体である。設立は1947年で，本部は英国のロンドンにある。各国の法律家が個人として会員となるほか，弁護士会などの法律家団体も会員資格をもつ。現在，個人会員は8万人，法律家団体の会員も200近くを数える。日本弁護士連合会も，1951年以来の団体会員であり，2014年には東京での年次大会を成功させた。

IBAの目的は，世界における法の改革を支援するとともに，法律家の

将来を先導的に形成することにある。各国の法律家が最新の情報を交換し，またネットワークを形成する場を提供するとともに，人権状況の改善や法の支配の確立といった世界の法律家に共通の関心事項について声明を発表したり，国際的なルール形成に関与したりするなどの公益的な活動も行っている。組織的には，様々な法分野に固有の問題に取り組む法実務部門（Legal Practice Division）と，学問的・公益的な活動を担う公益・専門職部門（Public and Professional Interest Division）とから構成されており，このうちの法実務部門には，分野別委員会のひとつとして，宇宙法委員会も設置されている。

　宇宙法委員会では，毎年の年次総会において，実務的な観点から重要な宇宙法のトピックを取り上げ，参加者の間で議論を行ってきた。

IV ｜ 宇宙法の有効性

　冷戦下の国際宇宙競争時代に形成された国際宇宙法，また，それを不完全ながら受容している現在の日本の宇宙法は，今日の多様な宇宙ビジネスにフィットし，機能しているのだろうか。現在の宇宙法と宇宙ビジネスのギャップについて，宇宙旅行になぞらえていくつか例示してみたい。

宇宙の定義　　◉　宇宙法が対象とする「宇宙」の法的な定義を確認しておこう。

　実は宇宙がどこから始まるか，「空」との境目について，法的な定義は定まっていない。大気の物理的組成，すなわち，地球から遠く重力の影響が少なくなるにつれ大気が希薄になる物理的状態から，地上約 100km 以上を宇宙空間とすべきとの見解が多いが，国際法上の合意は形成されておらず，COPUOS の法律小委員会では長く「宇宙空間の境界画定（Delimitation）」が継続議題となっている。宇宙の法的定義は最も基本的な問題であるが，コンセンサスを得られる見込みはなく，永遠の課題である。

　一見簡単そうなこの問題が決着しないのには，政治的な背景もある。空の法律（空法）には国家の主権が及ぶ「領空」という概念があり，他国の領空を通

過する場合は事前通報などの調整や条件が課されることがある。一方で，宇宙条約1条は宇宙活動の自由を謳っており，空法と宇宙法の適用関係の調整が必要となる。もちろん航空機の安全確保は重要な課題であり，宇宙物体の打上げでも航空機の危険を回避するためNOTAM（Notice to Airmen）による国際的な事前周知等は徹底されている。

スペースシャトルなど宇宙空間と空域を有人で往還飛行する「航空宇宙物体」と称される物体への適用法について，かつては「空間説」と「機能説」と呼ばれる主義の対立がみられた。「空間説」はその物体を律する法律は，その物体が存在する空間により空法か宇宙法のいずれかが適用されるものとし，宇宙空間の物理的な境界画定にもつながる主張であった。これに対し，米国などは「機能説」，すなわち物体の機能により適用法を定めるべしとし，宇宙活動を目的とする宇宙物体には常に宇宙法が適用されるとの主張を展開した。

人工衛星は，地球の自転を利用し，垂直ではなく用途により東や南などに向けてロケットで打ち上げる。そのため，海に囲まれた島国でもない限り，100kmより低い高度で他国の領空を通過する可能性が高い。ウクライナのように，隣国との政治的な関係により，国内での射場建設が事実上困難な国も存在する。

日本は幸い南東方向は海に面している。しかし将来スペースシャトルのような往還機を保有する場合は，宇宙からの帰還時には朝鮮半島周辺付近の上空を100km未満の高度で飛行することになり，関係国との事前調整が難航することは想像に難くない。

宇宙旅行への法的対応 ◉ 宇宙旅行は，宇宙と空という境界があいまいな領域に対する2つの異なる法制度（宇宙法，空法）が関係するため，法的対応が複雑である。

サブオービタル用の宇宙旅行機体は小型航空機を改良したような形状が多く，人工衛星打上げ用ロケットとは異なるため，政府航空部局による管理監督が合理的な面がある。しかし，航空機の型式認証制度などの航空法の厳格な規制をそのまま適用すると，せっかく芽が出つつある新ビジネスの足かせとなるため，注意が必要である。

日本では航空法134条の3によりロケットの打上げは原則禁止されており，「国土交通大臣が，航空機の飛行に影響を及ぼすおそれがないものであると認

め，又は公益上必要やむを得ず，かつ，一時的なものであると認めて許可をした場合」のみ可能なのである。

2016年の宇宙活動法は，対象となる人工衛星等の打上げや管理について内閣総理大臣による許可を義務づけている。そのため，現在日本で地球周回軌道以遠に向けて人工衛星等をロケットで打ち上げる場合には，内閣総理大臣の許可と従来の国土交通大臣の許可等の両方が必要である。米国は宇宙旅行機体を含む商業打上げの許認可権限を，日本の国土交通省航空局にあたる米連邦航空局（FAA）が所掌している。産業の発展のためには，米国のように統一的な窓口と基準での取扱いが望ましい。

なお，日本の宇宙活動法は地球周回軌道以遠への打上げを対象としているため，サブオービタル宇宙旅行は対象外である。米国ではインフォームド・コンセント方式により，「政府が機体の安全性を保障していない」旨を宇宙旅行者に説明し，自己責任で搭乗することを確認して署名させることにより，技術的リスクの高い段階で宇宙旅行事業の認可の途を開いた。また，テストフライト用の技術的な基準も定め，段階的な機体認証を行っている。日本でも民間の新たなビジネスを許容し主導する法制度の発展を期待したい。

宇宙飛行士の法的定義 ◉ 宇宙空間の法的な定義は定まっていないため，宇宙飛行士の法的定義も明らかではない。冷戦時代，国家が宇宙に到達した人間の数で国力を競い合った時代には，到達した高度が少し低くても「宇宙飛行士」として認定する傾向があった。サブオービタル宇宙旅行は高度100kmに数分間滞在するが，宇宙飛行士経験者のコミュニティASE（Association of Space Explorers：宇宙探検家協会）の参加資格は，「地球周回1回以上」である。

ここで，国際宇宙公法における宇宙飛行士の定義と，宇宙旅行時代の宇宙旅行者の関係についてみてみよう。宇宙条約5条と救助返還協定は，宇宙飛行士を宇宙空間への人類の使節とみなし，事故，遭難または緊急着陸の場合には条約当事国がすべての可能な援助を与える旨義務づけている。さらに，宇宙飛行士は宇宙物体登録国に安全かつ迅速に送還されるものとして，そのための手続を定めている。

宇宙関係条約の起草時は，冷戦のなか，安全保障を真の目的として米ソが熾烈な宇宙レースを繰り広げていた時代である。東西陣営の間で情報は遮断され

ており，人工衛星や宇宙飛行士は究極の情報収集（スパイ）活動という見方もあった。また，宇宙機には軍事転用可能な機微な先端技術が多く含まれている。そのため，宇宙機や宇宙飛行士の不時着時には迅速に母国に戻してほしいという思惑もあったのかもしれない。

　不時着などの緊急事態には人命を尊重した人道的な救助は必須である。しかし，宇宙旅行時代を迎え，今後増加する弾道飛行の宇宙旅行者への対応には，海外旅行との比較による再検討が必要かもしれない。

安全な飛行のために（デブリ対策） ⊛　スペース・デブリは有人飛行はもとより，あらゆる宇宙活動に対する直接的な脅威となっている。その対策として，現状把握をもとにした衝突回避措置，今後の宇宙活動による増加の抑止措置，既存のスペース・デブリの除去を考える必要がある。

　スペース・デブリの衝突を回避するためには，宇宙物体の軌道等に関する情報等が不可欠である。そのための宇宙状況の監視は，国防を念頭に置いて政府の安全保障部門が運営していることが多く，情報開示が課題となる。宇宙状況の情報を多く蓄積している米国は，デブリ衝突回避を目的とした無償の情報提供サービスを運営している。なお，日本政府と米国政府は 2013 年 7 月にデブリを含む宇宙状況監視（Space Situational Awareness : SSA）に関する情報共有について合意文書を締結しており，航空自衛隊において国内のレーダー，望遠鏡から得られるデータと米国から提供される情報などを集約して宇宙状況監視を行い，民間の衛星事業者に対しても無償での情報提供を行っていく方針である。

　米国では国防総省が SSA を実施し，地球を周回する物体をカタログ化して常時監視している。10cm を超える物体はすべて識別しているといわれ，これらの情報をもとに，国際宇宙ステーションでは 10cm 以上のデブリには観測状況をもとに回避する措置をとり，1cm までのデブリに対応できるバンパーをあらかじめ装備している。しかし，1 〜 10cm までの間の大きさのデブリの衝突が危惧される。

　スペース・デブリをこれ以上増加させないための方策としては，主要国の宇宙機関が自主規制ガイドラインを策定している。宇宙航空研究開発機構（JAXA）の前身である旧宇宙開発事業団（NASDA）は，米国 NASA の翌年，1996 年に世界の宇宙機関で 2 番目にガイドラインを策定し，推進薬を残存さ

Figure 1.4 ⊙ 地球を周回するスペース・デブリ

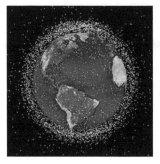
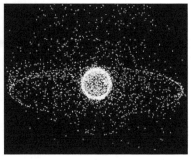

（出典）NASA ウェブサイト

せておいて衛星寿命終了時に影響の少ない軌道に移動させたり，再突入時に燃えやすい材料を使用するなどの措置をとっている。主要宇宙機関がデブリ問題について話し合う IADC では，NASA をはじめとする各宇宙機関の基準をもとに共通的なガイドラインが作成された。スペース・デブリ対策はコストに直結し国際競争力の低下につながり，国際的なバランスをとる必要があるが，現在は世界の主要宇宙機関が IADC に参加している。

　近年，民間宇宙活動が増加しており，スペース・デブリ対策は宇宙機関以外も実施することが望ましい。COPUOS でかねてから国際的なルールを制定する提案がなされているが，スペース・デブリをまったく出さない技術は確立されておらず，現段階で損害賠償責任を明確化して除去を義務づければ新たな負担増になるとして，産業界では反対が根強い。そのため，コンセンサス方式の COPUOS 法律小委員会で法的な規制を検討することは難しく，科学技術小委員会での検討をもとに，IADC の基準を推奨する国連スペース・デブリ低減ガイドラインが 2007 年に採択されている。

　一方で，2007 年の中国による意図的な衛星破壊実験（ASAT）によりスペース・デブリが爆発的に増加したことを受け，スペース・デブリ問題に対する国際社会の危機意識が急激に高まりを見せている。そのため，国際社会の足並みを揃えて宇宙活動を持続可能なものとするための話し合いが国連の内外で続けられている。しかし，国際法レベルではコンセンサス方式の COPUOS での法的規制化が困難であり，民間事業者を含むすべてのプレイヤーに徹底するため

には，事業許可の際に対策を義務化するなどの国内法レベルでの対応が重要となる。

デブリ除去ビジネス ◉ スペース・デブリ除去については，現時点では有効な方式が定まっておらず，日本を含む宇宙活動国が関連技術の開発に努めている。たとえば，JAXA では，導電性テザー（紐状のもの）をロケットの第2段などのターゲットとなるスペース・デブリに着け，徐々に地球周回高度を下げて大気圏に再突入させる手法などを検討している。

日本人が設立した株式会社アストロスケールをはじめ，スペース・デブリ除去を新たなビジネスチャンスととらえ，ビジネスモデルを検討する動きも始まっているが，そこには法的課題もある。

有人月探査 ◉ アポロ時代から半世紀を経て，ようやく月への基地の建設が現実味を帯びてきた。巨額な費用を必要とする有人月探査推進に対するアンチテーゼで代表的なものは，「月面探査はすでに実施済」である。しかし，アポロ時代以降に生まれた世代にとって月面着陸は実体験を伴わない過去の出来事である。また，アポロ計画で人類は月に到達したが，長期的に滞在・居住をして月を生活圏・経済圏としていく継続的な取組みにはならなかった。

月の組成はこれまでの探査で概ね判明しており，科学的価値は低いとみられており，また，核融合に利用できるヘリウム3を除けば希少資源が少ないため経済的価値も低いといわれている。そのため，直接火星を目指すべきとの主張も多い。しかし，将来火星に行くとしてもテストベッドとして月を開拓する段階的アプローチが現実的だろう。また近年では水が眠っている可能性が指摘されており，水素燃料の現地調達も構想されている。夜空でひときわ輝く地球の弟（妹）分である月に人が住んでいる時代を考えるだけでワクワクする。かぐや姫や月のうさぎなど，われわれ日本人は古来より，月に強い愛着をもっている。

国際宇宙ステーション（ISS）に参加している宇宙機関を中心に14の宇宙機関が2007年に設立した「国際宇宙探査協働グループ（ISECG：International Space Exploration Coordination Group）」が発表した宇宙探査ロードマップは，学術的価値の高さや人類居住の可能性などから最終的なゴールを火星としつつ，技術的な難易度から当面は月の周回軌道（ラグランジュポイント等）を目指し，

そこから月面にも活動範囲を広げつつ，火星を目指すことを主として想定している。ISECG では，最終的なゴールを火星としつつ，ISS の成果を活用した月面や月周回軌道への基地の建設について話し合いが行われている。また 2018 年に勝者なしのまま終了した「グーグル・ルナ・X プライズ」に最後まで勝ち残っていた日本の HAKUTO を運用する ispace 社を含む 4 社は独自の月探査ミッションを追求している。米国は 2019 年にアルテミス計画を発表し，日欧加豪等のパートナーとともに月面有人探査を目指すこととした。その中継基地となる月周回ステーション「ゲートウェイ」の開発はすでに始まっている。月基地を実現するための法的枠組みはどのようなものになるのだろうか。

　まず，月協定の取扱いが問題となる。月協定は発効しているものの締約国が極端に少なく，日本はもちろん，主要な宇宙活動国は参加しておらず，実効性がないものとみなされている。そのため，月協定を除く宇宙関連条約が法的なベースとなるだろう。また，前例として，国際宇宙基地協力協定（IGA）も参考とすべきだろう。

　2020 年には，米国の呼びかけにより，月・火星等への宇宙探査に関心をもつ国々によって，これらの惑星探査や利用に関する基本原則を確認するアルテミス合意が署名された。この合意は当初 8 カ国でスタートしたが，2023 年 12 月には 33 カ国が署名するに至っている。技術的格差や政治的主義の相違を乗り越えた人類の協働活動としての国際協力枠組みの構築そのものが，大きな目的かつ成果となるだろう。

　この将来の探査・有人の取組みを実現し継続するには，市民に開かれたプログラムとして，幅広い分野の企業とも連携して推進する視点も忘れてはならない。市民や産業界に幅広く賛同を得られる魅力的なプログラムでなければ，公的予算や民間資金を獲得できない。

V 宇宙ビジネスの特殊性（政治リスク）

　宇宙技術は軍事技術に転用可能な機微技術であり，また，各国の安全保障政策に宇宙インフラは深く根づいている。日本ではカーナビゲーションなどでお馴染みの GPS 衛星も，本来は米国の国防総省が軍事行動に必要な位置情報を

得るために運営している衛星群である。平和的な科学技術協力のシンボルともいえる国際宇宙ステーション（ISS）も，そもそもは冷戦の下で，東側のミール宇宙ステーションに対抗するために米国が西側諸国に呼びかけて開始したプロジェクトであった。旧ソ連の崩壊後に米国がロシアに ISS への参加を呼びかけた背景は，機微技術やロシア人技術者の世界的な拡散を懸念したためといわれている。国際宇宙ステーションは，ロシアを国際社会に軟着陸させた科学技術外交の成功例といえよう。

　一般に，ロケットや衛星などの宇宙機器製造産業は，市場性がなくても安全保障上の理由で必要な国策産業である。そのため，国内市場では需給のバランスを補えない場合は，海外市場を狙うことになる。宇宙産業の国際競争力には，安全保障・外交・通商など，国の政策が大きく関与する。宇宙ビジネスが一筋縄ではいかない原因のひとつである「政治リスク」について，日本の関連する法政策とともに，触れておく。

国際的な技術移転の制約 ◉　宇宙技術は機微技術のため，国際的な技術移転が制約されることがある。

　　なかでもロケット技術はミサイル技術に直接転用が可能であるため，ロケットに関わる国際的な技術協力は，国家による制約が課されることが多い。1969 年に日米政府が交換公文を締結し，米国が日本にロケット技術を供与したのは，実はきわめて稀な例なのである。当時米国は ISAS（文部省宇宙科学研究所）が着々と推進する固体ロケット開発に大きな懸念をもっていたといわれている。固体ロケットは液体ロケットに比べて即応性が高いなどミサイル技術に近く，日本が独自に自主開発に成功すれば米国への安全保障面での依存が弱まることになる。液体ロケットは固体ロケットよりエネルギー効率が高く，大型衛星の打上げに有利であるが，日本では当時液体ロケットの開発は行っていなかった。そのため，米国は当時としては最先端ではない液体ロケット（ソー・デルタ・ロケット）の技術を日本に供与することで，日本を液体ロケットの開発に向かわせ，ミサイル技術の拡散を防ぎ米国への依存を確保する狙いがあったともいわれている。

　ロケット技術供与に関する 1969 年の日米政府間の交換公文では，供与技術の目的外利用を禁止し，また，政府間で合意される場合を除き第三国への技術移転を禁じていた。この制約は商業目的を含む自由な宇宙活動の足かせとなる

ため，NASDA は部品等の国産化率を徐々に上げ，ついに 1994 年の H-II ロケットで「100％国産技術」によるロケットを実現し，この呪縛を解くことになる（その後はコスト低減のため，海外部品も利用）。いずれにせよ，日本の宇宙開発利用は，ロケット技術の獲得をはじめとして，戦略的同盟関係にある米国の影響を強く受けてきたことは事実である。

　最近韓国が二度の失敗を乗り越えて人工衛星の打上げに成功したことは記憶に新しい。韓国はロシアから有償でロケット開発の支援を受けているが，機微技術の拡散を懸念するロシアとの交渉には大きな困難が伴った。韓国は当初米国からの技術供与を期待したといわれているが，東アジアの緊張が高まるなか，韓国の地政学的な環境により米国が機微技術の提供を避けたのではないかという説もある。

欧州のロケット開発 　ロケット開発の歴史については，欧州との比較も興味深い。欧州では，現在の欧州宇宙機関（ESA）の前身のひとつである，欧州ロケット開発機構 ELDO（European Launcher Development Organization）が 1962 年に設立され，英仏独が分担して Europa という名称のロケット開発を行っていたが，失敗続きであった。同じく 1962 年に設立された欧州宇宙研究機構（ESRO）は 1967 年に通信衛星シンフォニーの開発に成功したが，当時欧州ではシンフォニーを打ち上げる自前のロケットがなかった。そのため米国に打上げを依頼したところ，通信衛星市場の独占を狙う米国は技術実証目的での衛星の打上げに対象を限定し，欧州大陸をカバーする商業通信衛星事業の構想は頓挫することになる。この苦い経験から，フランスは今日のアリアンロケットにつながる自律的なロケット開発を決断することになる。なお，欧州のロケット開発の過程においても米国から欧州への技術供与は行われなかった。

　英国は，かつては欧州で最先端のロケット技術を保有していたが，サッチャー政権下の公共事業削減の一環で宇宙事業を縮小してロケット開発を中止し，現在も独自のロケット開発は行っていない。この背景として，米国との強い安全保障上での同盟関係から独自のロケットは不要との政治的判断もあったといわれる。英国は，ロケットなどの大型宇宙機の開発に再び着手しても国際競争戦略上うまみがないため，SSTL 社が突出した成功を収めている小型衛星産業や，アプリケーション産業などの短期間でリターンが期待できるダウンス

トリームへの投資を強めている。近年では Brexit（英国の EU 離脱）の影響もあり，自国内へ宇宙産業を定着させる宇宙港の建設や利用の誘致なども進めている。

「平和利用」理想と現実 1998 年 8 月，北朝鮮によるテポドン 1 号の発射により，日本国内は騒然となった。これを契機に日本の宇宙開発利用は安全保障に大きく舵を切ることとなる。日本では長く「宇宙の平和利用問題」が国内の安全保障利用を阻み，結果的に産業振興の足かせともなってきた。ここでは，日本の宇宙開発利用と安全保障の関係や歴史的背景について概観する。

わが国では，1969 年の旧宇宙開発事業団法案の国会審議の際の附帯決議により，日本の宇宙開発は「平和の目的」に限ることとされた。その解釈は政府答弁により「非軍事」を意味するものとされ，自衛隊による利用は一般の利用者と同様の場合のみ可能とされた（「一般化論」）。その後解釈は多少緩められたものの，国（特に自衛隊）による安全保障目的の宇宙インフラの利用は狭い範囲に限定・固定され，せっかく莫大な国家予算を投入して実現した衛星等の宇宙インフラを，国の安全保障目的に利用できないという矛盾を長く抱えることになった。

「宇宙の平和利用」という理想は素晴らしいが，このために日本の宇宙産業界は国際競争力上，大きなハンディキャップを背負うことになる。宇宙技術はそもそもデュアル（軍民両用）技術であり，技術波及やコストにおける相乗効果のある開発利用が可能なものである。諸外国ではむしろ安全保障が宇宙開発利用の主目的となっており，海外の宇宙産業界は安全保障分野の政府セグメントの研究開発投資や大口の安定利用（アンカーテナンシー）で大きな収益を得ている。宇宙産業は軍需産業の一環として発展し，国の安全保障セグメントは宇宙技術の発展や維持に重要な役割を果たすのが通例である。米国の宇宙ベンチャーの躍進にも，国防総省の国防高等研究計画局（DARPA）などの国の安全保障セグメントからの研究開発投資が大きな役割を果たしている。

しかし，わが国は厳格な平和目的規制のため，防衛予算と宇宙予算は厳密に分類され，相互の間での技術の転用はもちろん，開発に用いる人員や治工具等の流用も禁止されていた。国の安全保障分野からの内需や研究開発投資が期待できないという世界的には特殊な環境に長く置かれていた。日本の宇宙産業界

は，本来であれば継続的な研究投資や大口の安定顧客として期待できる防衛省（自衛隊）などの安全保障分野の潜在ユーザーを長く逃してきたのである。国にとっても宇宙開発事業団や宇宙科学研究所の研究開発プロジェクトだけで産業を育成・維持し，国際競争力を高めるのは至難の業であった。さらに，国が予算を投入して開発した宇宙技術を民間が技術移転や知財活用で利用して輸出する際には，いわゆる武器輸出三原則に基づく経済産業省所管の輸出許可に加えて，文部科学省および宇宙機関（JAXA）による「一般化論の下での平和目的確認」を個別に行う「二重規制」が長く行われていた。

　ごく最近まで安全保障を目的とした宇宙プロジェクトは国内に存在せず，自衛隊などに必要な衛星データを海外企業に膨大な費用を払って購入する矛盾した状況であった。2008 年の宇宙基本法と 2012 年の JAXA 法改正により，宇宙開発利用は日本国憲法の平和主義の理念に則るものと明文化されて 1969 年の附帯決議が解消され，日本の宇宙開発利用の目的として安全保障も明記された[167 頁]。「平和目的問題の正常化」を受けて，デュアル目的の技術開発が円滑に行えるようになり，輸出時の二重規制問題も解消され，経済産業省による輸出許可に一本化された。2020 年代から安全保障分野の公的投資（予算）が増加傾向にあるが，これを取り込んで内需を拡大できるかが今後の大きな課題である。日本が長年の努力で培った宇宙技術は，国民の安全を守る安全保障の分野でも有効に活用されるかの正念場を迎えている。

日米衛星合意　　　1990 年の日米衛星合意は日本の衛星産業の発展にとって大きな足かせとなった。当時の日本は膨大な貿易黒字を抱え，米国との通商摩擦が過熱していた。当時の政治環境から，日本政府は米国政府との交渉の下で農産物などの一次産品の保護を優先し，当時萌芽的な段階であった人工衛星の政府調達を一部（研究開発目的）を除き国際市場に開放した。

　当時日本では旧宇宙開発事業団を中心に国と産業が一体となって衛星技術を発展させていたが，いまだ幼稚産業の段階で市場が開放され，米国の衛星産業と価格的に競争することは不可能であった。日米衛星合意には有効期限（終期）が設定されなかったため，日本の衛星産業の発展に長く深刻な影響を与えた（第 **3** 章 I 3 [108 頁] で詳述）。

　「日米衛星合意」の克服は上述の「平和目的」問題の解消とも関係する。安

全保障に密接に関わる物品等の国内企業からの調達は国際的にはいわば常識
で，WTO の政府調達協定でも適用対象外となっている。しかし日本は国内の
「平和目的」問題のため，「安全保障例外」という国内宇宙産業を保護育成する
ための「伝家の宝刀」を使うことができなかった。このような問題意識もあり，
2008 年の宇宙基本法は宇宙開発利用の目的として「安全保障」を高らかに掲
げたのだろう。

APRSAF 　政治リスクだけでなく政治環境がビジネスを後押
しする可能性についても触れておく。

　2008 年の宇宙基本法は，宇宙開発利用に関する国際協力や外交等の積極的
な推進を規定している（6 条）。近年の中国の急激な発展により，アジア地域で
の日本のリーダーシップの維持強化が課題となっている。このような背景を受
け，人工衛星を活用した災害監視等の協力について，アジア太平洋地域諸国や
ASEAN との話し合いが行われている。海外市場の獲得に向け政治・外交と連
動したトップセールスが進められており，宇宙事業に ODA を適用することで
海外政府からの受注にもつながっている。

　アジア太平洋地域の宇宙技術の発展や協力の推進に「アジア太平洋地域宇宙
機関会議（APRSAF：Asia-Pacific Regional Space Agency Forum）」が果たしてきた役
割は大きい。APRSAF は，1992 年のアジア太平洋国際宇宙年会議を契機に開
始され，2024 年で 30 周年を迎える。APRSAF は宇宙利用・宇宙技術・宇宙環
境利用・宇宙教育・宇宙政策と法等の分科会を設置しており，各国の宇宙活動
や将来計画に関する情報交換を行っている。また，災害や環境など地域共有の
課題解決に向けた国際協力プロジェクトの立上げなども促進している。APR-
SAF は，文部科学省と JAXA がアジア太平洋地域のホスト国と共同で開催する
形式で，40 を超える国や地域，国際機関が参加し，協力や交流の促進や草の
根レベルの人材育成などで高い評価を受けている。近年は各国の政府高官の出
席も増え，科学技術外交の場ともなっている。

　近年，中国が宇宙インフラもパッケージとした積極的な資源外交を進めて
いる。中国は 2008 年に，北京に本部を置く国際機関として「アジア太平洋
宇宙協力機構（Asia-Pacific Space Cooperation Organization：APSCO）」を設立した。
APSCO は欧州宇宙機関（ESA）をモデルとし，拠出金をもとに共同プログラム
を実施する形式であるが，APSCO の加盟国は，現時点ではまだ少数にとどまっ

ている。

　日本は国土が狭く地上インフラとの競合もあって国内市場が小さく，欧米や中国などの競合に伍して海外市場を獲得する必要がある。日本政府が関係性強化を目指す ASEAN 地域をはじめとしたアジア太平洋地域では，各国政府が宇宙事業に関心を高めており，宇宙分野に知見・経験のある人材・企業へのニーズが高まっている。地域のニーズに即した衛星活用事業の企画・運営や人材育成事業など，アジア太平洋地域では政府の後押しによるビジネスチャンスが広がっている。

　宇宙分野は国策に関わる特殊な事業領域であるが，夢のある新たなビジネスのフィールドでもある。世界では宇宙ベンチャーが数多く存在し，日本でも宇宙ビジネスに夢をかける挑戦者が増えている。いよいよ宇宙が人類の経済圏となろうとしている今，様々な宇宙ビジネスが世界中で始まっている。このような多様な民間宇宙活動を適切に管理し，促進できる法制度とはいかなるものであろうか。次章から，宇宙ビジネスに関わる宇宙法の現状や課題をみていこう。

宇宙活動の基本ルール

I はじめに

この章では，国際宇宙法，特に国際宇宙公法の概要を解説する。

宇宙ビジネスを始めるために，なぜ，国際法，特に国家間の関係を規律する国際公法の知識が必要なのか。政府の補助なしでビジネスをする計画なのだから，国際宇宙法など関係ないではないか，と不思議に思う読者もいるかもしれない。しかし，政府とは関係なく宇宙ビジネスを始めるからこそ，国際法に妨害されないように防衛策として，そしてむしろ国際法を利用して有利にビジネスを展開するために国際法を知ることが必要なのである。

たとえば，火星への移住計画に興味をもって，火星の土地を売る企業の設立を思い至ったとする。しかし，国際宇宙法では，天体の領有は禁止されており，国は自国民が天体の一部を所有することを禁じる措置をとらなければならない，と定められているとしたらどうだろう。ビジネス計画が実現しないという形で国際法を知らなかったツケを払わされるだけではなく，悪くすると詐欺罪となる可能性もある。

国際宇宙法のなかでも最も重要な「宇宙条約」は，ユニークである。多国間条約で唯一，宇宙条約だけが，民間人の行動の結果に国家が直接に国際責任を

負う，と規定する。私企業のビジネスの結果が国際法違反——多くの場合，活動を実施する場所の国内法違反という形をとるではあろうが——となった場合に，その企業ではなく国家が直接に外国政府に対して責任をとらなければならない，ということは普通のビジネスではありえない。そのような規則があれば，自由なビジネスはほとんど不可能であろう。しかし，宇宙条約では，宇宙活動は，国家に一元的に責任集中すると規定されている。したがって，国も慎重になり，自国民の活動を注意深く監視し，監督することになる。活動参入の条件についての国内法を制定していない国についても，それは同じことである。したがって，宇宙ビジネスを始めようとするのであれば，国際宇宙法を知ることが不可欠となる。

　そこで，以下，この章では，宇宙ビジネスを始める前に知るべき国際宇宙法の全体像を記述する。

II | 国際宇宙法のリスト

1 国連宇宙5条約

国際法とはどのような ルールか　⊛　国際法は，主として条約または国際慣習法（一般慣行と法的確信により成立）という形をとる。また，国際司法裁判所（ICJ）等では，条約も国際慣習法も存在しない事項について裁判不能としないために，主要な法系の国内法の原則的な部分である「法の一般原則」も国際法として係争事件に適用できるので（国際司法裁判所規程38条1項），一般にこの3種のルールを国際法の「形式的法源」という。3つの種類のうち，どれかに属していれば，法的拘束力を有する正式の国際法である，という意味である。法的拘束力を有するルールであれば，違反の場合に国家は単に倫理的に批判，非難されるだけではなく，国際法上の責任を追及される。

COPUOS での条約 作成　⊛　宇宙開発・利用に関する国際社会の関心は当初から高く，初の人工衛星打上げ成功（1957年）から2カ月足らずの同年11月，国連総会で宇宙に発射する

物体は，もっぱら平和的・科学的目的のものでなければならない，とする決議が採択された。総会決議は，国際法の法源ではなく，国連加盟国への勧告という位置づけの文書ではあるが，総会決議の内容が国際慣習法と認定されたり，条約として採択されたりすれば国際法となる。実際，宇宙活動の望ましいあり方を規定した 1963 年の総会決議 1962「宇宙空間の探査および利用における国家活動を律する法原則に関する宣言」の文言は，ほとんどそのまま宇宙条約に吸収されている。

1958 年には，国連総会の補助機関として，宇宙開発利用に関する科学的，法的問題を検討する「宇宙空間平和利用委員会（COPUOS）」が 1 年限りで設置され（総会決議 1348），翌年に常設機関に格上げされて今日に至る（総会決議 1472）。COPUOS には，科学技術小委員会（以下「科技小委」）と法律小委員会（以下「法小委」）の 2 つの小委員会があり，国際社会に普遍的に適用することを意図して採択された宇宙 5 条約はすべて法小委で起草された。COPUOS では 1962 年以降，コンセンサスによる意思決定が採用されているので，メンバー国が増えるに従い，条約の採択が困難となった。

これまで COPUOS で作成され，国連総会で採択された宇宙関係の条約は 5 つある。

①1967 年（数字は署名開放の年。以下同じ）の「宇宙条約」（正式名称は，「月その他の天体を含む宇宙空間の探査及び利用における国家活動を律する原則に関する条約」）
②1968 年の宇宙救助返還協定（「宇宙飛行士の救助及び送還並びに宇宙空間に打ち上げられた物体の返還に関する協定」）
③1972 年の宇宙損害責任条約（「宇宙物体により引き起こされる損害についての国際的責任に関する条約」）
④1975 年の宇宙物体登録条約（「宇宙空間に打ち上げられた物体の登録に関する条約」）
⑤1979 年の月協定（「月その他の天体における国の活動を律する協定」）

最後の条約である月協定が採択された 1979 年における COPUOS のメンバー国数は 47 であった。ところで，2024 年 1 月現在，102 カ国がメンバーであり，

さらに数カ国が加盟申請を行っている。近い将来，COPUOS で条約作成が開始される見込みは薄いといわざるをえない。

　COPUOS は 18 カ国で発足し，1959 年には 24 カ国に増加した。冷戦の影響で，ほぼ東西同数の原則に基づいてメンバー国が増加していったため，東欧諸国が COPUOS に占める比率は高い。現在の主要な宇宙活動国のなかで，欧米諸国に加え日本やインドは COPUOS 発足時からのメンバーであるが，中国は遅れて 1980 年に加盟を果たした。国連宇宙諸条約ができあがった後の参加である。

5 条約の加盟状況にみる宇宙活動の特色 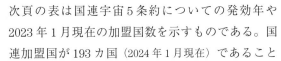 次頁の表は国連宇宙 5 条約についての発効年や 2023 年 1 月現在の加盟国数を示すものである。国連加盟国が 193 カ国（2024 年 1 月現在）であることを考えると，宇宙諸条約の加盟国は決して多くはない。他の普遍的加盟を目指す条約と比較してみると，批准数の低さは歴然としている。たとえば，1967 年 1 月 1 日以前に核兵器を保有していた 5 カ国——国連安全保障理事会（「安保理」）常任理事国が該当——以外は核兵器を保有しないことを約束する核兵器不拡散条約（NPT）の加盟国は 192 カ国であり，地球温暖化の防止等を目指す国連気候変動枠組条約には，198 カ国・機関が批准している。

　なぜ宇宙諸条約は批准が進まないのだろうか。主たる理由は，先端科学技術力と巨額の資金が必要であるため，近年まで宇宙活動を行う国は決して多くはなかったこと，および，宇宙諸条約の加盟国になることにより，国が大きな責任を潜在的被害者に対して負うことになる（Ⅲ 5(1)［43 頁］）からであろう。

　日本は宇宙条約の原署名国であるが，月協定以外の 3 つの条約には，1983 年に一括して加入した（加入は，署名と批准を一括して行う行為をいう）。

2 国連の外で作られた宇宙関係条約

　国連以外でも，宇宙活動を規律する条約は数多く採択されてきた。たとえば古くは，1963 年の部分的核実験禁止条約は，宇宙空間内での核実験を禁止しており，宇宙の軍備管理に関係する条約である。また，国連の専門機関である国際電気通信連合（ITU）の憲章・条約（1992 年）は，衛星周波数割当や静止軌道位置の排他的使用権獲得等について規定するという意味で宇宙関係条約とも

Figure **2**.1 ◉ 国連宇宙 5 条約 （2023 年 1 月 1 日現在）

署名年 発効年	条約名	日本の加盟	加盟国／ 機関数
1967	宇宙条約 （「宇宙の憲法」）	1967	112/0
1968	宇宙救助返還協定	1983 加入	99/3
1972	宇宙損害責任条約	1983 加入	98/4
1975 1976	宇宙物体登録条約	1983 加入	75/4
1979 1984	月協定	未署名	18/0

（出典） A/AC.105/C.2/2023/CRP.3（20 March 2023）

いえる。これらは国際社会全体に対して開かれた普遍的な開放条約である。また，独立した国際組織である私法統一国際協会（UNIDROIT）で 2012 年に採択されたケープタウン条約の宇宙資産議定書は，宇宙ビジネスへの資金供給を容易にするための担保権的権利の世界共通の登録制度を構築しようとするものである。同議定書は，1979 年の月協定以来，約 30 年ぶりに採択された宇宙関係条約であり，また，初めての宇宙私法条約でもある。発効はいましばらく先になるであろうが，宇宙ビジネスを始める前に概要を知ることは必須である（第 **5** 章Ⅰ 2(6) ［224 頁］）。

また，インタースプートニク設立条約（1971 年），欧州宇宙機関（ESA）設立条約（1975 年），アラブサット設立条約（1976 年），アジア太平洋宇宙協力機構（APSCO）条約（2005 年）のように，主として地域レベルでの宇宙通信や宇宙活動全般の協力を規定する政府間国際組織を設立する条約もある。そのなかでも特に ESA は，欧州の 22 カ国が正式メンバーとして加入し，米国，中国，ロシアに次ぐ宇宙開発の実力をもつ重要な国際組織である。

多国間協定として重要なものに国際宇宙ステーション協定（ISS／IGA）がある。1984 年の米国レーガン大統領のよびかけで開始した ISS（国際宇宙ステーション）の建設は，冷戦期における西側の協力のシンボルとしての政治的意味もあ

り，1988年に米国，ESA諸国，日本，カナダをメンバーとして第一次の条約を結んだ。その後，1998年にロシアを加えた新ISS／IGAを締結し，それ以降，順調に建設が進んだ。ISS／IGAは，国連宇宙諸条約の基本原則を取り入れつつ，ISS独自の知的所有権（21条）や刑事裁判権（22条）の規則を作り上げた。特に刑事裁判権については，1988年条約と1998年条約ではその内容を大きく変えており，今後のプロジェクト協定の参考ともなる。

　二国間の宇宙協力協定には非常に多くのものがある。日本に関係するものとしては，日米宇宙開発協力に関する交換公文（1969年），日米クロス・ウェーバー協定（1995年），日米宇宙協力枠組協定（2023年）が特に重要である。

3 ソフトローとしての国際宇宙法

**COPUOSで作成した
ソフトロー**　　条約作成が不可能となった1980年代以降，本来勧告的意味合いしかもたない国際文書が，宇宙活動を規律する基準・標準として国際的に重要な位置づけを担うようになった。そのなかでも特にCOPUOS法小委で議論され，国連総会決議として採択されたものが重要であるが，それにとどまらず，国連総会でエンドース（支持）されたCOPUOS科技小委作成の技術的ガイドラインや宇宙機関間の推奨活動標準としての行動規範等にも注目すべきものが少なくない。これらの諸文書は，条約や国際慣習法のような正式な国際法の法源ではないが，実際上，類似の機能をもつことから「ソフトロー」と称されることがある。

　以下は，独立した国連総会決議となったソフトローのリストである。これまで7つの総会決議が採択されている。

1982年　直接放送衛星原則
1986年　リモートセンシング原則
1992年　原子力電源使用制限原則
1996年　スペース・ベネフィット宣言
2004年　「打上げ国」概念適用
2007年　国家・国際組織の宇宙物体登録実行向上勧告
2013年　宇宙の平和的探査・利用に関する国内法制定勧告

　また，国連 COPUOS 科技小委で作成した技術的文書としては以下の３つの
ものが重要である。

　2007 年　スペース・デブリ低減ガイドライン
　2009 年　COPUOS 科技小委／ IAEA　原子力電源安全枠組み
　2019 年　宇宙活動の長期持続可能性（LTS）ガイドライン

国連外で作成した
技術的基準　　　　◉　　　　国連の外で有志国により作成された文書にも宇宙活
動の方向性を規制する重要なものが含まれる。国連
の専門機関である UNESCO（国連教育科学文化機関）
や ITU での宣言，勧告や宇宙機関の団体である地球観測衛星委員会（CEOS），
国際災害チャータ，宇宙機関間デブリ調整委員会（IADC），政府間の継続的な
会議体としての地球観測政府間会合（GEO）等で作成した原則，ポリシーなど
がそれに該当する。このような文書の主題は，1990 年代以降は，スペース・
デブリの低減勧告，リモートセンシング衛星により取得されたデータの配布原
則・勧告などが中心となる。今日の宇宙応用の発展を反映したものといえ，国
連総会決議に比べ，一層技術的，具体的な活動指針である。

　1972 年　　　　　衛星放送利用についてのユネスコ宣言
　1993 ／ 2003 年　ITU　静止軌道環境の保護勧告（デブリ再配置）
　1991 ／ 94 年　　地球観測衛星委員会（CEOS）衛星データ交換原則
　2000 年　　　　　国際災害チャータ　データ配布原則
　2002 年　　　　　宇宙機関間デブリ調整委員会（IADC）のスペース・
　　　　　　　　　　デブリ低減ガイドライン（以降数度の改正）
　2003 年以降　　　国際標準化機関（ISO）　スペース・デブリ分科会が
　　　　　　　　　　設置され，打上げ機，衛星等に様々なデブリ低減要
　　　　　　　　　　求の規格を採択
　2009 年　　　　　地球観測政府間会合（GEO）のデータ共有原則
　　　　　　　　　　（以降数度の改正）

より政治的な文書としてのソフトローも存在する。

 国連外の政治的文書としてのソフトロー

特に重要なのは，2002年のハーグ行動規範（「弾道ミサイルの拡散に立ち向かうためのハーグ行動規範」）である。ハーグ行動規範は，ロケット開発という名目で弾道ミサイル開発を行うことを差し控えさせることなどを目的とし，透明性向上のためにミサイルやロケット打上げの事前通報や自発的な射場の公開などを勧奨する。

ハーグ行動規範は，先進国中心の紳士協定としての輸出管理レジームのひとつ，「ミサイル技術管理レジーム」（MTCR）で発案されたものである。2002年の採択当時は93カ国が署名により参加国となったが，2024年1月現在，その数は144カ国に増加した。もっとも，中国やイラン等のミサイル大国でもある宇宙活動国が参加していない点はその目的を損なっている。

Ⅲ 国連宇宙諸条約の基本原則

第Ⅲ節では，5つの国連宇宙条約にみられる主要な原則や規定を解説する。

1 宇宙活動自由の原則と国際公益

 宇宙の憲法

宇宙条約は，宇宙の憲法と称されることもあり，宇宙の探査利用に関する最も重要な国際法文書であることに疑いを差し挟む余地はない。その1条は特にすべての宇宙活動規則についての大前提を提供するものである。1条は「月その他の天体を含む宇宙空間の探査及び利用」は①すべての国の利益のために行われなければならないこと，②全人類に認められる活動分野であること，③すべての国がいかなる種類の差別もなく，平等に，国際法にしたがって自由に探査し利用することができること，④天体のすべての地域への立入りは自由であること，⑤科学的調査における国際協力を促進しなければならないこと，を規定する。

国連宇宙諸条約では，「宇宙活動」という用語は使われず，「月その他の天体を含む宇宙空間の探査及び利用」（1条・9条・10条等），「月その他の天体を含む宇宙空間における科学的調査」（1条），「月その他の天体を含む宇宙空間にお

ける活動又は実験」（9条）等の表現が用いられる。「宇宙空間」という用語は，地球を除くすべての天体と天体間の真空部分（狭義の宇宙空間）を含む概念として使われる。なお，月協定では，その適用範囲は太陽系に限定されている（1条1項）。

「宇宙空間の探査及び利用」の定義は条約にはみられない。本章は，①衛星をはじめとする宇宙物体の打上げ（地球上からの行為）と宇宙物体の帰還（宇宙から地球への行為），②宇宙空間での宇宙物体の運用（主として地上からの支援が必要な行為），③上記②の結果としての生データの地球上での受信の3つを，宇宙の「探査及び利用」ととらえ，これを「宇宙活動」という。

すべての国の利益 ◉ 　宇宙探査・利用の自由とすべての国の利益のための活動の折り合いをどのようにつけるべきなのか，という点は，宇宙条約批准時に各国が問題とした点でもあった。それが宇宙探査・利用の機会均等の保障，または，せいぜい途上国の宇宙探査・利用の機会の拡大についての国際協力促進を意味するものであるのか，たとえば，リモートセンシング衛星から得られた画像データを途上国，特に被撮影国である途上国に有利な条件で提供する法的義務までも含むものであるのか，という点は，長く争点であった。特に，国際法を変革することにより，南北問題を解決することが企図された「開発の国際法」の時代に重なる1970年代から1980年代前半までは，この問題が強く意識された。

現在では，「すべての国の利益のために」という国際公益と宇宙活動の自由の調整は，国連COPUOSを中心とする国際協力が一定以上の成果をあげたことにより，結果の義務ではなく参加機会の提供など国際協力により実施するものであるという見方が一般的なものとなっている。宇宙条約1条の定義を目指す側面が強い1996年の国連総会決議スペース・ベネフィット宣言でも，①開発途上国の必要に特別の考慮が払われるべきである（1項）としつつ，国際協力における②契約条件は，たとえば知的財産権のような，関係当事国の合法的な権利・利益に完全に適合する公正かつ合理的なものでなければならない（2項）と規定されている。

2 宇宙の領有権禁止原則──私人の土地所有は可能か？

天体の土地の販売 ⊙ 　宇宙条約2条は以下のように規定する。「月その他の天体を含む宇宙空間は，主権の主張，使用若しくは占拠又はその他のいかなる手段によつても国家による取得の対象とはならない」。「国家による」取得の禁止を反対解釈し，私人による取得は禁止されていないとして，月や火星の土地を販売する「宇宙活動」を行う企業もある。ルナ・エンバシー社が有名であるが，天体の土地販売の歴史は宇宙条約以前に遡る。

　ルナ・エンバシー社は，1980年に米国人デニス・ホープ氏が設立した。同社のウェブサイトによると，同氏は，宇宙条約は，国家が宇宙空間を所有することを禁止しているが，個人が所有してはならないという規定はなかったので，月の土地を売り権利書を発行するという地球圏外の不動産業を考えつき，1980年にサンフランシスコの行政機関に対し宇宙空間の所有権の申立てを行ったという。国連，米国，ソ連に提出したルナ・エンバシー社の宇宙空間所有権宣言書に対しての異議申立て等がなかったこともウェブサイトには付記されている（http://www.lunarembassy.jp/）。

　このようなビジネスは合法なのであろうか？

　宇宙条約とは無関係に，現在のところ，ジョーク，という合意が顧客との間に成立していなければ詐欺である。所有権は客観的要件としての占有（物理的に管理することまたはその可能性）を伴う必要があるが，ルナ・エンバシー社も含め，いかなる私人も今のところ，月その他の天体を占有していないからである。

　それでは，私人の製造したロケットで私人が月，火星や小惑星を訪問できるようになった場合，土地の一部を占有し所有意思をもつならば，宇宙における不動産所有は可能になるのであろうか。自国が宇宙条約の当事国である限りは不可能である，というのが適切な法解釈から導き出される結論である。近世以降，私人の土地所有の権利とその条件は，その私人の国籍国が管轄する事項である。それは国の領域内にとどまらない。国家管轄権外の土地を私人が管理運用し，所有を宣言した場合，国籍国がその土地を自国領域に編入し，当該私人の主張を認めることにより，初めて単なる「事実行為」が法的に認められたも

のとなる。これは，植民地獲得の過程において国家が実施してきたことであり，事実上の占有を法的な所有に切り替える装置として国家による追認が必要とされるのである。ところで，宇宙条約は，当事国に対して宇宙空間のいかなる部分の領有も禁止するだけではなく，「月その他の天体を含む宇宙空間における自国の活動について，それが政府機関によつて行なわれるか非政府団体によつて行なわれるかを問わず，国際的責任を有し，自国の活動がこの条約の規定に従つて行なわれることを確保する国際的責任を有する」(6条) と規定する。「自国の活動」には，自国民の活動が含まれるので，私人が天体の一部を占有できる時代が到来しても，当該私人の国籍国が宇宙条約の当事国である以上，その所有権を主張することは違法となる。

宇宙条約の非当事国の場合 では，宇宙条約の非当事国の企業が月の土地を占有した場合はどうか。その国が月を無主地であるとして，土地の実効的先占を理由に月の一部を自国領域に編入すれば，その企業は土地所有が可能となるのであろうか。これは，宇宙空間を無主地とみなすことが現在の国際慣習法上可能かどうかにかかっているであろう。慣習法の認定は慎重でなければならないが，1957 年の初の人工衛星打上げ以降繰り返される国連総会決議，公海と宇宙空間を国際公域と規定する世界のほぼすべての法系の国際法テキスト，これまで宇宙が国際公域ではないと主張した国が存在しないことなどから，すでに宇宙空間の領有権主張は不可能であると考えることが健全であろうとは思われる。しかし，実際に私人が小惑星や月，火星と地球を往復するようになり，法的地位はともかく，「事実行為」として天体の一部の占有・運用を開始した場合に，どのような主張がその国籍国からなされるかを現在断定することは困難であろう。

3 宇宙での天然資源の採掘・利用

月協定と「人類の共同遺産」 宇宙条約には，宇宙の経済開発の条件，収益の配分等について，明確な規定は置かれていない。宇宙の経済的な利用についての規定は，現行の宇宙諸条約のなかでは月協定にのみ見出される。月協定は，自由競争による天体資源等の開発，利用を禁止する。月協定では，「月」の定義は，①太陽系の地球以外の

すべての天体を含むものとなり（1条1項），また，②月協定はそのような天体を周回する軌道，天体や当該軌道に到達するその他の飛行経路にも適用される（同条2項）。

　月協定は，「月及びその天然資源は人類の共同遺産（Common Heritage of Mankind）（「共同財産」と訳すことも可能）」（11条1項）であり，月にある（in place）天然資源はいかなる国，政府間・非政府間の国際機関および国の非政府団体や自然人にも所有権は認められない（同条3項）とする。そして，月の天然資源の開発は，それが実行可能となったときに，国際レジームを設立して行うこととされる（同条5項）。国のみならず，私人の所有権も明確に否定されている。月の天然資源から得られる利益は，①開発途上国の利益と必要，ならびに，②月の探査に直接または間接に貢献した国の努力に特別の考慮を払いつつ，③すべての月協定締約国に公平に分配されると規定される（同条7項）。月協定の文言からは，国際レジームに参加する以外の方法で月の天然資源開発をすることが不可能であるとまでは言い切れないと解されるが，「人類の共同遺産」とされ月の資源の所有権が否定されている以上は，少なくとも自由な経済活動は否定されていることは疑いを容れない。

　月協定の締約国が2023年11月現在18カ国にとどまるのは，このような宇宙ビジネスの自由の否定によるものである。18カ国のなかで先進国はオーストリア，オーストラリア，ベルギー，オランダにとどまるが，そのいずれも主要な宇宙活動国とはいえない。また，フランス，インドは署名のみで批准はしていない。なお，宇宙資源採掘活動についての規定を含むアルテミス合意（第**3**章Ⅱ5(2)［152頁］）に署名したサウジアラビアは，2023年1月5日，月協定を脱退する手続をとり（20条），2024年1月5日付けで脱退の効力が生じた。宇宙諸条約からの脱退の初めての例である。アルテミス合意は法的拘束力をもたないとはいえ，やはり署名国であるオーストラリアが，今後月協定の締約国としての義務をどのように履行するのかが，注目される。

宇宙条約と天体の資源採掘　　宇宙条約の当事国（その国民を含む）にとっては，天体の資源探査・開発，利用についての規制は，①国際法にしたがって（3条・6条），②すべての国の利益のために（1条），③協力および相互援助の原則に従い（9条），④条約の他のすべての当事国の対応する利益に妥当な考慮を払い（9条），⑤宇宙環境に許容

範囲を超える汚染やスペース・デブリ（後述 **6**(2)［59 頁］，Ⅳ **1**(1)(2)［65 頁］）を
もたらさない態様で実施することである。禁止されていないことは合法である，
というアプローチをとるならば，自由競争による天体の資源獲得は，上記条件
に則る限りにおいて禁止されてはいない。

　しかし，2015 年に米国が自国民の宇宙資源開発についての国内法を制定し
たことを契機に，宇宙資源の採取や所有が国際法上許容されるのか否か，また，
許容される場合，どのような条件が課されるのか，などの点について国際社会
の関心が高まり，2017 年から COPUOS 法小委で宇宙資源の探査・開発・利用
の法的モデルについての議論が開始された。2021 年には作業部会が設置され，
2027 年に国連総会決議とすることを目指して，宇宙資源活動についての原則
が議論されている。

4 宇宙の平和利用

⑴　軍事利用の場としての宇宙空間

　国際法上「平和利用」，「平和的目的」という用語は，イコール「軍事利用の
排除」を意味するものではない。たとえば，国連海洋法条約は「公海は，平和
的目的のために利用されるものとする」（88 条）と規定するが，公海は，軍事
実験や軍事演習の場として用いられている。同条約が，自国の権利の行使や
義務の履行にあたり，「武力による威嚇又は武力の行使」を慎むように要求す
る（301 条）ことに現れているように，自衛権の範囲内での防衛的な軍事利用は，
平和的目的の海洋利用の許容範囲内のものととらえられる。

　第二次世界大戦直後に米ソが宇宙開発を開始した歴史にみられるように，宇
宙空間は，公海よりも軍事に偏重した場所として利用され続けてきた。アイゼ
ンハワー大統領は，初の人工衛星は純粋に科学目的のものとして世界に周知さ
れるよう宇宙政策担当者に強く要請していたが，これは，宇宙開発の主目的が
軍事利用であることが明確になると，宇宙空間を自由に利用する米国の権利が
阻害されることを恐れたためであるとされる。国の「完全且つ排他的な主権」
（国際民間航空条約〔シカゴ条約〕1 条，国際慣習法の反映）が及ぶ領空の上限は定
まっていないからである。

　米ソともに初めての人工衛星打上げ計画は，数十カ国の共同観測事業として

の「国際地球観測年」（1957〜58年）のなかのプロジェクトと位置づけられており，1955年7月，8月にそれぞれの計画を公表した。米国は正式な記者会見によるものであるが，ソ連は，国際宇宙学会（IAC）の場での非公式な発表であった。米ソの衛星の「領空」通過について自国の同意を要請する国は現れず，それをもって宇宙活動の自由が国際慣習法化した，と主張されることもある。もっとも，国家の不作為から一般慣行を読み取ることには慎重でなければならない。不知，無関心または政治的妥協を積極的な法的確信と解してはならないからである。

　ストックホルム国際平和研究所（SIPRI）が冷戦期，毎年宇宙の軍事利用状況の調査を行っていたが，それによると全衛星のうち75〜80％程度は，軍事専用衛星であったとされる。民生・商用利用の衛星打上げ数が，軍事衛星打上げ数を初めて上回ったのは，米国防総省によると1996年のことである。現在は，軍事専用衛星は全衛星の10％未満にすぎない。しかし，これは，民間所有の通信衛星やリモートセンシング衛星のサービスを軍が大量に購入しているためである。米軍は，80％以上の軍事通信を民間企業に依存しているといわれ，世界中でリモートセンシング画像販売業者の最大の顧客は国防関係省庁である。宇宙は，一貫して軍事利用にとって有益な場であり，宇宙活動のかなりの部分は軍事利用が占めている。

(2)　宇宙条約4条の解釈

2つの「平和的目的」解釈　　宇宙5条約のうち，軍備管理について直接に規定するのは宇宙条約と月協定であるが，加盟国の数と慣習法化の可能性から，最も重要な規定は，宇宙条約4条である。

　宇宙条約4条では，狭義の宇宙空間と月その他の天体とに分けて軍備管理を規定している。①宇宙空間（狭義）については，「核兵器及び他の種類の大量破壊兵器を運ぶ物体」を地球を回る軌道に乗せないこと，および他のいかなる方法によっても宇宙空間に配置しないこと，を規定する。月その他の天体については核兵器及び他の種類の大量破壊兵器を設置しないこととともに，「もっぱら平和的目的のために，条約のすべての当事国によって利用されるものとする」という使用方法の限定がなされた。そして，「軍事基地，軍事施設及び

防備施設の設置，あらゆる型の兵器の実験並びに軍事演習の実施は，禁止する」と規定される。しかし，科学的研究その他の平和的目的のために軍の要員を使用すること，および，月その他の天体の平和的探査のために必要なすべての装備又は施設を使用することは，禁止されていない。

　1950 年代末期から 60 年代前半にかけて，多分にプロパガンダ的な意味合いも含め，宇宙の「平和的目的」の利用の解釈についての対立があった。米国は，公海などと同様に「平和的目的」＝国連憲章 51 条で規定する自衛権の範囲内の活動（非侵略〔non-aggressive〕利用）と解し，ソ連は「平和的目的」＝非軍事（non-military）利用，と主張した。ソ連は 1962 年には，COPUOS に，写真偵察衛星により他国の情報を取得する軍事目的の宇宙利用を国際法違反として禁止する条約案を提出している。しかし，60 年代半ばまでに，ソ連の軍事衛星も順調に打ち上げられるようになると，米国との間で「平和的目的」＝「非侵略」と解する暗黙の合意が成立した。1965 年にフランスがロケット打上げに成功するまでは，軍事，民生の衛星を打ち上げ，有人宇宙活動等の宇宙活動を行いうるのは 2 つの超大国のみであったため，米ソの合意が成立すると，宇宙条約の起草過程でも，「平和的目的」の定義についての議論はほとんどなされなかった。

　ところで，月その他の天体において，「非侵略」範囲の平和的目的の軍事利用が可能である，というとき，現在，いったいどのような活動ができるのだろうか。具体的な禁止行為が列挙されているため，現在の科学技術で可能な軍事利用はほとんど想像できない状況である。その意味で，天体は，南極並みの非軍事化をほぼ実現した，といいうる状況である。実際，宇宙条約の天体の軍備管理規定は，南極条約 1 条を参考に作成されている。

宇宙空間の軍備管理　宇宙条約起草時から現在に至るまで折に触れて宇宙条約 4 条の解釈で問題視されるのは，「平和的目的」の利用が天体のみに課される制限か，宇宙空間での行動をも規制するのか，という点である。しかし，この点は，平和的目的の解釈が「非侵略」である限り，どちらの解釈をとっても，許容される活動範囲に影響はないと思われる。それは，宇宙空間自体に「平和的目的」の利用という限定が課されない場合であっても，国連憲章の「武力による威嚇又は武力の行使」の禁止（2 条 4 項）や憲章 51 条の自衛権行使の要件に基づき，おのずから可能な行動の範囲は国連憲

章にいう自衛権の範囲内の軍事利用に収まらざるをえないからである。また，宇宙条約1条や3条を併せ読むことで「平和的目的」の利用限定が宇宙空間にも適用されるとしても，自衛権の範囲内の軍事利用は可能なのである。したがって，軍事衛星の利用は宇宙条約4条違反とはならない。

さらに，通常兵器（レーザー兵器や運動エネルギーを利用する兵器等大量破壊兵器以外の兵器）を搭載した宇宙物体を地球周回軌道に乗せることは挑発的な行為であるかもしれないが，少なくとも宇宙条約違反ではない。また，核兵器をはじめとする大量破壊兵器を搭載した長距離弾道ミサイルは，高度1000kmから1500kmという宇宙空間とされる空間を通過はするが，地上の1点から他の1点を目指して飛翔するものであり，地球周回軌道に乗らないため，宇宙条約違反とはならない。1960年代にソ連が開発に着手し結局は断念した，地球をほぼ1周してから目的地を攻撃する部分軌道爆撃システム（FOBS）のような兵器の利用が，「地球を回る軌道に乗せ」たことになるかについては宇宙条約起草時に争いがあった。その際米国は，実際に1周しない限りは条約規定には違反しないという立場を表明した。

(3) 月協定による宇宙の軍備管理

月協定では，「月」はもっぱら平和的目的で利用されなければならず（3条1項），「月における」（on the Moon）武力による威嚇もしくは武力の行使または月の敵対的な使用自体とその敵対的な使用を示唆する威嚇は禁止される（2項）。続く3条3項・4項はほぼ，宇宙条約4条と同じ規定である。武力による威嚇または武力の行使以外にも，敵対的な宇宙の利用とそれを他国に示唆する威嚇も禁止しており，宇宙条約より軍備管理の規定ぶりは強化されているが，これらは国連憲章で禁止されている事項であり，実際上の規制の強度は変わらない。

しかし，より本質的な相違も存在しうる。前述のように月協定が適用される「月」の範囲が①太陽系の地球以外のすべての天体（1条1項）に加えて②月を回る軌道または月に到達しもしくは月を回るその他の飛行経路（同条2項）という広範な概念となっているため，「月面上」（on the Moon）でのあらゆる兵器の実験や軍事演習禁止等は，月を回る軌道や月に到達する飛行経路等狭義の宇宙空間にも及ぶと解する余地がある。そうであれば，月の周回軌道・飛行経路等に該当する宇宙空間での通常兵器を用いた衛星破壊（ASAT）実験も国際違法

行為となる。

⑷　それ以外の条約による宇宙の軍備管理

宇宙空間での核実験を禁じる部分的核実験禁止条約（1963 年）や，宇宙空間で環境を改変する技術の軍事的使用その他の敵対的使用を禁止する「環境改変技術敵対的使用禁止条約」（1977 年）等の多国間条約のいずれも，実質的には，宇宙条約 4 条を超える厳格な軍備管理を課すものではない。二国間条約では，かつて，米ソ（露）が，迎撃ミサイル制限禁止（ABM）条約で宇宙空間に配置する通常兵器を禁止しており（5 条 1 項），宇宙条約よりも厳しい規制を実施していたが，この条約はすでに廃棄されており，現在，宇宙条約 4 条より厳格な規則はない。

1979 年にジュネーブに設置された軍縮会議（CD）──1984 年までは名称は軍縮委員会（CD）──でも，宇宙条約よりも厳格な多国間軍備管理条約を作成する努力がなされ，これまで 9 つの包括的な宇宙兵器禁止条約案が提唱された。しかし，いずれの条約案も加盟国のコンセンサスを得られず交渉に入ったものはない。

5　「宇宙物体」の法的地位と宇宙物体により生じる損害の賠償制度

⑴　国際宇宙法の特色──国家への責任の一元集中

宇宙条約 6 条 　本節は，宇宙法のユニークな規制のあり方を記述する。数ある条約の中で宇宙条約だけが，私人の活動も国家の活動と同一視し，私人が宇宙条約をはじめとする国際宇宙法に違反する行動をとったときには，私人の国籍国が外国に対して直接国際的責任を負わなければならないとする責任の一元集中方式を採用する（6 条）。

具体的には，6 条の第 1 文は以下のように規定する。「条約の当事国は，月その他の天体を含む宇宙空間における自国の活動について，それが政府機関によつて行なわれるか非政府団体によつて行なわれるかを問わず，国際的責任（international responsibility）を有し，自国の活動がこの条約に従つて行なわれることを確保する責任（responsibility）を有する」。そして，第 2 文で，「月その他の天体を含む宇宙空間における非政府団体の活動は，条約の関係当事国の許可

及び継続的監督を必要とするものとする」と規定する。私人の活動の結果生じた国際違法状態を是正する国際的責任が直接政府にかかる以上，政府は，「許可及び継続的監督」により私人に対して宇宙条約を含む国際法を遵守させる必要が生じる。条約は，許可と継続的監督を国内宇宙法制定により行うか，それとも既存の国内法や行政指導で実施するのか等の遵守義務履行の方式の選択は，国に委ねている。一般に，私企業の活動が一定規模以上になると，国は，私企業の宇宙活動に関する許認可の条件や，第三者損害が生じた場合の保険の手配などを内容とする国内宇宙法を制定する傾向にある。また，国の産業政策や法文化によっては，積極的に産業育成措置も含む宇宙法を制定することにより，宇宙ビジネスを盛んにしようとする試みもみられる。

「関係当事国」 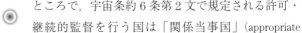 ところで，宇宙条約6条第2文で規定される許可・継続的監督を行う国は「関係当事国」(appropriate State Party) と規定される。単なる自国の活動に対応する「国」ではなく，「関係当事国」となっているのはどういう意味か。どういう国が関係当事国なのか。領域国，国籍国・登録国（後述）等が含まれるとされるが，自国を「関係当事国」とみなし，許可・継続的監督を行うそれ以外の国も「関係当事国」となるであろう。「関係当事国」には法の域外適用を行う国も含まれるという意味である。

国際法上，自国領域外の外国人の活動であっても一定の行為が著しく自国の利益に関わるとみなすときには，立法管轄権（管轄権については後述(2)）を拡張して，国内規則を域外適用する旨規定しておくことが可能である。以前は米国が最も頻繁に自国の経済法，労働法，環境法などの適用を外国企業の外国での活動に対して試みるとされていたが，最近は，中国，欧州諸国，さらには日本にもこの慣行は拡大しつつある。国内法の域外適用を強制すれば——執行管轄権を行使すれば——国際法違反となる可能性もあるが，外国企業が，法の域外適用を実施する国の領域内での活動が不可能になることを恐れて，自ら，外国法に従う場合も少なくない。そのため，結果として，このような域外適用はしばしば国際法違反ではなく，自主的措置と整理されることになる。

米国は，商業打上げにおいて，米国市民が「支配的利益」をもつ外国法人を擬制的米国市民とすることで，米国法の適用範囲を拡張しており，外国人の国際公域（たとえば公海）からの打上げについて，米国法上の規制を課すことを可能としている。これは，宇宙条約6条の観点からは，公海上で打上げを行

う外国法人の多数株主が米国市民である場合には，米国は，外国法人に対して「関係当事国」となり，許可・継続的監督を行うことが可能である，ということになる。

(2) 管轄権および管理の権限をもたらす宇宙物体の登録

国の国際責任と「打上げ国」の賠償責任 国際宇宙法のもつ，もうひとつの顕著な特色として，「打上げ国」というカテゴリーの国が損害賠償責任（liability）を負うというしくみがある。国は自国の活動について全般的な国際責任（responsibility）を負うが，そのなかで打上げ失敗や衛星落下，衛星の衝突などの結果，外国または外国人に損害が生じた場合に，国際法上の賠償責任を負うのは「打上げ国」という特別のカテゴリーの国である。

宇宙諸条約上，「打上げ国」は，外国または外国人に対して生じた「宇宙物体」に起因する損害について賠償責任を負う。「宇宙物体」は「『宇宙物体』には，宇宙物体の構成部分並びに宇宙物体の打上げ機及びその部品を含む」（宇宙損害責任条約1条(d)と宇宙物体登録条約1条(b)）と定義されるが，この定義は不完全なもので，宇宙物体の範囲は不明瞭なままに残されている。たとえば，衛星やロケットおよびそれらの部品が宇宙物体であることは間違いないが，スペース・デブリ（宇宙ゴミ）が宇宙物体に含まれるかについては異論もある。法的な定義は確立していないが，スペース・デブリとは，機能を失い，機能回復の可能性がなくなった人工物で宇宙空間に導入されたものの総称である（後述6(1)[56頁]）。たとえば，運用中または機能を終了した後の衛星が過電圧などの理由で破砕して多くの破片が発生した場合の破片ひとつひとつはスペース・デブリとされる。運用終了後，軌道を回り続けている衛星もスペース・デブリである。地球で製造した人工物で宇宙空間に導入されたものは，形状を変えても宇宙物体とみなす，という考え方が有力であるため，スペース・デブリは宇宙物体である，とする説が通説である。では，天体で採掘した資源だけから宇宙空間または天体上に構築物を作った場合，それは宇宙物体といえるのか。この点については見解の一致はみられない。

ここで、宇宙諸条約の制度において、国と責任・賠償責任を結びつけるリンクについて考えてみたい。

領域的管轄権, 準領域的管轄権, 属人的管轄権 ◉

自国の活動というときに、伝統的な国際法では、①領域と②人というリンクで国家の「管轄権」を考えてきた。「管轄権」とは単純化すると、立法、行政、司法権の行使に伴い出現する主権の様々な側面をいう。主権という包括的な観念（政治的概念）に対して、管轄権は主権をその現れ方に基づいて分類した法律上の概念である。伝統的に、国際法は、①自国領域内の人（外国人を含む）、財産、事実、②自国領域外の自国籍をもつ自然人、法人、に対して、それぞれ領域（属地主義）、国籍（属人主義）というリンクに基づいて自国法を制定し、適用する制度を作り上げてきた。

　したがって、宇宙条約6条に規定する、国に一元的に集中する責任についても①領域的管轄権と②属人的管轄権の観点からとらえることができる。具体的には、(i)自国領域内の射場からのあらゆる国、人による宇宙物体打上げ、(ii)自国領域内へのすべての宇宙物体の意図的な再突入（帰還）（意図的なものに限るのは、デブリが大気圏内に再突入し、燃え尽きないで国家領域内に落下する場合には、その領域国が国際的責任をもつ活動とはいえないからである）、(iii)あらゆる国、人の所有・運用する宇宙物体の自国領域内からの管制が①領域的管轄権に関係し、(iv)自国民が国外で行う打上げや委託打上げ、(v)自国民の所有・運用する宇宙物体の自国領域外からの管制が国の②属人的管轄権に属することになる。

　さらに、伝統的国際法では、船舶や航空機は一般に、登録された場所の所在する国の国籍を付与され、国はその国籍に基づいて管轄権を行使する（所有により国籍を付与する国もある）。この場合、船舶や航空機の国籍国Aの管轄権は、そのなかにいるB国人に対するB国の管轄権に優先して適用されるなど、擬制的なものであっても領域性をもつ管轄権は常に人的管轄権よりもヒエラルキーとして上位にある。その意味で、船舶や航空機に対する管轄権は準領域的管轄権（旗国主義）と称されることもある。

　衛星やロケットの第1段、第2段（上段）などの宇宙物体は、それを「登録」した国が「管轄権及び管理の権限を保持する」（宇宙条約8条）。管理の権限は通常管轄権に含まれ、国は管轄権があれば、実際上の支配・管理（特に物理的管理）を意味する「管理の権限」を有する。しかし、逆に、「管理の権限」を行使し、宇宙物体をその管制下に置く国（または事業者の国籍国）が、管轄権を

もたない場合も存在する。衛星打上げ，運用を自力で成し遂げる国が決して多くない現状では，他国が登録する衛星を地上から管制する国は，その衛星（宇宙物体）に対して管轄権はもたないが管理は有するという形で管轄権と管理の分離現象が生じうる。実務上は，「管轄権および管理の権限を保持する」という用語が使われるときには，管轄権を有する国の権限範囲確認の意味があり，「管轄権または管理の権限」というときには，管轄権をもたないが実際上の管理・支配を行使する場合も含めて広く国の権限行使の局面を表現する意味がある。「関係当事国」には，このような管理の権限のみをもつ国も含まれる。

登録の要件と効果 ◉　宇宙物体の登録は，①国内登録と②国連登録からなり，両者を通じて「登録」行為は完成する。宇宙条約では，宇宙空間に打ち上げた物体の登録により国が管轄権・管理の権限を保持すると規定する（8条）。これは国内登録を指し，登録した国は「それらが宇宙空間又は天体上にある間，管轄権及び管理の権限を保持する」（同条）とされた。「保持する」（retain）とは単なる「有する」（have）よりも強い意味をもち，国が登録によりいったん獲得した法的権限の委譲が困難であることを示すという。その後，宇宙物体登録条約により，国内登録に加えて，国際的周知のためにも，国連事務総長への一連の要素の通報が必要とされるようになった（宇宙物体登録条約2条・4条）。国連事務総長は，受領した情報を記録する登録簿を保管し，登録簿に記載されるすべての情報を公開する（3条1項・2項）。「国連登録」という用語は条約では使われていないが，便宜上本章では，この一連の作業を「国連登録」と呼ぶ。

宇宙条約からは，宇宙物体を登録し，管轄権・管理を行使する権利義務を有する国の範囲が必ずしも明確ではなかったが，宇宙物体登録条約により明確化された。すなわち，①「打上げ国」のみが宇宙物体を登録することができ，②「打上げ国」が複数あるときには，協議によりそのうちの1国のみが宇宙物体を登録しうる。③もっとも，登録条約の規定ぶりから，打上げ国同士の合意により，登録国以外が実際の管轄権・管理を行使することも許容されると解される（2条2項）。これは，衛星などの宇宙物体も，船舶と同様便宜置籍が許される，ということになる。もっとも，打上げ国のなかの1国が実際の管轄権・管理を行使するため，船舶の製造者，高級船員，船舶所有者，船舶運航者等の国籍国と著しく乖離したリベリアやパナマのような国が船舶の旗国（国籍国）となり，

公海上で唯一，執行管轄権（国内法令を物理的力を用いて執行する権限）を行使しうる国となる，というような事態は生じにくい。

　なお，宇宙物体登録条約が登録を要求するのは，「宇宙物体が地球を回る軌道に又は地球を回る軌道の外に打ち上げられたとき」（2条1項）である。どんなに高高度であろうと，科学探査用弾道ロケットならびにそこに搭載された計測器およびセンサーなどのペイロード（搭載物），さらに宇宙観光用のサブオービタル機などは，登録の対象ではない。また，「『打上げ』には，成功しなかった打上げを含む」（宇宙損害責任条約1条(b)）ため，打上げ国責任の観点からの宇宙物体の範囲は，国連登録しなければならない宇宙物体の範囲より広い。

　ところで，宇宙物体は国籍をもたない。登録が実質上，国籍の代替物となっている。この方式は，仮にほぼすべての衛星が登録されるのであれば，問題はない。しかし，登録されない衛星の割合が，船舶や航空機とは比べものにならないほど多いため（最近まで25％程度），登録に基づいて成立する実質上の国籍国が管轄権を行使する，という安定したしくみとはほど遠い状況が続いている。宇宙物体に管轄権を行使するためのリンクは，登録がない場合には，自国の衛星，自国民の衛星，という「所有」によらざるをえないが，これは条約上の制度ではないため不安定である（登録制度の改善については後述Ⅳ4[78頁]）。

(3)　「打上げを行わせる国」という難問

「打上げ国」の意味　　では，「打上げ国」とはどのような範囲の国をいうのか。

　　①打上げを行う国
　　②打上げを行わせる国（procures the launching）
　　③自国領域内から打上げが行われる国
　　④自国施設内から打上げが行われる国

　上記の4種類の国がそれに当たる（宇宙条約7条では間接的に定義，宇宙損害責任条約1条(c)，宇宙物体登録条約1条(a)は直接に定義）。②の「打上げを行わせる国」とは，打上げを委託して，打上げ費用を支払う国をいう，というのが宇宙条約や宇宙損害責任条約を起草中のCOPUOS加盟国の合意であった。

　国土交通省気象庁の運用する気象衛星を，種子島の射場（宇宙航空研究開発機構〔JAXA〕が所有）から，三菱重工業が所有するロケット H-ⅡA で打ち上げるときに，日本は①，③，④の意味での打上げ国となる。また，射場をもたないA国の科学技術省が公式にB国に委託して，自国の科学探査衛星をB国領域内からB国の打上げ機で打ち上げる場合，A国は②の打上げ国となる。B国は，③④の打上げ国となる。また，同じくA国科学技術省が政府衛星を，カザフスタン領域でロシアが所有するバイコヌール基地から打ち上げる場合には，A国は②の，カザフスタンは③の，ロシアは④の意味の打上げ国である。

私企業による衛星打上げ

　しかし，A国政府機関ではなく，A国企業が商業目的の通信衛星打上げのためにB国から打上げを調達（購入）した場合には，A国は，「打上げを行わせる国」となるのであろうか。この点は，宇宙物体が引き起こした損害に対して，それが地上および飛行中の航空機に対して生じたものであれば，「打上げ国」が無過失完全賠償責任を負う，と規定されるために（宇宙損害責任条約2条・12条）特に重要な争点となってきた。

　この問いについて，確立した解答はないのが現状である。宇宙物体登録条約1条(c)では「『登録国』とは，……宇宙物体が登録されている打上げ国をいう」と規定され，登録国であれば打上げ国とみなされるため，民間企業である衛星運用者が外国から衛星を打ち上げた場合に，その国籍国が登録を行えば打上げ国となる。登録しない場合は，打上げ国であるが否かは不明瞭である。日本はこれまで企業や大学が外国から打ち上げた衛星を必ず登録してきた。オーストラリア，カナダ，ドイツも同様である。中国は，外国からの打上げ実績自体が少ないが，バイコヌール基地から打ち上げた商用衛星を登録した。米国も多くの場合，登録しているが，100％というわけではない。たとえば，2009年に起きた史上初めての軌道上での衛星同士の衝突事故でよく知られるイリジウム33は米企業の衛星であるが，米国は国連登録をしていなかった。イリジウム33は，バイコヌール基地から打ち上げられているため，カザフスタンとロシアが③，④の場合の打上げ国となることは明らかであるが，米国が「打上げを行わせる国」であるかどうかは登録というリンクから判断することはできない。

　1990年代以降，運用企業の国籍国を「打上げを行わせる国」とみなすこと

により「打上げ国」の数を増やし，損害が生じた場合に無辜の被害者保護の可能性を高めようとする学説が有力である。この考え方は，国家実行に支えられているという強みはあるが，国連宇宙諸条約の「打上げ国」の定義は，国籍によるリンクがないことから反対も根強かった。米国政府の見解ではないが，NASA の法律顧問は，宇宙条約の起草過程を重視し，「打上げを行わせる国」とは打上げプロジェクトに「能動的かつ実質的に参加する国」という要素が決定的に重要であり，国の関与の乏しい私企業の打上げに国が「打上げ国」責任を負うことに反対した。そして，私企業による外国からの衛星打上げの場合に第三者賠償保険手配を義務づけることにより，「打上げを行わせる国」が存在するか否かが不明なままでも，被害者救済は十分可能であると述べた。

　様々な見解があり，かつ，国連 COPUOS のような国家代表が議論する場で結論が出されていない以上，現在，私企業の外国からの衛星打上げにおいてその国籍国が「打上げを行わせる国」となるかは不明瞭である。しかし，この問題は，放置されているわけではなく，国連 COPUOS の場で被害者保護，という観点からの解決に向けての努力がなされている（Ⅳ **4** [78頁]）。

⑷　宇宙物体に起因する損害についての賠償制度

　衛星やロケットおよびそれらの部品や構成部分など，宇宙物体に起因する損害についての国家間での賠償責任は，主として宇宙損害責任条約に定められている。ここでは，同条約の定める賠償のしくみについて説明する。

損害責任の性質：無過失責任と過失責任 　「打上げ国は，自国の宇宙物体が，地表において引き起こした損害又は飛行中の航空機に与えた損害の賠償につき無過失責任を負う」（2条）。また，地表以外の場所において，宇宙物体Ａが宇宙物体Ｂまたは宇宙物体Ｂの乗員や財産に対して損害を引き起こした場合には，宇宙物体Ａの打上げ国は，生じた損害が「自国の過失又は自国が責任を負うべき者の過失によるものであるときに限り，責任を負う」（3条）。地表以外の場所で生じる損害については，加害者，被害者ともに宇宙活動という危険な活動を，その利益が大きいためにあえて危険を引き受けて実施しており，被害者の救済は伝統的な過失責任で十分である，という考えに基づく。しかし，地上または飛行中の航空機に対する損害については，無辜の第三者に対するものなので，事情のいかんによらず，宇宙物体と

損害の間に相当因果関係がある場合には，無過失責任を負うべきであるとされた。

また，宇宙空間において宇宙物体Ａが宇宙物体Ｂまたは宇宙物体Ｂの乗員や財産に損害を与え，それが原因となって地上または飛行中の航空機に第三者損害を与えた場合には，宇宙物体Ａと宇宙物体Ｂの打上げ国は第三国に連帯して無過失責任を負う（4条1項(a)）。第三者損害が宇宙空間で宇宙物体Ｃまたは宇宙物体Ｃの乗員や財産に対して生じた場合には，宇宙物体Ａと宇宙物体Ｂの打上げ国は連帯して過失責任を負う（同条1項(b)）。地上損害，宇宙損害双方の場合に，連帯責任における賠償は，過失の程度に応じて分担し，過失の程度が確定できないときには均等に分担する（同条2項）。

宇宙物体が引き起こす損害，というときに衝突のような物理的接触による損害に限るのか，混信のような場合も含めて考えるのかについては，条約起草時のみならず，現在でも完全には見解の一致をみていない。多数説は，物理的接触によるものに限るとする。

「損害」の範囲　　宇宙損害責任条約上，「『損害』とは，人の死亡若しくは身体の傷害その他の健康の障害又は国，自然人，法人若しくは国際的な政府間機関の財産の滅失若しくは損傷をいう」（1条(a)）と定義される。損害の定義は，人身損害と財産損害という物理的損害に限定したのであり，慰謝料や逸失利益を含めることができるかどうかはいまだに議論が残る。起草時，慰謝料と逸失利益を含めて考えるべきだという主張とともに，そのような制度をもたない一部の社会主義国の反対論も根強かったので，コンセンサスに達するためにあえて，この部分を不明瞭なままにし，具体的な損害発生の場合の損害額の算定にかかる問題は先送りにされた。被害者保護の観点からは，慰謝料と逸失利益を認めるべきであろう。

条約上の「損害」に，原子力電源を用いた衛星による損害または宇宙物体の原子力施設への落下衝突から生じる原子力損害が含まれるかについては，特に規定はないが，損害の定義に合致すれば含まれるという合意が起草過程で成立していた。放射能被害は，事故発生から長年経過した後で顕在化することもあるが，このような後発損害についても原因行為との間に相当因果関係があれば，賠償の対象となるとされる。

宇宙損害責任条約は，無過失責任の場合に一般にとられる有限責任ではなく，

無限責任・完全賠償という考えを採用した（12条）。しかし前述のように，「損害」の範囲に合意が存在しないこともあり，このような抽象的な規定だけでは，実際に損害が生じた場合に，「完全な」「損害」賠償額を確定することは困難である。

　したがって，補充的に国際慣習法およびいずれかの関係国の国内法を適用して損害額を算定する必要に迫られる。常設国際司法裁判所設置以来の国際判例は，国家の金銭賠償は，原因行為と損害の間に相当因果関係がある場合には，間接損害も対象とし，かつ，逸失利益も含めて算定していると一応は考えられる。しかし，慣習法の認定は容易ではない。宇宙損害責任条約の起草過程では，損害の算定時に補充的に参照する国内法として被害発生地の国内法または加害国の国内法などが提案されたが，いずれもコンセンサスを得ることはできず，国際法を補充するものとして「正義及び衡平の原則」が採用されたにとどまった（12条）。最大限の被害者保護を図るのであれば，損害発生地の国内法を採用することが望ましいだろう。

免責事由　　民事責任は，過失責任が基本であることから，一般に無過失責任を規定する条約では，その賠償責任を免除，軽減する一定の事由を規定する。しかし，宇宙損害責任条約では，無過失責任のなかでも免責事由を極端に絞り込む「絶対責任」を採用した。具体的には，免責は(i)被害国である請求国または請求国の自然人・法人に重過失があったか，または損害を生じさせようとする故意による作為・不作為があり，(ii)そのような重過失や故意が原因となって損害の全部または一部が発生した場合に，(iii)打上げ国がそのような事実を立証するならば，(iv)その限度において損害責任は免除される（6条1項）。それ以外の事由，たとえば多くの無過失責任条約で認められる「戦争，敵対行為，内乱，暴動又は例外的，不可避的かつ不可抗力的な性質を有する自然現象によつて生じた」（油濁民事責任条約3条2項(a)の例を挙げた）損害は免責の対象ではない。また，仮に被害国または被害国民に重過失や故意があったとしても，国連憲章や宇宙条約をはじめとする国際宇宙法に違反する打上げ国の活動により損害が生じた場合には，一切の免責は認められない（宇宙損害責任条約6条2項）。

請求の手続　　宇宙損害責任条約は，外国および外国人に損害が生じた場合に適用するものであり，自国民に生じた損

害は，国内法による救済に委ねられる（7条）。この条約で，損害賠償を請求できる「外国」は，損害発生地，および自国民（自国永住者を含む）が損害を被った国となる（8条）。私人が外国または外国人の行為により損害を被った場合，伝統的な国際法に基づくと，被害者は，まず当該外国の裁判所，行政裁判所またはその他の機関で損害賠償請求を試みなければならず，事実上の裁判拒否にあうなど適切な解決が与えられないときに初めて，国が，被害者を代表して相手国に対して損害賠償を請求することができるとされてきた。これを外交的保護権という。国際慣習法では，国が外交的保護権を行使するためには，上記の国内救済手続を尽くすこととともに，保護権行使の対象者が自国籍をもつことが条件とされる。宇宙損害責任条約は，損害の発生に基づき，後発損害の場合は損害の発生を知ったとき，または打上げ国が判明してから1年間は，被害国が即座に打上げ国に外交的経路により，賠償請求ができるものとした。もっとも，被害者が打上げ国の国内裁判所での裁判を選ぶことも可能であるが，その場合には，被害国は宇宙損害責任条約に基づく求償を行うことはできない（11条2項）。たとえば，打上げ国が懲罰賠償制度をもつ場合など，宇宙損害責任条約の「損害」から得られる賠償とは比較にならない高額の賠償金を得られる可能性があるときには国内救済措置を選択しようとする私人も少なくないと思われる。

　請求国が請求文書の送付を打上げ国に通報した日から1年以内に損害賠償についての解決が外交交渉により得られない場合には，いずれか一方の当事者の要請により3人の委員（請求国，打上げ国から1人ずつの委員を選出し，請求国と打上げ国が共同で決定する第3の委員が議長となる）で構成する請求委員会を設置する（14条・15条）。請求委員会は，設置の日から1年以内に決定または裁定を行う。当事国の合意がある場合には，請求委員会は最終的かつ拘束力のある決定を行うが，合意がない場合には，最終的で勧告的な裁定を出す（19条2項）。請求委員会は，損害賠償請求の当否を決定し，賠償を行うべきとされた場合には，賠償額を決定する（18条）。

⑸　宇宙物体落下による損害責任追及の事例——コスモス954事件

　これまでに，宇宙損害責任条約を用いて宇宙物体落下に起因する損害を解決しようとしたケースは一例しかない。それは，1978年1月24日，カナダ北部

にソ連（国名は当時）の原子力を電源とする海洋偵察衛星（米国の潜水艦の追跡を目的としたもので，軍事衛星の中で当時唯一，ソ連が米国と拮抗するか米国より進んだ技術をもつ分野とされていた）コスモス954が落下して，総計約4000以上の放射能を帯びた破片をばらまいた事件である。ソ連はコスモス954の大気圏内再突入が確実となったときにも，その事実についてカナダに通報していなかったので，カナダは米国の通報により，ソ連の濃縮ウラン235を燃料とする軍事衛星落下の危険を知った。落下が確認されると，米国はカナダに緊急援助を申し入れ，カナダはそれを受け入れた。1月24日，コスモス954落下後，カナダはソ連に情報提供要求を行った。ソ連の回答は，原子炉は大気圏内で完全に燃え尽きるように設計されているという不完全なものにとどまったため，カナダは重ねて完全な情報を要求した。ソ連は，緊急援助として破片の回収等を行う自国の専門家グループを派遣する意図があるとカナダに通報したが，カナダは自国が必要とする援助は完全な情報であるとして，ソ連の専門家グループの派遣を拒絶した。ソ連からの原子炉についての完全な情報は，1978年3月21日にようやくもたらされた。

　直接の人的損害，財産損害は生じなかったが，放射能汚染により将来発生するかもしれないカナダ国土の環境損害を予防する措置として，カナダは，破片の捜索，回収のみならず落下地域の除染活動などを同年10月15日まで行い，総計約1400万ドル費やした。破片のほとんどからは放射能が検出され，なかには致命的に高濃度の放射能を帯びた破片も存在した。

　ソ連とカナダはともに宇宙損害責任条約当事国であったので，外交的経路を通じてソ連の損害責任の存否および損害があるとされる場合の損害額の算定を行うこととなった。カナダは，宇宙損害責任条約と国際法の一般原則に基づいて損害を算定し，予防措置に用いられた800万ドルを除いた600万ドルをソ連に請求した。放射能を帯びた破片のカナダへの落下とそれによって領域が一時的に利用不可能になったことによる損害は，「財産…の損傷」（1条(a)）に当たるという趣旨である。しかし，ソ連は，条約の定義する「損害」が生じたと主張するために必要な物理的損害は生じていないと主張した。また，ソ連は，自国が緊急援助を申し出たにもかかわらずカナダがそれを拒否したがためにカナダに捜索，回収，除染などの費用がかかったとして，ソ連に費用負担の義務はないと回答した。

カナダとソ連の宇宙損害責任条約に基づく交渉は不成功に終わったが，請求委員会設置へとは進まず，両国が締結した和解の議定書により，事件は完全かつ最終的に解決された。ソ連は300万ドルの見舞金を支払ったが，条約上の損害責任は最後まで認めなかった。これを事実上の損害賠償とみるべきかについて見解は分かれる。

このような結果に終わったことについてはいくつかの理由がある。まず，宇宙損害責任条約上の「損害」の範囲の解釈においてカナダは必ずしも有利な立場にはなかった点が指摘できる。また，被害者保護に不十分な1968年の宇宙救助返還協定を挙げることができる。宇宙救助返還協定は，宇宙物体が自国領域に落下した条約締約国は，打上げ機関（同協定は「打上げ国」ではなく「打上げ機関」という用語を用いるが，ここでは意味は同一と考えて差し支えない）の要請に基づいて物体を返還しなければならない，ただし，回収費用は打上げ機関が負担すると規定する（5条2項・3項・5項）。コスモス954事件において，ソ連は，破片の所有権を放棄し，返還を要請しなかった。このような場合，宇宙救助返還協定には回収費用を打上げ国に支払わせるための規定がない。また，同協定は，宇宙物体の落下情報を提供する義務を打上げ機関には課していないが，宇宙物体が落下した国には，国連事務総長と打上げ機関に対して，物体落下の情報を提供する義務を課している（同条1項）。さらに，宇宙物体の回収を打上げ機関が要請する場合や落下した宇宙物体が「危険又は害をもたらすもの」（同条4項）であるときには，打上げ機関が当該物体の除去・回収のため宇宙物体所在地国を訪問して活動することが許容されると解される（同条2〜4項）など，著しく打上げ機関にとって有利なものとなっている。宇宙救助返還協定には，落下の被害を受けた領域国が打上げ機関の援助を拒否する場合に，打上げ機関と被害国がどのような措置をとることができるかについての規定は存在しない。したがってソ連は宇宙救助返還協定に基づく違反行為は犯しておらず，ソ連の専門家グループの訪問を拒んだカナダの方がむしろ協定違反と解される余地もある。

沿革的には，宇宙救助返還協定が打上げ国側に有利であるという問題点を是正するために被害者志向の宇宙損害責任条約が作成されたが，コスモス954事件においては，その効果を発揮しなかった。カナダ領域に対して損害が生じたといいうるかについては，今日も研究者の見解は一致しない。

国際環境法が発達し，気候変動軽減や生態系保護のための予防原則が条約にとり入れられるようになった現在，この事件が発生したならば，外交交渉の結果は異なったかもしれない。

6 宇宙環境の保護 (1)

(1) 宇宙のゴミ問題の現状

宇宙ゴミの増加への危惧　宇宙環境を脅かすものには，宇宙空間の探査・利用の過程において，地球から導入された地球の生命体や汚染物質をはじめとして様々なものが考えられるが，現在顕在化した問題としては，宇宙ゴミ問題が群を抜いて深刻である。1980年代半ば以降は，世界の宇宙機関は，長期的に安全な宇宙活動を脅かす宇宙のゴミ問題に「深刻な」危惧の念を抱いていたと思われるが，一般公衆が宇宙環境の保護問題を懸念と関心をもって眺めるようになったのは，せいぜい20世紀末からのことであろう。米国はこの分野でも他国の追随を許さない実力を示しており，1961年6月にはすでに米空軍は，北米航空防衛司令部（NORAD）（1981年に「北米航空宇宙防衛司令部」と改称）や海軍宇宙偵察システム等が運用するレーダー・光学望遠鏡等を通じて115機の宇宙物体の直径，軌道，三次元での物体の位置等を確定し，宇宙物体に番号をつけて記録――「カタログ化」――していた。また，同月29日には，米空軍は，初めての衛星爆発を観測し，この爆発により新たに発生した294のスペース・デブリ＝「宇宙物体」をカタログ化した。この時生じたデブリのうち約200は1998年に至っても軌道上を漂流していたことが確認されている。また，当時，米海軍研究所の行った1980年代半ばまでの宇宙物体増加率の予測値は，ほぼ，正確であったという。国際法上，「スペース・デブリ」の確立した定義はないが，技術的な定義として，各国の宇宙機関がデブリ低減を目指して組織した「宇宙機関間デブリ調整委員会」（IADC）（2023年現在12カ国の宇宙機関とESAがメンバー）が2002年に作成したデブリ低減ガイドラインに規定されたものが特に重要である（現行ガイドラインは2021年の改訂第3版）。同ガイドラインは「スペース・デブリとは，機能していないすべての人工物体（その破片および構成要素を含む。）で，宇宙空間にあるかまたは大気圏内に再突入するものをいう。」と定義する。

宇宙ゴミには，①機能を停止した衛星，②正常な打上げ活動に伴い排出されるロケットの上段，ノズルのカバー，衛星の連結具，衛星レンズの保護用キャップ，複数の衛星打上げの場合の敷居装置などのミッション関連部品（これらは，衛星が軌道に配置されるまでにゴミとなり宇宙空間に廃棄される），③固体燃料ロケットから出るスス，④太陽輻射により剥がれるロケット・衛星の外部塗料，⑤残存推薬や過充電のために宇宙物体が偶発的に爆発した結果まき散らされた破片，⑥衛星同士，デブリ同士の衝突事故によりまき散らされた破片，などが含まれる。1999 年の COPUOS 科技小委の報告書では，そのうち最も多くを占めるのは，軌道上の偶発的爆発やデブリ同士の衝突で生じる新たなデブリで，デブリ全体の約 40％，直径 5cm 以上のデブリに限定すれば約 85％を占めると記載されていた。しかし，2007 年の中国の ASAT 実験によって，低軌道（LEO）でのスペース・デブリの数が 25％程度増加したといわれており，ASAT 実験がスペース・デブリ増加にとって最大の懸念であるともいいうる状況になった。

スペース・デブリの カタログ化 ◉ 人類の宇宙活動の最初の半世紀において，5500 回近くの衛星打上げが行われたとされるが，2023 年 5 月現在はそのうち LEO での直径約 10cm 以上の宇宙物体は 26648 個カタログ化されている（Figure 2.2）。LEO の正式の定義はないが，IADC は高度 2000km までの区域を LEO と定義する（IADC スペース・デブリ低減ガイドライン 3.3.2(1)）。LEO において，軌道が定まらないためにカタログ化されていない物体を含めると，その数値は 26648 個（2017 年には 18640 個。以下カッコ内は 2017 年 9 月の数値）をはるかに超えるものとなるであろう。そのうち，機能している衛星は 7000（1459）機を若干上回る程度でその約 70（35）％は米国が所有し，約 9（13）％は中国，約 2（9）％はロシアが所有するといわれている。宇宙物体の約 80（94〜95）％はデブリである。宇宙物体数が急速に増加しているのは，2019 年に開始した LEO で数千機の小型衛星を群で運用して全世界に高速インターネット通信を提供するメガコンステレーションプロジェクトの開始によるものである。特に米国のスペース・エクスプロレーション・テクノロジーズ（SpaceX）社は世界の衛星総数の約半数を運用するため，米国の衛星数が他を圧倒する。しかし，このような小型衛星 1 機と大型の高性能衛星 1 機を等価とみなすことは困難で，今や，各国の宇宙能力を

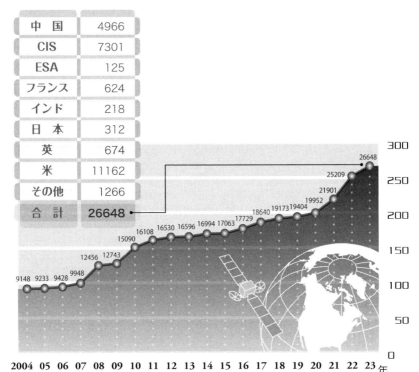

Figure**2**.2 ◉ 米国の衛星偵察ネットワーク（SSN）の調べによる
2023 年 6 月現在のカタログ化された宇宙物体

中　国	4966
CIS	7301
ESA	125
フランス	624
インド	218
日　本	312
英	674
米	11162
その他	1266
合　計	**26648**

（出典）　国連・米国 NASA 資料などにより筆者作成。

保有衛星数から評価する意義は大幅に低下したと言わざるをえない。

　LEO に対比する概念としては，高度約 35786km の静止軌道（GEO），そして
LEO と GEO の間に中軌道（MEO）が存在する。GEO を周回する衛星は，地球
の自転に同期する——並行して移動する——ため，地上からは常に 1 点に止
まっているように見え，通信，放送に特に有用である。そのため，いっそうそ
の環境保全が重視される。

　冷戦期，ソ連の衛星は，米国の衛星に比べて性能が低く寿命が短かったため，
ソ連は非常に多くの軍事衛星を打ち上げた。1970 年代の中東危機のときなど
は，2 週間に 1 機程度，写真偵察衛星を打ち上げていたこともある。そのため，
2018 年までのカタログでは，ソ連／ロシアの宇宙物体数が最も多いという結

果であった。中国の宇宙物体数が多いのは，2007年1月のASAT実験の結果
に負うところが大きい。NASAや国連の報告によると中国のASAT実験から発
生した3532個（残存数は2023年6月現在2793個）のデブリがカタログ化されて
いる。

国際法協会（ILA）の宇宙法委員会

　国際法協会（International Law Association：ILA）は，1873年にブリュッセ
ルで設立された国際公法，国際私法の双方をカバーする学会で，本部は
ロンドンに置かれる。研究大会は隔年，協会支部が置かれる各国の持ち
回りで行われる。2023年12月現在，世界に63の支部があり，約4500
人の会員を擁する。日本支部は1920年に設立された。活動は個々の委員
会を中心になされる。宇宙法委員会は1962年に発足し，現存の16の委
員会のひとつである。これまで軍備管理・軍縮（2004年終了）や国際貿
易法における持続的な発展及びグリーンエコノミー（2022年終了）など
46の委員会が任務を終了して活動を終えている。1990年以降，宇宙法委
員会は，COPUOSの常設オブザーバの地位を獲得し，毎年の法小委会期
では，「宇宙法に関する政府間および非政府間国際機関の活動についての
情報」という議題において，前年の活動報告を行っている。宇宙法委員
会の現在の議題は，①紛争解決，②スペース・デブリ，③サブオービタ
ル飛行（2024年会期で終了予定），④その他（宇宙安全保障，サイバー安
全保障と国際法，宇宙資源の法的性質と宇宙資源採掘活動等）である。

(2)　宇宙関係条約によるスペース・デブリ低減の限界

**条約上の事前措置と
事後措置**　　国連宇宙諸条約は，それが作成された時代を反映し
て，スペース・デブリの低減を直接の目的とした規
定をもたない。わずかに宇宙環境の保護を一般的に
規定する宇宙条約9条がスペース・デブリの発生以前の行為に一定の規律を
課し（事前措置），宇宙損害責任条約が，デブリが宇宙空間で機能する衛星に衝
突したり，地上に落下して損害を与えたりした場合の事後の損害責任を規定し

ているにすぎない（事後措置）。

　事前措置としてのデブリ発生防止・低減のために適用可能な規定として、宇宙条約9条は当事国に以下の義務を課す。

① 宇宙空間の探査および利用においては、他の当事国の対応する利益に妥当な考慮を払って活動する義務
② 自国または自国民が計画する宇宙空間における「活動又は実験」が他の当事国の活動に「潜在的に有害な干渉」を及ぼすおそれがあると信ずる理由があるときには、その活動または実験が行われる前に、適当な国際的協議を行う義務

　また、他の当事国が計画した宇宙空間における活動または実験が、自国の活動に潜在的に有害な干渉を及ぼすおそれがあると信ずる理由があるときは、条約当事国は、協議を要請する権利が付与される。しかし、協議の要請が受け入れられない場合に進むべき手続については、宇宙条約は何ら規定していない。このような場合、国連憲章6章（紛争の平和的解決）33条に規定される交渉、調停、国際司法裁判等の手続を利用することができるが、宇宙条約に手続規定が用意されていないことにより、紛争解決手続としては弱いものとならざるをえない。

　事後措置としての損害賠償は、損害を与えたデブリ（元衛星）の打上げ国が明確にならない場合、役に立たない。また、宇宙での損害については、打上げ国が特定された場合でも、過失の認定が困難な場合が多いだろうと予想される。したがって、宇宙損害責任条約は、本質的にはデブリ問題解決に資するとは評価できないと思われる。

7 宇宙環境の保護 (2)

(1) 生命体の宇宙への持出しと宇宙からの持込みについての規制

アポロ計画の影響　　　宇宙条約は、米国が月に人間を送るという有人計画（アポロ計画）が進んでいた時期に作成された。そのため、宇宙環境保護を謳う宇宙条約9条は、①宇宙空間の有害な汚染を避け

るように月その他の天体を含む宇宙空間の研究および探査を実施すること，②地球外物質の導入から生じる地球の環境の悪化を避けるように月その他の天体を含む宇宙空間の研究および探査を実施すること，そして，③必要な場合には，①②の環境悪化を回避するための適当な措置をとること，を義務づける（第2文）。

　条約文言からもわかるように，地球から意識的または不注意で持ち出す生命体による宇宙空間の汚染への対処は，宇宙の探査利用の黎明期から宇宙機関や国際科学界の重大な関心事であった。具体的には，国際宇宙航行連盟（IAF）では，1956年の第7回会合以来，生命体の前駆形・痕跡等の地球と宇宙の間の移動管理の検討を始め，IAFでの成果文書がもとになり，米ソの月惑星探査に関する検疫ガイドラインが作成された。宇宙空間研究委員会（COSPAR）の惑星保護分科会も，惑星探査における環境保護基準を1964年以来，決議として公表する。決議は，5〜10年ごとに改正され，最新版は2021年に作成された。

NASA 規則など　　米国は，アポロ計画を実施するに際して，規範としての宇宙条約9条を明確化するIAFやCOSPAR基準を国内履行する目的で，地球から宇宙への生命体その他の地球内物質の導入，また，宇宙から地球への有害な汚染および地球外物質の導入を規制する文書をNASA規則として作成した。宇宙条約9条の履行確保のための検疫法を制定せずにNASA規則の策定にとどめたのは，検疫法制定の権限は，農務省，保健福祉省，内務省だけがもつからであった。もっとも大統領が特別に権限を付与すればNASAも検疫関連法を制定できるが，活動の規模と主体の限定から，NASA規則で十分適切に，地球から宇宙への，または宇宙から地球への汚染は規制しうると評価されたのである。NASA規則は，1967年に設置された「地球帰還汚染に関する省庁間委員会」（ICBC）（検疫法制定権限をもつ上記3省とNASA等の宇宙関係機関からなる）で制定した。

　日本が関係する事例としては，小惑星探査機「はやぶさ」が微少量のサンプルを小惑星イトカワから採取して地球に持ち帰る計画の実施前に受けた審査を挙げることができる。はやぶさは，オーストラリアのウーメラ基地に帰還する予定であった。そこで，同国検疫法により，ウーメラ基地の立入禁止地区が，はやぶさがもたらしうる地球外生命体その他の汚染物質により損害を受ける可能性についての審査を受け，危険は最小限で無視しうるものという審査結果を

得て，最終的にはオーストラリア宇宙活動法（1998年）に基づく海外打上げ宇宙物体帰還許可を付与されて2002年に帰還することが許された。はやぶさは，予定より3年遅れの2010年6月13日に帰還した。はやぶさ2号についても，同様の手続を経て2020年8月6日に帰還許可を受け，同年12月6日に立入禁止地区に着陸した。

宇宙条約9条に反映される環境保護義務を履行するための検疫は，軌道上や月の宇宙ステーションでの長期滞在が可能になる時代には，重要な環境問題と認識されるようになるだろう。

(2) 月の環境保護

月探査の現状 　現在の仮説では，火星ほどの大きさの物体が原始地球に衝突した際に飛び散った岩石が合体して形成されたのが月であるとされており，月の物理的な性質を調査することにより，地球の始まりや生命進化の過程がわかるとされていること，月の環境は特に脆弱であり，探査や利用の態様によっては容易に環境が変化するとされていることなどから，従来，月の環境保護には格別の注意が必要であると考えられてきた。他方，月は人類が宇宙に進出する際の最初の天然の基地となるとされており，月の環境保護には，探査・利用との調整という課題が存在する。

月協定による環境保護 　月協定が月の環境保護について最も具体的，詳細かつ厳格な規定を置く。月協定は探査を積極的に進めようとする志向と月の環境保護の間の調整を図ろうとするものであり，探査と環境保護のどちらか一方に大きく偏した条約ではなく，宇宙の環境保護という点ではみるべきものの多い条約である。しかし，資源の自由な開発を否定する制度（11条）が足かせとなり，協定を脱退する国まで出現し，2024年1月5日以降の締約国は17カ国にすぎない。しかし，月協定は，COPUOS法小委でコンセンサスにより採択されたという実績は有するので，仮に今後，月の環境に危険が及ぶとされる事態が起きるならば，月探査を実施する能力と意思をもつ国が一斉に月協定に加入し，月協定の実効性を高める可能性もないではない。すでに，フランスとインドは署名を済ませており，ドイツは，2013年に月協定への加入の考慮をCOPUOS法小委で公式に表明した最初の重要な宇宙活動国となった。

　月協定の適用上，「月」とは，太陽系の地球以外のすべての天体に加えて，そのような天体としての「月」を周回する軌道や月に到達するその他の飛行経路も含む広い概念である（前述 **3** [37 頁]）。

　月協定締約国は，月の探査・利用にあたり，月の環境悪化をもたらすか，環境外物質の導入により有害な汚染を生じさせるか，またはその他の方法によるかを問わず，月のすでに存在する環境の均衡が破壊されることを防止するための措置をとる義務を有する（7 条 1 項）。しかし，科学的調査を実施するに際し，締約国は，月の鉱物その他の物質のサンプルを月面上から採取する権利，およびそのサンプルを月から持ち去る権利を有し，また，採取した締約国はサンプルを処分することも許容される。もっとも，他の締約国がこのサンプルを用いての科学研究に関心を有する場合，サンプルの一部を使用させることに前向きであることが勧告される。締約国はまた，月のミッションの支援のために適切な量の月の鉱物その他の物質を使用することができる（6 条 2 項）。月の基地運営における水資源の利用は，月協定の規定に則る形で，許容されていると解することができる。締約国は，月面に有人・無人の基地を設置することができるが，その際，基地に必要な区域に限って使用すること，および，基地の場所や目的を国連事務総長に通報すること，また，1 年ごとにその後の基地の使用状況や目的の変更などについて継続的に情報提供を行うことが義務づけられる（9 条 1 項）。

　締約国は，月に放射性物質を配置すること自体は禁止されていないが，月に放射性物質を配置する計画がある締約国は，実行可能な最大限度まで，国連事務総長に対して，放射性物質を配置することとその目的を事前に通報しなければならない（7 条 2 項）。さらに，月協定の締約国は，他の締約国の権利を侵害しない範囲で，国連の権限ある機関と協議した上で，自国が特別の科学的関心を有する月の一定の区域を，特別な保護取極を結んで保護すべき「国際的科学保存地区」として指定することが可能である。そのための手続として，他の締約国および国連事務総長に国際的科学保存地区の指定を通報しなければならない（同条 3 項）。

　月協定においては，他の締約国の協定違反が疑われるときには，協議を要請することができ，要請を受けた締約国は遅滞なく協議に応じる義務が明記される。第三国も月協定の締約国である限り，協議に参加することができる。参加

国はすべての締約国の権利・利益を考慮して解決を目指さなければならない（15条2項）。協議が開始できず，または協議によって相互に受入れ可能な解決に至らなかった場合には，紛争当事国同士の同意がなくとも，一方の締約国は国連事務総長の援助を求めることができる（同条3項）。宇宙条約9条にはみられない協議に応じる義務が明記されている点や，多国間の協議制度，事務総長の強化された役割の規定などが，月協定の新しい点であり，月の環境保護の実効性を高める上でも重要であると考えられる。

月の遺産保護問題 ◉　NASAは，2011年7月に宇宙活動を行う団体に対して，アポロ計画で用いられた月面着陸船，ローバー（月面移動機）その他の無人機や月面に残された米国国旗，NASAが有人・無人で行った月面での科学実験装置など，さらにはその着陸地点・衝突地点や宇宙飛行士の足跡やローバーの轍について，歴史的科学的に重要な遺産であるとして，米国の許可なく立入りを禁止する禁止区域や制限を課す区域（緩衝区域）を設定した。これは，民間団体が計画する月探査や観光が月の環境を悪化させることを危惧して設定したものと推測される。

　NASAの立入禁止区域や制限区域の設定は勧告であり，国内法によるものではないため，国内法の域外適用の可能性というよりは，あくまでも国内の私的団体への要望，要請という扱いとみなすべきであろう。そして，それが自国民に対するものにとどまる限りは，宇宙条約9条を含む宇宙環境保護義務の履行，自国の政策としての自国の科学的，歴史的遺産の保護のため，という理論構成で少なくとも国際法上の問題は生じないだろう。

　より問題となりうるのは，宇宙遺産に該当する場所や物体を保護する基準や慣行をメンバー間で作り上げ，それを国際的な慣行に発展させる意図を規定する2020年のアルテミス合意9条である。アルテミス合意自体は，法的拘束力をもたないが，2024年2月現在36カ国と次第に署名国が増加していること，実際に月に人やロボットを送る実力を有する国を擁していることなどから，実質的に宇宙遺産保護の国際基準づくりに力を発揮する可能性が高い。しかし，メンバー間で共有される基準や慣行がどの程度非参加国に受け入れられるかについては，現状からは推測は困難である。

Ⅳ | 宇宙活動を規律する新たな法形成の動向

ソフトロー優位の時代

1980 年代以降，国連 COPUOS は条約を作成する能力を失った。しかし，宇宙の探査・利用は発展し続け，それを規律する普遍的な基準，規則はいっそう必要とされる状況といえる。国連宇宙諸条約では未解決の問題も多い。国際社会はこの状況に対してどのように対処しているのか。本節では，1980 年代以降，国連総会決議を中心に，国連内外で採択したガイドライン，行動規範，基準・標準等拘束力をもたないルール群——ソフトロー——が，宇宙諸条約では解決できない問題および新たに出現した課題をいかに解決しようとしているかを記述する。

1 長期持続可能な宇宙活動に向けての国際協力

本章（Ⅲ 6 [56 頁]）において，宇宙活動の活発化に伴い，スペース・デブリがますます増加しているのに対し，国連宇宙諸条約ではスペース・デブリ問題への対処を適切に行うことは困難であるという点を確認した。低軌道の衛星コンステレーションによる混雑，近い将来に迫る民間の宇宙ステーション建設や有人活動，さらには月や小惑星での宇宙資源の探査・開発なども考慮に入れると，宇宙の長期持続可能な探査・利用に向けた国際社会の協力がいっそう重要となる。

(1) スペース・デブリ低減ガイドライン

IADC でのデブリ低減ガイドライン採択 ◉ デブリの増加により安全で安定的な宇宙活動が損なわれることを懸念する米国の主導により，1980 年代後半以降，NASA と各国の宇宙機関とのデブリ低減努力が実務レベルで進んでいたが，それが発展する形で，1993 年にはデブリについての情報交換や共通の低減策の採択を任務とする国際フォーラムとしての IADC が結成された。2024 年 1 月現在，米，加，英，仏，伊，独，露，ウクライナ，日，中，印，韓の 12 カ国の宇宙機関および ESA がメンバーである。

IADC で 2002 年に採択されたスペース・デブリ低減ガイドラインと，それ

を実施するための IADC で合意した様々な技術文書が，現在のスペース・デブリ低減のための最も重要な基準であるが，ガイドラインができる以前から，各国の宇宙機関は独自のデブリ低減のための行動準則を策定していた。まず，NASA が世界に先駆けて 1995 年に安全標準を作成し（NASA, NSS 1740.14），翌年には日本の宇宙開発事業団（NASDA）が NASA 標準に類似したスペース・デブリ発生防止標準を採択した（NASDA-STD-18。JAXA 成立後，JAXA プログラム管理文書〔JMR〕番号に基づいて JMR-003A となった。最新版は 2023 年 4 月に改訂された JMR-003E）。続いて，フランスの宇宙機関 CNES が 1999 年に CNES 標準を作成した。

　IADC は 2002 年にスペース・デブリ低減ガイドラインをコンセンサスにより採択し，参加機関は，ガイドラインにしたがって，設計・製造段階，打上げ段階，運用段階（軌道破砕防止策，偶発的衝突の回避等），運用終了後のデブリ対処を行うこととなった。運用終了後の処理としては，LEO 衛星は，通常は，機能終了後 25 年以内に衛星が大気圏内に再突入して燃え尽きるようにすること（「デオービット（軌道脱出）」）が勧告された。GEO については，移動の燃料が残っているうちに地上からの管制で衛星を使用頻度の低いいわゆる墓場軌道に移動させること（「リオービット（再配置）」）が勧告された。

ITU 勧告　GEO についてのデブリ低減勧告は，IADC ガイドライン以前に，ITU での勧告が作成されていた。GEO は貴重な軌道であるため，ITU では 1986 年から検討を始め，1993 年には，衛星の機能終了に伴い，300km 以上 GEO から離れた軌道に移動させることを ITU 勧告として要請した（ITU-R, S. 1003）。ITU では，2002 年の IADC ガイドライン採択に伴い，IADC ガイドラインの規則 5.3.1 をとり入れて 2003 年に GEO からの推奨するリオービットの距離を変更した（公表は 2004 年）が，2010 年には，それをさらに改訂した（ITU-R, S.1003-2）。今後も，技術の進歩に従い，より効率的なリオービットの方式が採択されることとなる。

常に生成過程にある技術基準　IADC ガイドラインはデブリ低減の新技術開発に伴い随時改正されており（最新版は 2021 年改正），リオービットの方式などが一部改訂されている。

　2002 年の IADC ガイドライン採択後，2004 年には，英独仏伊の宇宙機関および ESA が CNES 標準に基づきつつ，「欧州スペース・デブリ低減行動規範」

を採択した。中国のスペース・デブリ低減国家要求は2006年に策定され，ロシアのスペース・デブリ低減基準は，後述の国連COPUOSスペース・デブリ低減ガイドラインに基づく形で2009年1月1日に発効した。

国連COPUOSデブリ低減ガイドライン 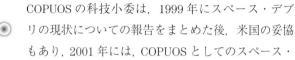 COPUOSの科技小委は，1999年にスペース・デブリの現状についての報告をまとめた後，米国の妥協もあり，2001年には，COPUOSとしてのスペース・デブリガイドライン作成に向けて活動をすることとなった。米国は，国連で技術ガイドラインを検討すると，まったく宇宙活動を行わない国が極端に厳しい基準を課してくる可能性が否めないこと，また，いったんガイドラインが採択されたら，将来はそれを法的拘束力をもつ文書に格上げする方向が目指されかねないということから，1990年代初頭には科技小委でスペース・デブリ低減に向けての議題を取り上げることには反対していた。1994年にスペース・デブリが科技小委の議題となったときにも，スペース・デブリの現状調査のみをマンデートとしたのは米国の抵抗によるものである。

　デブリ低減に向けての活動基準は，専門的知見をもつ者でなくては作成できない。そこで，2001年に科技小委は，IADCに国連加盟国が自主的に負うガイドラインの起草を依頼した。したがって，COPUOSガイドラインは実質的には，IADCガイドラインとほぼ同じ基準となることが予想された。2004年にIADCが提出した草案はロシア，インド等が修正を要求したため，実際の採択にはかなりの年月がかかると予想されたが，2007年1月の中国のASAT実験により危機感が共有されたこともあり，翌月には科技小委で，同年6月には本委員会で草案が採択された。12月には国連総会で2007年のCOPUOSでの作業成果を要約した総会決議「宇宙の平和利用における国際協力」が採択されたが，同決議にはCOPUOSでスペース・デブリ低減ガイドラインが採択された事実のみが記され，ガイドライン本文は含まれていない。したがって，「国連COPUOSスペース・デブリ低減ガイドライン」自体は国連総決議ではなく，あくまでCOPUOSの文書にとどまる。

　COPUOSスペース・デブリ低減ガイドラインは，運用段階から機能終了後までの全過程における推奨行動を記載した以下の7つのガイドラインからなる。

ガイドライン1	正常な運用中に放出されるデブリの制限
ガイドライン2	運用段階での破砕の可能性の最小化
ガイドライン3	偶発的軌道上衝突確率の制限
ガイドライン4	意図的破壊およびその他の有害な活動の回避
ガイドライン5	残留エネルギーによるミッション終了後の破砕の可能性の最小化
ガイドライン6	宇宙機やロケット軌道投入段がミッション終了後に低軌道（LEO）に長期的にとどまることの制限
ガイドライン7	宇宙機やロケット軌道投入段がミッション終了後に静止軌道（GEO）に長期的にとどまることの制限

　7つのガイドラインは，IADCガイドラインよりもかなり簡潔，抽象的な記載が目立ち，推奨値や具体的な実施方法は規定されていない。したがって，具体的な運用にはIADCガイドラインとIADCの他の実施要領を参照する必要がある（http://www.iadc-online.org/）。さらに，非政府間国際機関である国際標準化機関（ISO）も，2003年よりロケットや衛星等についてデブリ低減のための設計運用規格を呈示しており，ISOの規格を尊重することもスペース・デブリ低減に有用である。

　事実，COPUOSガイドラインの最後の部分には，低減実施にはIADCのガイドラインその他の文書を参照するようにという注意書きがある。両者の相違の一例として，GEOで運用終了後のデブリのリオービットについて，COPUOSガイドラインとIADCガイドライン（改訂第3版）を下に記す。

(i)　COPUOSガイドライン7

　　「GEO領域を通過する軌道で運用を終了した宇宙機やロケット軌道投入段はGEO領域との長期的干渉を避ける軌道に放置すること。GEO領域近傍の宇宙物体については，将来の衝突の可能性は，ミッション終了時にGEOと干渉しない軌道またはGEO領域に戻ってこないGEO領域より上方の軌道に放出することで低減できる。」

(ii)　IADCガイドライン5.3 運用終了後の廃棄／5.3.1 地球同期軌道域

（改訂第 3 版）

「ミッションを終了した宇宙機は，少なくとも 100 年間は GEO 保護域の外にとどまり，静止軌道上の宇宙システムと干渉を起こさないように十分遠くに移動させること（要約）。

(1) すべての軌道摂動効果を考慮して定めたリオービット完了時点での近地点高度の最小上昇高度推奨値は，

$$235km ＋（1000 \cdot C_R \cdot A/m）$$

ここで C_R：太陽輻射圧係数 （典型的には 1.2 〜 1.5 の間である。）

A/m：乾燥質量に対する有効面積 $[m^2/kg]$

235km：GEO 保護域（200km）と月・太陽と重力による摂動効果による最大高度変化量（35km）の和である。

(2) 偏心は 0.0003 以下。

（中略）いかなる場合にも，GEO 領域より上方の軌道に放出した物体が少なくとも 100 年間は，GEO 保護域に戻ってこないように飛行経路分析を行うこと。

GEO 保護域で運用する静止衛星の推進システムは，衛星から分離しないように設計すること。分離せざるを得ない理由があるならば，推進システムは，GEO 保護域の外側の軌道に少なくとも 100 年間はとどまるように設計すること。推進システムは，分離されるか否かを問わず，無害化できるように設計すること。

(2) スペース・デブリ低減の実効性を高める努力としての SSR

IADC ガイドライン，COPUOS ガイドラインともに推奨される技術基準にすぎず，宇宙活動のコストを上げることから，国内宇宙法に基づき，ガイドラインの実施が義務づけられていない限りは，民間企業にとってはガイドラインを遵守する利益は見出せない。しかし，現在，衛星を運用する国や民間主体は急速に増加している反面，国内法を有する国は 25 カ国程度にとどまる。ますます民間企業の活動が盛んになるなかで，宇宙を長期的に安全に使用し続けるためには，企業がデブリ低減努力をすることにより報償を得られるしくみを市場に作ることが有用である。このように考えて，産業界が自主的に作り出したのがスペース・サステナビリティ・レーティング（SSR）という格付認証制度である。2019 年に，世界経済フォーラム（WEF）の宇宙技術に関する世界未来会議が SSR の開発を宣言し，ESA，マサチューセッツ工科大学，テキサス大学

オースティン校などとともに定量的な SSR づくりを開始した。日本の経済産業省もこの時点から，WEF の諮問グループメンバーとなり，具体的な SSR づくりの方向性に関与している。

　SSR は，衛星運用事業者の実施するデブリ低減行動を認証機関が格付するという方式をとる。格付が高い場合には，企業イメージが向上してその企業に対する投資が拡大し，また，保険料の引下げなどのメリットが生じ，低い場合には，主として企業イメージが下がり，環境保護や人権を重視する投資家を遠ざけてしまうという結果になる。参加企業は，他の衛星との衝突回避機能や運用終了時や故障時の再突入機能等の衛星の性能やデブリ放出を最小化する衛星運用技術等について求められる情報を申告し，その内容に応じてたとえば，プラチナ，ゴールドなどの評価が付与されることになる。運用終了後の積極的なデブリ除去（ADR）や，運用中に修理や燃料補給などの軌道上サービス（OOS）を受けられるような接合機器をあらかじめ搭載している衛星は評価が高くなるなど，軌道上の新たな活動の後押しにもなるといわれる。

　2021 年に，WEF は，SSR の認証機関としてスイス連邦工科大学ローザンヌ校の「EPFL 宇宙センター」を選出し，格付発行の試行期間に入った。SSR の運用が開始されると，SSR 協会が設立され，総会，常設委員会（総会から投票で選ばれる執行部隊），常設委員会に認証システムの見直しや改正などについて助言する諮問グループなどの組織化が完了した。総会の下には，技術作業部会と政策作業部会が置かれている。

　SSR については，必要なコストに対する保険料低下などのメリットが本当に存在するのかという疑問や，申告時に技術情報が流出するリスクなどについての懸念も示されている。また，途上国の宇宙活動参入の障壁ともなりかねないものであるだけに，透明性があり悪用されない評価手続や，不満足な評価に対する衛星運用事業者側からの申入手続などの工夫が設けられることが，SSR 成功のために必要と思われる。さらに，技術の発展を取り入れ，認証評価システムを常に改善・改訂することが要請されるであろう。市場を活用した産業界の自主的なデブリ規制システムという SSR がどのような発展を遂げるか，興味深い。

(3) 将来の宇宙交通管理（STM）の一部となる長期持続可能性（LTS）ガイドライン

2005 年前後から COPUOS では，安全で安定的な宇宙利用のためには，陸・海・空と同様，宇宙でも交通管理を行うことが必要で，そのための技術的・法的・制度的な検討を進める必要があるという見解がみられるようになった。宇宙交通管理（STM）の議論は 20 世紀中から研究者間ではみられ，2006 年には国際宇宙航行アカデミー（IAA）が当時の学界の見解を集約した STM 報告書を公表した（改訂版は 2018 年）。同報告書は，STM を物理的または無線による干渉にさらされることなく，地球から宇宙に安全に到達し，宇宙空間で安全に活動し，安全に地球に帰還するための技術的・制度的規定を意味するとし，そのための技術の確保および交通規則づくりと，将来的には，規則の執行を行う国際機関の必要性も考慮すべきであると述べていた。しかし，COPUOS では，STM の重要性についての認識はあっても，規制色の強い議題はなじまない側面もあり，すぐには STM の研究や将来の制度構築を COPUOS の議題とすることはできなかった。STM が，その法的側面の一般的な意見交換という限定つきで法小委の議題となったのは 2016 年のことである。しかし，将来の STM の一部ともいえる宇宙活動の長期持続可能性の追求のためのガイドライン作りは，2010 年から正式に科技小委で「宇宙活動の長期持続可能性（LTS）」という議題の下に開始された。

宇宙活動の LTS は，多様な主体が様々な宇宙活動を軌道上や天体で行うようになる 21 世紀にふさわしい議題である。将来世代も安全に長期にわたって宇宙利用を行うことができるように，単に技術的側面にとどまらず，国際協力や各国の制度的側面も議論された。国内法制度づくりの勧告や LTS を確保する宇宙活動の手法を途上国に支援する国際協力促進部分などは科技小委にとどまる議題ではないため，法小委との連携も模索されたが，これは将来の課題として残された。2019 年，科技小委での採択には至らなかったが，本委員会でコンセンサスが成立し，21 の「長期持続可能性（LTS）ガイドライン」が COPUOS で採択され，国連総会でエンドースされた。

ガイドラインは 4 分野からなる。「A. 宇宙活動に関する方針及び規制体系」は，安全な宇宙活動を実施するために必要な国の監督やそのための国内法整備等についての 5 つのガイドラインを規定する。「B. 宇宙運用の安全性」は，軌

道上の宇宙物体状況についての情報（いわゆる宇宙状況把握〔SSA〕）の共有，デブリ監視情報の共有促進，宇宙物体の非制御再突入に関連するリスクを解決するための方法を確立することなど，先進技術を確立し世界で共有することを求める10のガイドラインからなり，LTSガイドラインの最も重要な部分といえる。残りの2分野は「C. 国際協力，能力構築及び認知」（4ガイドライン）と「D. 科学的・技術的な研究開発」（2ガイドライン）であり，国連の任務ともいえる偏在する技術と能力を世界に普及するためのメカニズム構築を意図するものである。

　科技小委は2020年，作業部会を設け，現在は21のガイドラインを実際に各国が国内実施するための具体的な仕様書づくりを行っている。21のガイドラインは次頁のものである。

2 リモートセンシング画像配布の国際法
──国連リモートセンシング原則

国連リモートセンシング原則の内容　宇宙から地表を覗いて画像データを取得するリモートセンシング行為は国家安全保障や資源開発活動などに深く影響するため，1969年に法小委で始まった議論がコンセンサスを得て国連総会決議となるまでに15年以上かかった。主要な争点は，宇宙から他国の地表をのぞいて画像データを取得すること自体の適法性と，取得したデータの公開に関する規則のあり方であった。1962年にソ連が法小委に，写真偵察衛星を中心とするスパイ衛星の利用禁止を提案したのは，前者を国際法違反と解してのことである。ラテンアメリカ諸国は情報主権という概念に基づき，リモートセンシング実施国は，被撮影国の事前の同意がなければリモートセンシングを行うことは禁止されており，自国領域を撮影された国は，すべてのデータへの完全かつ無制限のアクセス権を付与されるべきであるという見解で一致し，米国等西側諸国は，リモートセンシング活動，データの配布ともに自由であり，いかなる制限も課せられないと主張した。仏ソはその中間をとり，リモートセンシング行為は宇宙探査・利用の自由に該当するが，地上でデータを第三国に配布するためには，被撮影国の事前の同意が必要であると主張した。データに対する優先権などのリモートセンシング活動

Figure**2**.3 ◉ 長期持続可能性（LTS）ガイドラインの内容

(1) 「A 宇宙活動に関する方針及び規制体系」の 5 ガイドライン

A.1	宇宙活動に関する国内規制体系の必要に応じた採択，改正及び修正（国内法の作成）
A.2	宇宙活動に関する国内規制体系に関し，必要に応じた策定，改正または修正を行う際の複数要素の考慮
A.3	国内宇宙活動の監督
A.4	無線周波数スペクトルの衡平，合理的かつ効率的な使用及び衛星によって利用される様々な軌道領域の確保
A.5	宇宙物体登録の実行強化

(2) 「B 宇宙運用の安全性」の 10 ガイドライン

B.1	更新された連絡先の提供及び宇宙物体と軌道上事象に関する情報の共有
B.2	宇宙物体の軌道データの精度向上並びに軌道情報の共有の実行及び実用性の強化
B.3	スペース・デブリ監視情報の収集，共有及び普及の促進
B.4	制御飛行中の全軌道フェーズにおける接近解析の実行
B.5	打ち上げ前接近解析に向けた実用的な取組みの確立
B.6	有効な宇宙天気に関するデータ及び予報の共有
B.7	宇宙天気モデル及びツールの開発並びに宇宙天気による影響の低減のための確立した実行の収集
B.8	物理的及び運用面の特徴に関わらない宇宙物体の設計及び運用
B.9	宇宙物体の非制御再突入に伴うリスクを取り扱う対策
B.10	宇宙空間を通過するレーザービーム源を使用する際の予防策の遵守

(3) 「C 国際協力，能力構築及び認知」の 4 ガイドライン

C.1	宇宙活動の長期持続可能性を支える国際協力の促進
C.2	宇宙活動の長期持続可能性に関する経験の共有及び情報交換のための適切な新たな手続きの作成
C.3	能力構築の促進及び支援
C.4	宇宙活動の認知向上

(4) 「D 科学的・技術的な研究開発」の 2 ガイドライン

| D.1 | 宇宙空間の持続可能な探査及び利用を支える方法の研究及び開発の促進及び支援 |
| D.2 | 長期的なスペース・デブリの数を管理するための新たな手法の探査及び検討 |

の結果の分配についての譲歩はほとんどなされなかったが，リモートセンシング活動に対する途上国の参加の権利，技術援助条項が大幅に盛り込まれたことにより，1986年にようやく妥協が成立して，15原則が採択された。

定　義 ◉ 　1986年原則は，この問題を討議し始めた1970年代初頭に比較して著しくリモートセンシングの定義を狭め，リモートセンシングを天然資源管理，土地利用および環境保護の向上の目的で宇宙から地球に対して行う活動に限定している（原則1(a)）。したがって，防衛関係省庁との契約で商用衛星が外国の機微な軍事情報の画像を撮影するようなタイプのリモートセンシング活動は，1986年原則の適用外である。また，この原則は，衛星で取得したデータを「1次データ」（primary data），「処理データ」（processed data），「解析された情報」（analised information）の3種に分けて規則を策定する。そのうち，「1次データ」は，衛星により取得されたままの生データ（raw data）をいい（原則1(b)），処理データは，1次データを利用可能なものとするための処理を施した後のデータをいう（原則1(c)）。解析された情報とは，処理データの加工や他の知見の入力により得られた生産物をいう（原則1(d)）。

被撮影国の権利 ◉ 　同原則は，リモートセンシング活動は，①宇宙条約1条にある共通利益原則にしたがって行うべきこと，②他国の権利・利益に十分な考慮を払い，③国の富および天然資源に対するすべての国とその人民の完全かつ恒久的な主権を尊重して行うものであると規定し（原則4），情報主権の有無に触れることなく，実施国の国際協力促進の義務を明記した（原則5）。しかし，被撮影国が事前の同意または事前の通報を受ける権利は認められず，1986年原則では，リモートセンシング実施国の撮影の自由が確認された（原則2等）。他方，得られたデータ・情報の配布については一定の制限が課されるが，それは被撮影国にいかなる優先権も認めるものではなかった。1986年原則の第12原則は，1次データ・処理データと解析された情報の配布規則を区別し，前者については後者よりもリモートセンシング実施国側に厳しい条件を課す。すなわち，被撮影国は，自国の管轄権下の領域についての1次データ・処理データが作成され次第，「無差別かつ合理的な費用条件で（on a non-discriminatory basis and on reasonable cost terms）当該データにアクセスすることができる。他方，被撮影国は，自国の管轄権下の領域について

の解析された情報については，①その画像を取得したリモートセンシング活動に参加した国が保有するものであり，②利用可能なものであるときに，③無差別かつ合理的な費用条件で，アクセスすることができるにすぎない。データについては，国だけではなく民間企業等の非政府団体が保有するものについても，被撮影国は，他の請求者と平等の条件でそれにアクセスすることができるとされているが，情報については国が保有するものに限定されたうえ，さらに利用可能な場合に限られている（利用可能な〔available〕情報の意味するところは必ずしも明確ではない）。

リモートセンシング情報国際制度構築の萌芽 ◉ 1986年原則で最もその後の国際法形成に影響を与えたのは，以下の2つの原則と考えられる。原則10は，リモートセンシング参加国で地球環境に有害な現象を回避することに資する情報を有する国は，関係国にその情報を公開する（shall）とし，原則11は，自然災害により影響を受けた国または近づく自然災害により影響を受ける可能性がある国にとって有益な処理データおよび解析された情報を有する国は，可能な限り速やかにデータ・情報を関係国に送付する（shall）と規定する。地球環境保護，自然災害からの人類の保護という非常に重要な問題については，1次データよりもむしろ処理データや情報をそれを必要とする国に渡すことを，shall という本来は法的拘束力を意味する語を用いて義務づけている。原則全体が非拘束的文書である以上，shall を用いても規定は勧告にとどまるが，起草者である COPUOS および国連総会の強い意思表示が読み取れるだろう。

その後のデータ公表・配布制度の発展 ◉ 20世紀末期以降，気候変動やそれに伴う災害多発が大きな問題となると，国際協力の枠組みでリモートセンシングデータ・情報を共有することの重要性がますます認識されるようになり，円滑なデータ共有のためのルールが様々な団体で作成された。そのなかでも特に重要なのは，大規模災害発生時に，参加機関が，地球観測衛星データを最善の努力に基づき無償提供することを任務とする非政府間組織「自然または人為的災害時における宇宙設備の調和された利用を達成するための協力に関する憲章」（国際災害チャータ。2000年発足）である。国際災害チャータの設立文書は，全8条の比較的短い文書で，災害発生の認定からデータが最終使用者に届けられるまでの手続を規定する。参加機関は，災

害発生時に「宇宙データ」（生データと定義される）の無償提供が義務づけられる。災害チャータは2024年1月現在，宇宙機関，宇宙システム運用者（米国のNOAA，米国地質局〔USGS〕，欧州衛星気象開発機構〔EUMETSAT〕）等の計17機関がメンバーであり，さらに支援パートナーとして高性能リモートセンシング画像を扱う企業が名を連ねている。

　また，「地球観測に関する政府間会合（GEO）」の枠内で発展した全地球観測システム（GEOSS）で合意された「2015年以降のGEOSSデータ共有原則」は，現在の地球観測データ配布の基本ともいえる以下の三原則を採択した。具体的には，(i)データは無料かつ再使用に制限を設けず，無制限に公表することが原則である（「オープンデータ」），(ii)国際文書や国内法政策がオープンデータ政策を妨げる場合は，データの使用についての最小限の制限を課すのみで，また，実費ベースで提供することが要請される，(iii)すべてのデータは最小限の遅滞で提供される，というものである。インターネットの発達によりデータ提供のコストを大幅に縮減することが可能となったことにも助けられ，今日，1986年原則交渉時にみられた南北対立は，乗り越えられたといってよいと思われる。

3　原子力電源利用原則と国際安全枠組み

1992年原則　　コスモス954事件を契機に，1979年以降COPUOS法小委では，原子力電源衛星（NPS）の利用を規制するための文書作りが開始した。難航ののち，1992年に「宇宙空間における原子力電源の利用に関する原則」が国連総会決議として採択された。同決議により，ソ連が当時用いていた危険性の高い大型原子炉と米国が利用していた比較的安全な放射性同位元素発電機のうち，特に前者を使用する任務や空間範囲が厳しく制限されることになった（原則3）。この総会決議は，政治的考慮による妥協で採択されたこともあり，諸原則間の規制内容の一貫性が欠けていたために，原則採択の2年以内に，COPUOSでの原則改正の可能性を探ることが規定され（原則11），その受け皿として法小委には「宇宙空間におけるNPSの使用に関する原則の再検討および改訂の可能性」という議題が設けられた。しかし，科技小委で「宇宙空間におけるNPSの利用」の技術的側面を継続討議していることもあり，それが完了してから，法小委で1992年原則の改正を考

慮する可能性もありうる，というスタンスがとられ，2019年にはこの議題での議論の停止がコンセンサスで合意された。

2009年安全枠組み ⊛

21世紀に入り，月，火星等の惑星探査が各国の宇宙機関の計画にとり入れられるようになると，NPS問題は再び注目を集めるようになった。木星以遠の探査には太陽電池では不十分で，莫大な電力の供給が可能な原子力電源が不可欠であり，原子力電源の安全な利用を国際的に考慮する必要があるからである。そのため，2005年に科技小委は「宇宙空間での予定されたまたは現在予想が可能なNPS応用の安全のための目標と勧告に関する国際的な技術的枠組み」（「安全枠組み」）を作成するための多年度計画を立て，2006年から5カ年の計画で国際原子力機関（IAEA）と科技小委専門家グループとの共同作業部会が検討を行った。

　原子力に対する忌避感と宇宙の南北問題の再燃から，NPSの利用が困難となる規則が作られることについての原子力電源利用国の懸念は大きく，法的拘束力のない国連総会決議であっても許容しえないという見解が，米国をはじめとする原子力電源利用国の間で強固に存在していた。そのため，安全枠組みは，スペース・デブリ低減ガイドラインと同じく，政治的な規範性すらもたない，宇宙機関が深宇宙探査を行う際に参照する技術標準文書として作成された。検討は円滑に進み，予定より早く2009年には安全枠組みは科技小委で採択され，同年中にIAEAでもエンドースされた。

　それに反発して，2009年の安全枠組み採択直後から，ベネズエラやボリビアを中心に発展途上国は，途上国の懸念を緩和する目的で，安全枠組みをより具体的な技術ガイドラインとして発展させるよう主張した。最終的には拘束力のある義務とすることを目指しているが，これを支持する国はほとんどない。

　技術的基準を超える文書に対するNPS利用国の忌避と途上国の不信とが顕在化するなかで，近い将来に法小委で1992年原則の改正のための再検討が始まるとは考えにくい。原子力電源の利用について技術的文書で足りるのか，規範性をもつ文書が必要であるかの議論をする前提としての信頼醸成が不十分だからである。今後しばらくは，科技小委での安全枠組み実施状況の評価と信頼醸成努力が続けられるであろう。

4 宇宙の商業利用時代に対応する国連総会決議
　　——打上げ国概念，登録，国内法

商業利用と国連宇宙諸条約 　民間企業の宇宙活動が盛んになるにしたがい，企業が外国領域から外国のロケットで衛星を打ち上げた場合に，その企業の国籍国が打上げ国として損害責任を長期にわたって負い続けるべきなのか，という問題に対する解答が必要とされるようになっていった（Ⅲ **5**(3)［48頁］参照）。それと連動して問題とされたのが，宇宙物体登録である。国連事務総長に情報を提供して登録をすることにより，打上げ国となってしまい，損害責任を負う国のひとつと名乗りを上げることを恐れ，企業の国籍国が登録自体を忌避する傾向がみられたからである。そのため，宇宙物体登録条約への加盟国は，従来宇宙損害責任条約に比べてもかなり少なかった。以下に述べる努力がCOPUOSで行われた後でも，やはり宇宙損害責任条約当事国の98カ国に対し，宇宙物体登録条約は75カ国である（2023年1月現在）。国連加盟国は，宇宙活動のごく初期に採択された国連総会決議1721B（1961年）に基づいて，宇宙物体を登録することを勧奨されてはいるが，同決議では，登録条約にみられるような義務的記載事項（打上げ国国名，宇宙物体標識・登録番号，打上げ日時と場所，軌道要素〔周期，傾斜角，遠地点，近地点〕，宇宙物体の一般的機能）（登録条約4条1項）は定まっていない。宇宙物体の登録により登録国に管轄権・管理が生じるとはいえ，現在のところそのメリットが顕在化する場面はほとんどなく，登録により国家が得る主たるものは打上げ国としての損害責任と任務終了後のデブリ除去の義務のみと判断されがちな状況である。そのため，20世紀末期から21世紀初期にかけて，登録状況は悪化していった。このような状況下，COPUOSでは，国連総会決議により，打上げ国と登録の問題の整理を図り，包括的に問題を解決する方途として国内法の策定を勧告した。

2004年「打上げ国」概念適用決議 　「打上げ国」の範囲と機能は2000年から2002年にかけてCOPUOS法小委で包括的に議論されたが，学説とは異なり直接的に「打上げを行わせる国」を明確化する作業は行われなかった。2004年に採択された国連総会決議「『打上げ国』概念適用」は，第一に，国は自国の管轄下の非政府団体の宇宙空間での

活動を許可し継続的に監督することを規定する国内法を制定し履行するよう考慮することを勧告した（1項）。私人の宇宙活動を許可する条件として，宇宙物体が引き起こしうる「蓋然的最大損失」（MPL）に対処可能な金銭保証を義務づけることにより，「打上げ国」の範囲・有無によらず，被害者は宇宙損害責任条約の適用がある場合と同等以上の適切な補償を受けることが可能となるからである。宇宙損害責任条約での補償の対象は外国・外国人であるが（7条），国内法に基づく第三者賠償の場合にはそのような限定もなく，より広範囲の被害者を同等の条件で救済しうるという利点も存在する。皮肉な見方をすれば，「『打上げ国』概念適用」決議が現行宇宙諸条約体制の維持を重要視していると仮定すれば，上記勧告の遵守は，その目的とは逆に，突き詰めれば「打上げ国」概念を無用のものとし，私人である運用管理者が直接に賠償責任を負う方向への第一歩と解することもできそうである。

　第二に勧告されたのは，「共同打上げまたは協力プログラムに関して損害責任条約に従う協定の締結を考慮する」（2項）ことである。連帯責任として負う債務の分担についての内部取極を締結しうるのは宇宙損害責任条約上「共同打上げの参加国」（5条2項）であるが，そこに打上げ調達を行いまたはその他の方法で実質的に打上げに関与する私人の国籍国も含みうる「『協力プログラム』参加国」という連結を導入することにより，活動から利益を得る国を内部的に連帯保証枠組みに取り込むことが可能となる。これは，一面では打上げプロジェクトごとに「打上げを行わせる国」の再定義を試みる作業ととらえることが可能で，多様な打上げ形態が今後とも発展していく現状では，宇宙物体と責任を負う国の間の真正の連関を柔軟に確保することができる点が優れているといえよう。また，1項の勧告にもかかわらず，国内法を制定せず，私人の第三者賠償の確実性に懸念がもたれる場合の保証とするという利点も見出せる。しかし，アドホックな「打上げ国」定義を国家間合意で確保するということは，同時に，国家間合意さえ確保できれば「打上げ国」概念を用いずに損害責任の保証は可能であるということでもある。また，1項で要請する国内法を制定する国が増加すれば，国家間合意に必ずしも依拠する必要がなくなるので，いずれにせよ長期的には「打上げを行わせる国」の明確化は不要となるのではないかと考えられる。

**2007 年宇宙物体登録
実行向上勧告**

その後 2007 年に国連総会で採択された「宇宙物体の登録における国および国際組織の実行向上に関する勧告」(「登録実行向上勧告」) は，個々の宇宙物体と真正の連関をもつ「打上げ国」が登録することを確保するよう勧告する。具体的には，③④のカテゴリーの打上げ国としての領域・施設打上げ国 (Ⅲ**5**(3)[48 頁]) は他の「打上げ国」となりうる国と接触して登録国を決定すること (3 項(b))，国は自国管轄下の打上げ事業者がロケットに搭載する物体の所有者・運用者に助言して登録についてその関係国 (appropriate States) に対応させるよう打上げ事業者に奨励しておくこと (同項(d))，宇宙物体はそれぞれ別個にその運用に責任を有する国が登録すること (同項(c)) 等である。登録実行向上勧告は，外国領域から衛星を打ち上げる企業の国籍国が衛星を登録し，領域・施設打上げ国はロケットの軌道投入段を登録することをベスト・プラクティスとして勧奨するものと読めるが，これは，実質的に衛星運用者の国籍国を「打上げを行わせる国」とみなす実行の是認と解することも可能であろう。その点，「打上げ国」概念適用と登録実行向上勧告の 2 つの決議の「打上げ国」定義に対する姿勢は一貫しているとは必ずしも読めない部分がある。しかし，両文書の本質的に重要な共通点は，許可・継続的監督を行い管轄権を行使するという点で，活動に最も関係の深い国が責任と賠償責任を負うことを求めているという「真正の連関」の追求といえる。

**2013 年国内法採択
勧告**

2008 年から法小委では，「宇宙空間の平和的な探査および利用に関連する国内法に関する情報の一般的交換」の議論が行われ，宇宙条約 6 条の履行における各国の実行の集積とその共通要素の抽出を試みた。これは，「『打上げ国』概念適用」1 項の勧告にある国内法制定や 3 項の軌道上の所有権移転情報収集の目的にも合致するものである。国内法採択勧告は，以下の 8 項目を国内法に含めるように勧め，国内法の調整により，打上げ国の所在が不明確な場合にも第三者賠償が確実になされるようにし，また，確実な情報提供により，宇宙活動の状況が相互に透明化されることによる信頼醸成も狙う。

①宇宙活動の範囲 (事項管轄権)
②国家管轄権行使の範囲 (領域管轄権と人的管轄権)

③民間活動，外国の活動などに対する許認可制度

④許認可の条件

⑤継続的監督

⑥宇宙物体登録制度

⑦第三者賠償制度

⑧軌道上の管理移転などの新しい要素

5 通信衛星の周波数・軌道位置獲得問題

⑴ ITU の周波数獲得制度——「早い者勝ち」と静止軌道位置の逼迫

周波数分配の基本原則 ◉ 　無線周波数の分配と管理は，地上業務か宇宙業務かにかかわらず，国連専門機関の国際電気通信連合（ITU）が行う。1959 年に研究用として電波天文業務に周波数を分配したのが，ITU が実施した宇宙通信管理の始まりであり，1963 年には，実用宇宙通信のために用途に応じた周波数を分配することとなった。その後，1971 年に放送，リモートセンシングにも業務を拡大した。

　周波数の獲得は ITU の無線規則にしたがって行われる。まず，ITU が業務別周波数分配を行う。次に，各国の主管庁——日本は総務省——が ITU の分配に基づいて国内的な割当てを行い，その使用実績を ITU-R の無線通信局長に通告し，審査を経て技術的干渉がない限り国際周波数登録原簿への登録がなされる。そして，登録により，以後，その周波数は国際的な保護を受けることになる。そのため，周波数の使用は「早い者勝ち」という様相を呈し，それが後述⑵［84 頁］のペーパー衛星問題を生む理由となっている。特に，静止軌道（GEO）を周回する衛星は，地球の自転に同期するため地上からは常に 1 点に止まっているように見え，通信・放送に有用であるため，周波数獲得競争もいっそう熾烈なものとなる。もっとも，周波数帯は有体物ではないので，技術の発展により，獲得可能な周波数帯とそれに対応する軌道位置も増加するが，それでも，需要には追いつかない。

　実際に何機の衛星が静止軌道で運用されているかの計算は困難である。そこには，①宇宙物体登録条約や国連総会決議 1721B に基づいてすべての静止軌道衛星が登録されているわけではないこと，②物理的にはひとつの衛星に対し

て複数の名称が付けられ，あたかも複数機が存在するかのように報告されていること（後述(3)［88頁］），③ ITU の国際周波数登録原簿は外部に公開されているものではなく，また仮に公開されたとしても技術的に解読が困難で物理的な衛星の数を調べるには適していないことなど，様々な理由が存在する。

　専門家の試算によると，1984 年には 138 衛星が静止軌道で運用されており（内訳は，通信衛星が 80 機，放送衛星が 58 機），1990 年代半ばには，2006 年までにその数は 300 に増加するであろうと予測されていた。ボーイング社の公開情報に加え同業他社の情報等を用いて行った計算によると，2006 年には 250 機，2012 年には約 300 機，2023 年には 590 機が実際に静止軌道で運用中であったという（Figure 2.4）。

マラガ・トレモリノス条約 ◉ 「早い者勝ち」に対する途上国の反発に応えて，ITU では，1970 年代以降一貫して通信の自由と公平のバランスに留意してきた。たとえば，1973 年に改正された ITU 条約（マラガ・トレモリノス条約）では，宇宙通信用の周波数と静止軌道が「有限な天然資源」であると規定され（33 条 2 項）（現在は ITU 憲章 44 条 2 項），天然資源の公平な分配という観点を入れる決意が表明された。特に，衛星放送業務については早くから国別割当制度をとり入れることが決まっており，1988 年の世界無線主管庁会議（WARC-88）（1992 年の制度改革で世界無線通信会議〔WRC〕となった）では，固定衛星業務について各国に少なくともひとつの静止軌道位置とそれに対応する周波数を割り当てることとなった。通信（送信側と受信側が基本的には一対一で閉鎖的）は「早い者勝ち」が維持されたが，放送（受信側は不特定多数である一対多の開放系）業務ではこの方式を緩和したのである。ITU が示した途上国への配慮である。

通信衛星，放送衛星，周波数帯

　通信衛星と放送衛星はなにが異なるのか。通信衛星は衛星（宇宙局という），と 2 つの地上局から成り，地上局 A から送信された電波（アップリンク〔上り回線〕）を衛星で受信し，衛星に搭載するトランスポンダで電波を増幅して地上局 B に送信する（ダウンリンク〔下り回線〕）。顧

Figure 2.4 静止軌道上の商用衛星

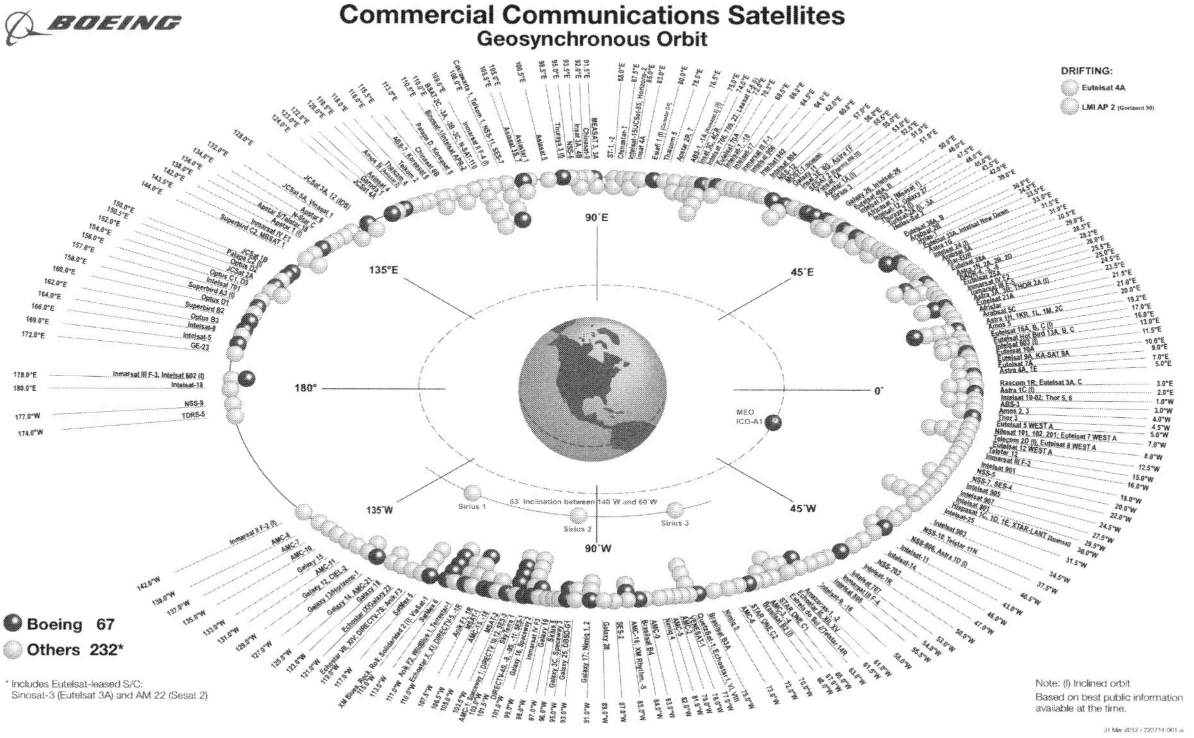

BOEING
Commercial Communications Satellites
Geosynchronous Orbit
DRIFTING:
Eutelsat 4A
LMI AP 2 (Gorizont 30)
90°E
45°E
0°
45°W
90°W
135°W
180°
135°E
MEO ICO-A1
Sirius 1
Sirius 2
Sirius 3
63° Inclination between 140°W and 60°W
Boeing 67
Others 232*
* Includes Eutelsat-leased S/C:
Sinosat-3 (Eutelsat 3A) and AM 22 (Sesat 2)
Note: (I) Inclined orbit
Based on best public information available at the time.
31 Mar 2012 / 220714-001.ai

（出典） ボーイング社ウェブサイト

客は，地上局 B が受けた電波を地上回線を経て受け取る。基本的に限定的な契約者だけが受け取ることができる一対一の通信である。他方，直接放送衛星は，地上局 A から送信された電波を衛星が受け，そこから送信された電波を視聴者のアンテナが直接受けるもので，一対多の通信であり，個別受信に向けてより衛星からの出力が大きいことが求められる。放送衛星の方が大がかりで高価なものとなりがちなのは，要請される出力が大きいためである。

　もっとも放送衛星は通信衛星の一類型であり，通信衛星を使って地上局から地上回線を使って放送を行うこともできる。ケーブルの発達する米国では衛星放送は通信衛星を用いることが多い。

　衛星通信に用いられる周波数は，ITU が業務ごとに国際的に分配するが，通信衛星や放送衛星にはどのような周波数帯が使われているのだろうか。固定衛星業務（固定局間の通信を行う）では C 帯，Ku 帯，Ka 帯と称されるマイクロ波帯が使われ，C 帯は地上局から宇宙局への上り回線と宇宙局から地上局への下り回線がそれぞれマイクロ波帯の 6GHz と 4GHz 帯（以下 6/4GHz と記載），Ku 帯は 14/12GHz 帯，Ka 帯は 30/20GHz 帯である。周波数帯は高いほど大容量化，広帯域化に適しているが技術的には使用が困難となる。その意味で C 帯は通信衛星にとって 1970 年代から使いやすい周波数帯とされてきた。Ku 帯や Ka 帯は通信や放送衛星に使われる。移動衛星業務（航空機，船舶，地上車両に設置した地上局〔無線局〕から送信し，衛星で受信して他の地上局に送信する通信）では，L 帯（1.6/1.5GHz）が国際通信，国内通信ともによく用いられる。その他 8/7GHz 帯は X 帯と通称され，政府用・軍事用通信に使われる。ほぼ同軌道位置に置かれた複数の衛星も，異なる C 帯，Ku 帯，Ka 帯などを使い分けることにより，干渉を防ぐことが可能である。

(2)　20 世紀のペーパー衛星問題

**トンガが開いた
パンドラの箱** ◉ 　1990 年，トンガ政府は，自国または自国企業の衛星打上げ予定がないにもかかわらず，ITU に 16 の静止軌道位置を申請した。当時の ITU には，実際の衛星製造，打上げ計画の詳細開示を要請する権限がなかったため，トンガは

翌年干渉問題が生じない 6 つの軌道位置を獲得した。1998 年にはさらに 3 つの軌道位置を獲得している。トンガは軌道位置を米国やロシアの私企業にリースして一軌道につき年間数百万ドルの利益を得るという「宇宙ビジネス」を行った。これは，ITU の無線規則に違反してはいないが，その精神に違反するため，実際の使用予定がない周波数と軌道位置を申請する行為は「ペーパー衛星」問題と名づけられ，強い批判を受けることとなった。ITU は 1994 年の決議 18 でこの問題への対処を喫緊の課題として選定した。具体的な対処策は，1997 年の世界無線通信会議（WRC-97）での決議 49 採択により，一応は達成されたと考えられた。

無線規則は数年ごとに改正されているが，1982 年の無線規則では申請した軌道位置は認められると 5 年間有効── 5 年以内に衛星を打ち上げることが要請される──であり，1990 年の無線規則改正により，打上げが 5 年以内に行われない場合には 3 年の延長が申請ベースでほぼ自動的に与えられるという状況であった。トンガが引き起こしたペーパー衛星問題に対処するために，1997 年の世界無線通信会議（WRC-97）では，①延長可能期間を 2 年に引き下げ，かつ②衛星ネットワークの技術的詳細情報，衛星製造者，打上げ事業者等 18 項目に完全に回答し，衛星計画が真正のものであることを証明しない限り，軌道位置保持の延長は行うことができないという決議 49 を採択した。申請料に加え，軌道位置保持が許される 5 年間に軌道位置確保のための高額な登録料を課すことにより，ペーパー衛星問題を抜本的に解決しようとする案は，途上国の強い反対もあり実現しなかった。1998 年の無線規則改正では，軌道位置確保は正式に周波数申請が認められてから 5 年（S9.1），決議 49 の遵守がなされた場合に延長 2 年まで（S11.44）と明示された。

**より厄介なペーパー
衛星問題**

その後，より厄介なペーパー衛星問題が出現した。それは打上げ計画がうまくいかないときに，無線規則を逆手にとって，他国や他社の衛星を自国の保有する軌道位置に移動させて一定期間使用して，使用実績を作ることが許されるのか，という問題として浮上した。初期の例としてはユーテルサット（現在はその機能の大部分が民間企業で，国際組織部分は大幅に縮小されたが，当時はフランスに本拠地を置く政府間国際組織）と SES 社（ルクセンブルグ）の間の東経 29 度を争ったケースが有名である。

ユーテルサットは 1989 年に静止衛星ヨーロッパサット計画を公表し，フランスが周波数と東経 29 度を ITU に登録したが，1990 年代半ばを過ぎてもヨーロッパサットは打ち上げられてはいなかった。当時の無線規則にしたがい 3 年間の延長を申請して認められたが，そのままでは 1997 年半ばには，フランスの登録した軌道位置は失われる予定であった。そこで，ユーテルサットは，1996 年 12 月に自社がすでに運用していたホットバード 2 号機の試験を東経 29 度で数週間行い，これをもって東経 29 度の使用に当たるので，軌道位置の権利は消滅しないと主張した。無線規則は周波数帯と軌道位置がある一定期間までに「使用され（bringing into use）」（無線規則 S9.1〔当時〕）なければならないと規定しているにすぎず，衛星が打ち上げられ，運用されていなければならないとは書いていないからである。翌 1998 年 3 月 12 日には，ユーテルサットはホットバード 4 を東経 29 度で実験してから，同衛星を本来運用していた東経 13 度に再移動させた。SES は，ユーテルサット（フランス）はこのような軌道位置の使用によって申請した位置を維持し続けることはできず，東経 29 度を失ったとして，自社のアストラ衛星に東経 28.2 度を割り当てた。1998 年 3 月 16 日にアストラ 1D を東経 28.2 度に移動させて軌道位置を確保したと主張し，同年 8 月にはアストラ 2A を東経 28.2 度で運用し，さらに，スウェーデンのノルディック衛星社のシリウス 3 を最長 1 年間という条件でリースして東経 28.2 度に配置して，自社の権利保有に意欲を示した。

　ITU の無線通信規則委員会（RRB）では，1998 年 7 月 14 日に，ユーテルサットの衛星移動は軌道位置の使用実績とはならず（"bringing into use" に該当せず）ユーテルサットは周波数を失ったと判断された。フランスの抗議により再審査された 1998 年 12 月 8 日の会合でもこの判断は全会一致で維持されたが，フランスは，周波数調整を求めた。結局ヨーロッパサット 1B は，2001 年に東経 28.5 度に打ち上げられているので，水面下でルクセンブルクとの間に干渉回避の調整がなされたのであろうと推測される。ITU では，主権国家が周波数と軌道位置利用につき合意に到達した結果を周波数登録原簿に載せた場合，それを国際的に保護するのみで，どちらの言い分が無線規則に照らして正当かという準司法機関としての役目には踏み込まない。

COPUOS 法小委で採択したペーパー衛星回避文書 ◉

ITU の権限を侵さない範囲に限定されるが，法小委では長く静止軌道位置の公平で理性的な利用がどのようなものであるべきかについて議論を重ねてきた。そして，2000 年には一応この問題についてのコンセンサスが達成されたとみなされ，国連総会決議の一部としての文書が採択された。具体的には，それは，2000 年の COPUOS 作業結果としての「宇宙の平和的探査利用における国際協力」という総会決議（いわゆる「オムニバス決議」）の附属書 3 である。これは，決議そのものではなく，総会でエンドースされた文書という扱いになる。

　特に以下の点が注目される。第一に，静止軌道を含むあらゆる衛星軌道と周波数について，すでに当該軌道・周波数に衛星を上げている国とそうでない国が同じ軌道位置と周波数帯の使用を ITU に申請した場合には，前者は後者が衛星を打ち上げることができるようにすべての実行可能な措置をとるべきである，という点である。途上国への特別な配慮を求めた規定といえる。1998 年の ITU 憲章改正（ミネアポリス改正）により，静止軌道だけではなく「関連する軌道」（any associated orbits）すべてが「有限な天然資源」であり合理的，効果的かつ経済的に使用しなければならないという規定に変更されていたため，2000 年のオムニバス決議附属書 3 の文書でも，同様の表現が採用されており，静止軌道以外にも途上国への特別な配慮が要請されている。ITU 憲章改正の理由は，20 世紀末に多くの衛星を組み合わせて行う移動体通信——たとえば 66 機の衛星を利用するイリジウム衛星システム——が盛んになるなど，静止軌道にとどまらず軌道の重要性が高まったためと考えられる。

　第二に，静止軌道を含む衛星軌道・周波数利用の申請をする国は，ITU の決議 18（1994 年）や決議 49（1997 年）に留意しなければならないと規定され，ペーパー衛星問題回避が先進国，途上国を問わず勧奨されている。

　そして第三に，法小委での議論の結果，公平な使用を確保する合意形成という目的に達したので，以後，「ITU の役割を害することなく静止軌道の理性的かつ公平な使用を確保する手段を考察することを含む静止軌道の特色と使用」と題する議題には作業部会を設置しないと宣言している点である。

　法小委では一応ペーパー衛星問題は終了という形をとったが，現実にはより巧妙になった形でこの問題は残っている。

(3) 2010 年代に残るペーパー衛星問題

最近のペーパー衛星問題の状況 ◉ 2009 年末に ITU が競争の激しい周波数帯において実際に使われている衛星システムを調査したところ、ITU の国際周波数登録原簿にあるもののうち、325 衛星システムが実在するものかどうかが確認されなかった。その後の調査で、145 衛星システムは実在しない「幽霊衛星」として登録簿から除くことに成功した。また、21 衛星システムは軍事衛星システムであることがわかった。しかし、残りはいまだに不明という。インテルサット、SES、ユーテルサットのような世界の大手通信企業は、多くの軌道位置の獲得を期待し、数多くの申請を行う。そして、国際周波数登録原簿に記載されて保護を受ける他の衛星ネットワークが実際には打上げがなされないうちに期限切れとなる可能性に賭けて、二番手、三番手、四番手として待ち受けている。そのような将来の使用のためにこれらの企業は 1 社で（正確には、企業の国籍国の主管庁が）100 カ所程度の軌道位置とそれに付随する周波数を申請しているとも報道される。2010 年代に入り、ますます周波数帯と軌道位置の獲得競争が熾烈になった。そのような状況下、東経 26 度と東経 34 度の使用権をめぐり、イランの幽霊衛星ともいわれる奇妙な事件が生じた。

イランの東経 26 度の幽霊衛星「ゾーラー 2 号」 ◉ 東経 26 度で静止衛星ネットワークを運用する権利をイラン、フランス（ユーテルサット）、サウジアラビアの順で申請しており、ゾーラー 2 号を打上げ予定のイランが早い者勝ちのルールで軌道位置を 7 年間留保することとなった。2004 年の無線規則改正で、登録後に軌道位置を維持する期間は延長なしの 7 年となっていた。しかし、イランが衛星打上げに成功した証拠はなく、他国からは打上げには至っていないと信じられていた。となると、ユーテルサット社に利用のチャンスが巡ってくる。しかし、2011 年 7 月の ITU の RRB で、イランは、ゾーラー 2 号を東経 26 度で利用していると申し立て、サウジアラビアがそれに同調した。ただし、それはゾーラー 2 号という新たな衛星が当初の予定どおりに打ち上げられたのではなく、サウジアラビアに本拠地を置く政府間国際通信組織としてのアラブサットの衛星を東経 26 度に移動させて使用し、それをゾーラー 2 号と称したものである。イランは、通信がアラブサットの衛星から行われており、イランはそのトランスポンダをリースしていたの

で，東経 26 度の利用実績として十分であると主張した。その際，サウジアラビアとイランは，アラブサットは米国のインテルサット社の PAS 5 号やフランスのユーテルサット社のユーロバード 2 号（東経 25.8 度）からトランスポンダをリースし，それをさらにイランにサブリースして通信を行っていると述べた。米仏は，自国衛星の通信機能がバーチャル衛星としての「ゾーラー 2 号」として使用された事実を否定し，ユーテルサット社はアラブサットとの契約を公表することによりリースが行われていない証拠も示したので，イランは軌道位置を失うこととなった。当時，ユーテルサット社とカタールの企業は，共同で東経 25.5 度に 2013 年に衛星を打ち上げる計画があり，イランとの調整なしに Ku 帯と Ka 帯を使用するためにはイランの軌道位置が失われていることが重要であった。イランはゾーラー 2 号の利用実績があるため，軌道位置は保持されているという見解を繰り返し，軌道位置を譲る姿勢を示さなかった。

　2011 年 11 月 29 日から 12 月 3 日にかけて開催された RRB において，一転してイランの言い分が認められることになった。それは，イランの事例は，無線規則 13.6 条に規定する軌道位置を失わせるための要件に合致しないと解釈されたことによる。同条によると，衛星システムが申請し登録された態様での通常の運用がなされていないと判断された場合に，ITU の無線通信局はそのような国と協議をしなければならない。そして，協議をもちかけられた国が協議要請を無視し続けるか，または登録抹消に合意する場合に限り，軌道位置を失うことになる。しかし，イランは協議に応え，ゾーラー 2 号の存在による軌道位置確保を主張し続けているのである。

　同時にサウジアラビアが前面に出る形でイラン，アラブサット，ユーテルサット間の東経 26 度の利用についての協議が始まり，2012 年春までには，当事者間でユーテルサットとアラブサットで使用周波数帯を 50％ずつに分け，アラブサットがその 50％をイランとの間でどう調整するかについては責任を負う，という形に落ち着いた。その後，2013 年 8 月 18 日　カタールのエスハイルサット社とアラブサット社が提携し，2018 年に共同打上げをする予定の放送衛星を東経 26 度に配置することが発表された。イランとアラブサットの権利がどのように分配されたのかは不明である。また，2013 年 8 月 29 日，ユーテルサット社とエスハイルサット社は東経 25.5 度に共同で衛星を打ち上げた。ユーテルサット社はこの衛星をユーテルサット 25B 号と称し，エスハイルサッ

ト社はエスハイル1号と呼んでいる。

　イランの幽霊衛星ゾーラー2号をめぐる争いの勝者はカタールの新進企業であるといえるかもしれない。エスハイルサット社は，2018年に打ち上げたエスハイル2号により東経25.5度と東経26度から中東，アフリカ，欧州に向けてテレビ放送を行っている。

イランの東経34度の幽霊衛星「ゾーラー1号」 ◉　イランのもうひとつの衛星ゾーラー1号のために予約された軌道東経34度は7年間の不使用のため2011年7月に排他的使用権を失ったとされた。しかし，イランは，アラブサットのABDR-5号を1カ月間だけ東経34度に移動させて運用し，使用開始を宣言していたため，ITUは，イランの衛星ネットワークの使用実績がなかったことを理由とせず，使用停止となった期間が無線規則が許容する期間を超えたためという理由を用いて使用権の喪失を宣言した。しかし，イランは途上国に対する特別の配慮を求めたため，ゾーラー1号の位置は2012年6月まで延長された。その間にイランは衛星を購入しそれを東経34度に移動させようとしたが，国連安保理の制裁や米国の独自制裁などイラン経済制裁の影響もあり，イランは衛星を購入することができなかった。これを不可抗力であると主張するイランは，不可抗力により許容される使用停止期間の延長をさらに求めた。しかし，RRBでは，イランの軌道位置は失われたという判断を崩さなかった。

WRC-12でのペーパー衛星対抗策 ◉　2012年の世界無線通信会議までには，申請し登録した軌道位置に所期の衛星を打ち上げることができなかった場合でも，他の衛星を申請場所まで移動させて無線規則に合致する一定周波数帯の利用（bringing into use, brought into regular operation）があった場合にはそれを適法な使用と認めなければならない状況になっていた。静止衛星1機の打上げ計画には莫大な資金を必要とするため，何らかの理由で打上げが遅れたとしても軌道位置を手放してまた一から打上げ計画を実施することは，ビジネス目的から耐えられないというのが業界の共通認識であったからである。

　そこで争点は，どの程度の期間，自社の他の衛星を動かすか他社の衛星をリースして使用することを条件とすべきなのか，という期間の問題となっていった。SESやインテルサット社の幹部は1カ月で十分であるといい，英国

は 15 日でもよいと公式に述べた。途上国も一般的に 3 カ月程度他の衛星を利用していれば無線規則に合致した使用と考えてよいであろうという見解であった。途上国が憂慮したのは，むしろ，1 社（その国籍国）が 100 程度の軌道位置を申請する，という過剰予約の実態であり，これが途上国の公平な静止軌道利用を妨げると問題視していた。

　WRC-12 では，結局 3 カ月の使用を条件とすることに決定した。しかし，最初に申請した周波数帯の特質（周波数帯など）と同一の衛星を 3 カ月運用することを義務づけている。とはいえ，これは自己申告を信じるしかなく，検証は困難である。静止衛星を中心として衛星運用ビジネスがますます盛んになるなかで，ペーパー衛星問題は時代によって繰り返し，別の顔を見せつつ登場する。2020 年代半ばにおいても，このような状態が近い将来改善されることはほとんど期待できない。

当事国間の宇宙活動の法的ルール

　宇宙活動に関し国際法上の権利義務関係を設定する国家間の約束（＝国際約束）には，既述の国連宇宙諸条約のほかに，個別の協力活動に関する当事国政府間の合意がある。この章では後者を取り上げ，わが国が当事国となっているものに絞り，宇宙活動に関する米国との二国間（「バイ」"bilateral"）合意と日米を含む多国間（「マルチ」"multilateral"）合意について解説する。

I 二国間（バイ）の法的ルール

　日米間には宇宙活動に関するいくつかの国際約束があるが，大別すると，技術導入のためのもの，共同活動の実施のためのもの，および通商・調達に関するものに分類することができる。

1 技術導入のための法的ルール「1969年日米交換公文」

　宇宙開発の黎明期，わが国が将来を見据えて，必要とする宇宙開発能力——すなわち通信衛星などの実用衛星とそれらを静止軌道に投入するための中・大型ロケット，関連地上設備を開発するための技術力——を早期に獲得するために，米国からの技術導入を日米間で合意した国際約束が，「宇宙開発に関する日本国とアメリカ合衆国との間の協力に関する交換公文」である。交換公文

（Exchange of Notes）とは，政府間での書簡のやりとりにより国際約束を形成する明示的合意の一形式であり，わが国の場合，閣議による承認を必要とする。

（1）経緯・背景

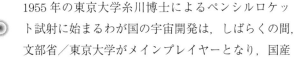

米国のロケット技術供与政策 　1955 年の東京大学糸川博士によるペンシルロケット試射に始まるわが国の宇宙開発は，しばらくの間，文部省／東京大学がメインプレイヤーとなり，国産技術による小型の科学衛星／探査機およびそれらを打ち上げるための小型固体燃料ロケットの開発を進めていたが，1960 年代に入ると米ソを中心に通信衛星をはじめとする実用衛星やアポロ計画に代表される大規模な宇宙探査計画が展開されるようになり，こうした国際環境のなかでわが国としても自国の実用衛星を保有することが急務と認識されるようになった。特に宇宙通信用周波数と静止軌道位置に対するわが国の権益を確保するためスピードが要求された。このため，政府は国内の体制を抜本的に見直すこととし，1968 年に総理府にわが国宇宙開発・利用の司令塔として宇宙開発委員会を設置するとともに，1969 年には通信・放送のための実用静止衛星とそれを打ち上げるために必要となる（技術的に難易度の高い）液体燃料ロケットを開発するための実行部隊として，特殊法人宇宙開発事業団（NASDA）を設置した。

　この時期，日米政府間では米国から日本に対する通信衛星およびロケット技術の移転に関する交渉が続けられていた。米国には当時（現在も同様），他国の核兵器打上げ能力を発展させるような技術（ロケットエンジン，慣性誘導装置等）の対外輸出を規制するため，米国のロケット技術はいかなる国にも移転しないという政策「NSAM（National Security Action Memorandum）294」があった。他方，1960 年代半ば，当時のジョンソン大統領政権は米国の宇宙プログラムは米国の対外政策に貢献すべきとする方針を打ち出し，1966 年 3 月にはハンフリー副大統領の指示で国家航空宇宙評議会の下に国際協力小委員会を設置し，のちの駐日大使となるアレクシス・ジョンソン国務次官補が小委員長となった。同小委員会が最初に手掛けたのは欧州ロケット開発機構（ELDO）に対する支援であり，核兵器打上げ技術の拡散リスク回避の観点から，フランス一国によるロケット開発を阻止し，技術的・財政的に崩壊の危機に直面した ELDO を再建することを決定する。同年 7 月には米—ELDO 協力に係る政策文書

「NSAM354」をジョンソン大統領が承認し，アトラスロケット関連技術の欧州への供与が認められる。この政策が3年後の対日技術供与の基礎を与えることになる。同年9月には日本およびインドとの協力の検討にも着手（結果的にインドとの協力は見送り）。前年のハンフリー副大統領―佐藤総理大臣会見にて日米宇宙協力の可能性について会談した際には，当時，自主開発路線をとっていた日本の反応は冷ややかであったが，1967年から宇宙活動の組織・計画の包括的見直しを開始すると，日本政府は宇宙先進国への早期のキャッチアップを優先することとし，米国からの技術供与を積極的に求める姿勢に転ずる。同年11月の佐藤総理の訪米に続き，翌68年1月には佐藤総理とジョンソン駐日大使が会見した際には，米側から日米協力案を提示。これをベースに日米間で最終調整が行われ，翌1969年7月に合意に至る。これが1969年に日米政府間で交わされた日米交換公文である。

米国側の背景事情 米国が例外的に日本への技術移転を認めた背景には以下のような事情があったとされる。第一に，新たに発足するNASDAによる液体燃料ロケットの開発にあえて米国のロケット技術を供与することで，米国が日本のロケット輸出を制御可能にしようとしたという点が挙げられる。当時，東京大学が国産開発した固体燃料ロケット（カッパ6型および8型）計15基がユーゴスラビアやインドネシアなどに海外輸出され始めていたが，固体燃料ロケットはミサイル転用が容易であり，核兵器の運搬手段に転用されることで大量破壊兵器の拡散につながり，結果として自国の安全保障をも大きく損ねかねないと強い危機感を抱いた米国には，日本からのロケット輸出を阻止する狙いがあったとみられる。第二に，当時米ソ冷戦下にあり，ソ連，中国，北朝鮮など北東アジア地域への共産圏の拡大（特に1960年代に原爆・水爆実験を相次いで成功させた中国の軍事的脅威の増大）を恐れた米国は，同地域での自由経済，民主主義圏の防波堤として，日本の国力向上を重視し，一種国力の象徴たる宇宙技術の獲得を積極的に支援することにしたという点である。当時，欧州重視の米対外政策を，アジア，特に日本との関係を強化することでバランスをとるべきとのジョンソン駐日大使の意向が強く働いたものとみられる。第三に，米大手宇宙メーカーの成長に応じ，海外市場への展開を見据え，日本市場への参入を容易にするという点である。国務省は対日技術供与が米国の対外政策および国家安全保障の枠組みに収まるとの確信を貫いた

が，国防総省は日本独自の打上げ能力開発への支援に反対の立場をとり，また，同省および NASA は同時期に米国が欧州に対して予定していた提案とのアンバランスを主張，その他国務省提案に懐疑的な他省庁もあり，最終案は，政府間協力よりも産業間協力を強調したものとなった。これは宇宙最大手のマクダネルダグラス社（現ボーイング社）を中心とする米宇宙企業にも支持されていた。企業は技術支援契約やライセンス契約を通じて日本企業から得られる膨大な利益を期待していたのである。もちろん他にも種々の背景・事情があったとは思うが，少なくとも以上に挙げた国家安全保障，地政学，産業振興の観点から大統領府（ホワイトハウス）の安全保障会議（NSC）が中心となり，国務省，国防総省，商務省，NASA，インテリジェンス関係諸機関が議論を重ねて，対日宇宙技術供与を決定したのである。

(2) 合意内容

　締結当時，わが国は科学技術庁宇宙開発推進本部（1964 年発足）と郵政省電波研究所の衛星開発部門を統合した NASDA の発足を間近に控えていた。このことを見据えて起草されたこの交換公文は，NASDA が担当する予定の通信・放送等の民生分野の実用衛星と，これらの衛星を静止軌道に打ち上げるための Q ロケット（その後計画中止）および N ロケット（N-I ロケット）と地上設備の開発に必要となる秘密でない（unclassified）技術および機器を，NASDA とその契約メーカーに対し米国メーカーを通じて提供することを米国政府が約束する内容となっている。さらに附属書では提供範囲を定め，特にロケット技術については，当時米国では「枯れた技術」（＝最新技術でない）となっていたソーデルタロケット（Thor-Delta vehicle）のレベルまでの秘密でない技術および機器に限定し，特に再突入技術は明示的に供与対象外とされた。米国からの輸出許可の申請は米供給メーカーの責任とし，申請にあたっては供与先が NASDA または日本メーカーのためのものであることを日本政府がエンドース（裏書き）することとされ，当時の科学技術庁がこの事務にあたった。

　一方，米国から技術供与を受けるわが国は，交換公文において次の 3 点の制約条件に合意した。

① 日本に移転された技術および機器の使用は平和目的に限ること，

② 米技術・機器を使用して製作されたロケット・通信衛星等の衛星は，日米両政府間で合意された場合を除き，第三国移転を禁止し，そのために必要なあらゆる措置を日本国の法令と行政手続に従って執ること，

③ 米国の協力により開発され，打ち上げられた通信衛星は，現行インテルサット協定の目的と両立するように使用すること。

　上記のうち，①の平和目的に限るとする点については，わが国では交換公文締結直前の宇宙開発事業団法案の国会承認の過程で，議員修正で同法案に盛り込まれ，さらに衆・参両院において同法案の付帯決議として宣言されており，不整合が生じる余地はなかった。③のインテルサットとの両立については，国際衛星通信サービスを提供する国際電気通信衛星機構「インテルサット」が米国主導で設置・運営されていたこともあり，NSAM 338 に基づき同機構と競合することを避けることを条件としたものであるが，わが国が計画していた通信衛星は国内にサービス範囲を限っていたため，これも支障となることはなかった。

　問題は②であり，米国にキャッチアップするための技術開発に取り組む段階までは支障はないが，そこで開発したロケットを引提げていざ国際市場に参入しようとする場合には，決定的な制約条件となった。このことは，1970 年代に入り両国間で合意された，N 改 I ロケット（N-Ⅱロケットのこと），H-I ロケットのための技術移転に関する口上書（＝政府間で発出，受領される署名なしの外交文書）において，より具体的に表現された。すなわち，「N 改 I 口上書」（昭和 51 年 12 月 9 日口上書 P-107 号）では，移転された機器・技術は NASDA による人工衛星の打上げのみに使用されるとし，また，「H-I 口上書」（昭和 55 年 12 月 3 日口上書 P-71 号）では，これに加え，移転された機器・技術によって製作されたロケットまたはコンポーネントを日米政府間の事前合意なしに第三国の打上げプロジェクトに使用することが禁止された。わが国で製作されたロケットがどんなに性能や信頼性が高くコストが安いとしても，米国から供与された技術が使われている限り，それらのロケットやエンジン等の部品を海外に輸出したり，あるいはそれらのロケットを用いて外国の衛星を日本から打ち上げることが禁止され，日本のロケットはこの時点で米国の支配下に置かれたのである。しかし，N-Ⅱ，そして H-I と大型化を図りつつ，上段ロケット等の国産化

を進め，N-Iで53〜65％，N-Ⅱで54〜61％であった国産化率は，H-Iでは78〜98％まで向上した。さらにN-Ⅱ，H-Iロケットによる打上げは一度の失敗も経験することもなく，国産技術への自信を深めていったわが国は，慣性誘導装置等の頭脳部分がブラックボックスとされた米技術供与からの脱皮を図り，全段国産技術によるH-Ⅱロケットの開発に着手することを決め，国産ロケット路線に舵を切ることになる。米国との交換公文や口上書の制約条件がわが国宇宙業界の屈辱感を煽り，かえってわが国が国際市場に踏み出すきっかけを与えることになったのである。

2 共同活動のための法的ルール

わが国は，JAXA（前身のNASDA，ISAS，NALを含む）が中心となり，多くの国の宇宙機関等と共同開発や共同研究を実施してきているが，本書ではとりわけこれまでに数多くの協定を締結してきたNASAとの協力に関する法的枠組みについてみていくことにする。

次表（Figure**3**.1）のとおり，NASAとの協力に関する法的枠組みは，ISS協力に関するものと，それ以外の協力に関するものとに大別される。前者は後述するマルチの枠組みの箇所で詳述することとし（Ⅱ［118頁］），ここでは後者のISS以外のバイの協力について述べる。

日米二国間の宇宙協力のほとんどが，NASAとJAXAとの間で行われる。この2つの機関は世界的にみても独特な性格を有する組織であり，そのため，協力の枠組みも独特なものとなっている。

(1) 組織の性格

N A S A　　◉　　まず，NASAという組織は，1958年に制定された国家航空宇宙法に基づき米国議会が設置した独立行政機関であり，特定の行政各省に属していないという意味で「独立」機関である。文民（civilian）のなかから上院の助言と同意を得て大統領により任命された長官（Administrator）が，大統領（ホワイトハウス）の監督・指揮の下でNASAのすべての権限の行使と義務の履行について責任を有する。米国にはNASAと同様の多数の独立行政機関があるが，たとえば，CIA（中央情報局），EPA（環

Figure**3**.1 ◉ JAXA／NASA 協力に係る法的枠組み一覧

協定類型	協力類型			
	大規模協力			小規模協力
	ISS 計画関連	ISS 以外		(ISS 以外)
条約 （国会承認）	IGA （15 力国間）	日米枠組 協定	日米 CW 協定（失効）	不要
行政取極 （閣議決定）	MOU （GOJ-NASA）	不要	個別 EN （2 種類） （日米政府間）	不要
実施取決め （機関内決裁。 一部外務省 協議あり）	個別 IA （MEXT-NASA） 個別 LA （JAXA-NASA）	個別 IA （MEXT または JAXA- NASA）	個別 MOU （JAXA-NASA） 個別 Agreement （JAXA-NASA）	JU （JAXA-NASA） 個別 LA （JAXA-NASA）

（注）　IGA：Inter-governmental Agreement　　CW：Cross-waiver of Liability
　　　　MOU：Memorundum of Understanding　　GOJ：Government of Japan
　　　　EN：Exchange of Notes　　IA：Implementing Arrangement
　　　　MEXT：Ministry of Education, Culture, Sports, Science and Technology
　　　　LA：Letter Agreement　　JU：Joint Understanding

境保護庁），FCC（連邦通信委員会），FEMA（連邦緊急管理庁）といった顔触れを
みてもわかるとおり，いずれも行政各省の手に負えない高度な専門性を要する
業務に独立して責任をもつ行政組織として設置されたものである。このように，
NASA は独立行政機関として，高度な専門領域である宇宙活動に関わる行政事
務と研究開発実務の双方を大統領の直下で実施しているのである。さらに，も
うひとつ NASA がユニークなのは一定の範囲で国際約束の締結権限が付与さ
れている点である。国家航空宇宙法 205 条により，NASA は，大統領の外交政
策指針の下，大統領が上院の助言と同意を得て締結した条約にしたがって，国
際協力計画に従事することができるとされたが，同法案の署名に際し（1958
年 7 月 29 日）当時のアイゼンハワー大統領は，上院の助言・同意まで必要とし
ないレベルの国際約束，すなわち行政府限りで締結可能な行政取極（executive
agreement）であれば NASA 自ら締結しそれにしたがって国際協力を進めること
ができることを宣言したのがその根拠とされている。このように，米行政機関
のなかでも NASA は国際約束締結権限をも付与された稀有な組織ということ

になる。この権限に基づき，NASA は，外国政府や国際機関と直接，国際法を準拠法とし，すべての米国政府を拘束する国際約束（行政取極）をこれまでに数多く締結してきているのである（ちなみに，NASA による国際協力に関し上院の助言・同意を得て締結された国際約束はこれまでにはない〔ISS 計画のための条約（IGA）ですら，上院の助言・同意を要しない行政取極のカテゴリーに入る〕）。

JAXA ◉ 次に JAXA は，独立行政法人通則法とその個別法である国立研究開発法人宇宙航空研究開発機構法（JAXA 法）により設置された国立研究開発法人という独立行政法人である。「独立行政」というところまでは米国の独立行政機関 NASA と同様ではあるが，その意味合いはまったく異なる。わが国は 2001 年に，英国の「エージェンシー」制度にならいそれまでの特殊法人制度から独立行政法人制度に移行した。この独立行政法人制度というのは，民間発想を取り入れ行政の効率化を図る目的で，政策を行政府が策定し，その実施を独立行政法人に委ねるというものである。実際には当該法人の中期目標の策定，中期計画の認可，予算要求，実績評価，理事長・監事の任免等，行政府（主務官庁）が政策立案のみならず法人による政策実施面も管理する制度であり，特殊法人制度の下では各省庁に付与されていた一般監督権限はなくなったものの，それまでの特殊法人と少なくとも運用面においては実質的にさほど変わるところはない。したがって，他の独立行政法人同様，JAXA も，宇宙に関する行政には直接関与することができず，もっぱら行政府が策定した宇宙政策の実現を技術の観点から支える実行部隊にとどまる。具体的には，2008 年の宇宙基本法に基づき設置された宇宙開発戦略本部（本部長は内閣総理大臣）がわが国全体の宇宙開発利用政策としての宇宙基本計画を策定し，それを受け JAXA の主務大臣である文部科学，総務，内閣および経済産業の各大臣が JAXA の中長期目標を定め，JAXA がその目標を実行していくしくみである。また，JAXA が外国宇宙機関等と国際協力を行うために国際約束が必要となる場合には，当然ながら政府とは独立した法人格を有する JAXA が締結当事者となることはできない。わが国は外交一元化政策の下，内閣のみが（実際には外務省に分掌）国際約束を締結できるため（憲法 73 条 2 号・3 号，内閣法 3 条，外務省設置法 4 条 4 号），仮に各国同様 JAXA を「宇宙庁」にしたとしても，NASA との間の国際協力については，日本政府（外務省）のみが国際約束を締結できることに変わりはない。なお，宇宙事業というのは国連宇

宙条約レジームの下で遂行されるという特殊事情があり，JAXA の前身である NASDA についてはその設置法で主務大臣（当時は文部科学，総務，国土交通の各大臣）に一般監督権限が付与され，それに基づき宇宙条約等の国際約束の履行が担保されていた。前述のとおり独立行政法人制度では各府省の一般監督権限が消滅したことから，JAXA 法において，JAXA が事業を進めるにあたり，主務大臣が宇宙条約等の国際約束の誠実な履行上必要な場合には，JAXA に対し必要な措置をとることを求めることができ，その場合 JAXA はこれに応じなければならないとすることで（JAXA 法 26 条），条約履行を担保することとなった。こうした条項が個別法上盛り込まれているのは，独立行政法人の中でも稀である。

国際協力の枠組み　◉　以上のとおり，NASA は国際協力を進める場合，国際約束にしたがう必要があることから，JAXA が NASA と国際協力を行う場合には，原則として，JAXA に代わる日本国政府と，米国政府または NASA との間で何らかの国際約束を締結した上で，JAXA（または MEXT）と NASA との間で具体的な協力条件につき合意するという階層的な法的枠組みの構造となっている。

(2)　協力類型

　それでは，具体的に NASA との国際協力のための枠組みについてみていくことにしよう。

　一口に国際協力といっても，規模の大小，内容の複雑さなど実に様々なものがある。米国家航空宇宙法に関する NASA の運用指針（NASA Space Act Agreement Guide）によると，協力案件は概ね「大規模協力案件」と「小規模協力案件」とに区別して取り扱われている。

　①大規模協力案件　予算規模が大きいもの，長期間にわたるもの，プログラム的・政策的に重要度の高いものなどが該当。例としては，NASA による外国衛星の打上げ，NASA 衛星の他国による打上げ，センサー等の衛星への相互搭載等である。通常，個別協力案件毎に，国務省との協議の上，相手方機関との間で了解覚書（MOU）を締結する。国際公法が準拠法となる。

　②小規模協力案件　衛星から得られたデータの交換協力や地上での活動にとどまる協力など，上記の大規模協力の要件を欠くものが対象であり，通

常，書簡取決め（Letter Agreement：LA）を締結するが，国務省協議は不要とされ，準拠する国際公法がない場合には組織の法的性格から米連邦法が準拠法となる（米国家航空宇宙法 203 条(C)(5)）。NASA と JAXA 間の小規模協力については，必ずしも国際約束を必要としないことから，協定締結の際に生じがちな交渉の紛糾を回避するために，あらかじめ法律事項を含む一般条項を盛り込んだ一種の枠組協定を機関間で締結することとした。これが「共同了解」（Joint Understanding：JU）と呼ばれる法的枠組みであり，JAXA と NASA 間で 2008 年 10 月 16 日に締結された。その準拠法は国際約束ではなく米国連邦法となることから，扱いとしては私契約となる。この JU の下で，個別案件ごとに役割分担とコンタクトポイント等の技術的事項のみを定めた簡易な書簡協定（Letter Agreement）を JAXA と NASA 間で締結すればよく，多くの小規模協力が，効率かつ円滑に実施されている。

(3) 協定類型

大規模協力案件については，JAXA のように協力相手方機関に国際約束締結権限がない場合には，当該政府との間で国際約束（行政取極）を締結する。JAXA との協力を例にとると，政府間で交換公文を締結し，その実施取決め（行政取決め）として NASA と JAXA（または MEXT）の間で了解覚書（MOU）を締結。さらに NASA と JAXA との間で，有償協力の場合は契約，無償協力の場合は協定を締結するといった 3 層構造になるのが通例である。具体例として，1992 年に毛利衛宇宙飛行士が日本人として初めてスペースシャトルに搭乗して実施した NASA との第 1 次材料実験計画（FMPT）協力のための法的枠組みを紹介する。

宇宙開発事業団のスペースラブにおける第 1 次材料実験（FMPT）計画のための協力

① 日米政府間交換公文（1985 年 3 月 29 日，村角駐米臨時代理大使と国務長官臨時代理〔実際にはその代理としてマローン国務次官補（海洋・国際環境科学担当）〕が署名）

▶ NASA は，NASDA との間で締結する実施取決め（了解覚書）および打上げサービス契約（LSA）に従い，実費弁償の原則（reimbursable basis）

により，NASDA の FMPT 計画のため打上げサービスを提供すること。

▶ 上記実施取決めは日米各々の法令と，1982 年 8 月 6 日に大統領が承認した米国の打上げ援助政策に従うこと。

▶ LSA の下で生じる紛争解決のために LSA に定められる協議手続を両政府がエンドースすること。

→ ② NASA − NASDA 間実施取決め（1985 年 3 月 30 日締結。正式名称は「第 1 次材料実験計画スペースラブミッションに係る打上げおよび関連業務の提供に関する合衆国航空宇宙局〔NASA〕と宇宙開発事業団〔NASDA〕との間の了解覚書」）

▶ 相互の責務，実費弁償条項，損害賠償責任，データの交換と取扱い，宇宙物体登録，有効期間と改正手続等について規定。

→ ③ NASA − NASDA 間打上げサービス契約（LSA）

▶ 有償契約であり，経費見積り等の支払条件や打上げ延期・中断時の取扱い等を含む詳細規定を置く。

(4)　枠組協定（Framework Agreement）

　NASA では，個別協力毎の協定締結に伴う国務省協議などの国内調整プロセスを簡素化することで国際協力着手を迅速化するとともに，国際約束締結権限を有しない海外宇宙機関との間で実施取決めを直接締結するための法的環境を整えるため，主要な宇宙活動国との間で枠組協定（Framework Agreement）を締結し，通常，個別 MOU で定めるべき法律事項などの一般条項についてあらかじめ政府間で同意しておく方法がとられている。これまでに，ロシア，ハンガリー（※），アルゼンチン（※），ブラジル，イスラエル，スウェーデン，ノルウェー，フランス，ウクライナ，インド，カナダ，ドイツ，イタリア，韓国，UAE，ニュージーランド，日本との間で締結済みである（※ は失効）。なお，このうち，イスラエル（ISA），インド（ISRO），ドイツ（DLR）の宇宙機関は NASA 同様，一定の国際約束締結権限を有していることから，宇宙機関どうしで枠組協定を締結している。

日米宇宙協力枠組協定締結に至る経緯 ◉ **日米クロス・ウェーバー協定の締結**　1980 年代以降，日米間においては多国間枠組みの下での宇宙ステーション協力と並行して，NASA と NASDA との個別協力が増加していく。NASDA が宇宙開発の実力をつけ，ギブアンドテイ

103

ク可能なパートナーと NASA が認知した証左である。スペースシャトル／スペースラブを利用した微小重力実験協力や日本人宇宙飛行士の訓練協力，地球観測衛星のバス／センサーの相互乗入れ協力等である。こうした状況を背景に，米国政府は，1994 年 5 月のモスクワでの旧 IGA 改正交渉の機会に，日本政府に対し日米個別協力をカバーする包括的な協定の締結を提案してきた。米国側としては，日本側との個別協定締結の際に，毎回，損害賠償請求権の相互放棄（いわゆる「クロス・ウェーバー」）をめぐって紛糾することに嫌気がさしていたこと，日本の財政法 8 条（法律・条約に基づかない国の債権放棄の禁止）により日本政府による請求権放棄は困難であったため，今後の日米宇宙協力の進展のためには，条約レベルの日米包括協定（＝枠組協定）が必須であると米国側は結論づけたとされる。

　米国側からの提案を受けた日本政府は，当時日本人初の MS（"Mission Specialist"）となる若田光一宇宙飛行士のスペースシャトルへの搭乗を控え，米国提案の日米包括協定のようにあまりに多岐にわたる法律条項を交渉するには多くの関係省庁を巻き込み，長期間を要することを懸念し，米国側が最も強く求めてきていた国の損害賠償放棄の担保を最優先事項として，クロス・ウェーバーに特化した条約を締結することとした。日本政府はその時点ですでにクロス・ウェーバー条項を含む IGA を批准していたことから，日本になじみのないクロス・ウェーバーを新規に合意することに比べれば国内の合意形成ははるかに容易であった。これが「日米クロス・ウェーバー協定」（日米宇宙損害協定）であり，協定交渉を経て，1995 年 4 月，栗山駐米大使とワース国務次官（地球規模問題担当）が署名，国会での衆参両院の承認を経て（米国は議会承認不要），同年 7 月に発効した。日本の場合，財政法 8 条との関係で，クロス・ウェーバー条項を履行するための国の賠償請求権放棄のためには法律に代わる国会承認条約が必要となったことから国会の承認を得たものであるが（「国会承認を要する条約の判断基準」，いわゆる「大平 3 原則」については後述［136 頁］），米国の場合にはそのような事情はないため議会承認は不要とされた。

　同協定の下で個別の共同活動を実施する場合には，日米政府間協力活動に位置づけ，協定対象となる共同活動を協定附属書に追加するための 2 種類の交換公文の締結が必要になる上，クロス・ウェーバー以外の条項については指定された実施機関間の実施取決め（MOU）で定めることとされたため，協定締結事

務の煩雑さは解消されなかった。とはいえ，部分的にせよ枠組協定としての機能は果たし，同協定の下で約30年にわたり，計30もの日米共同活動が実施された（Figure**3**.2）。

日米宇宙協力枠組協定の締結

米国国務省は日米クロス・ウェーバー協定交渉の際，同協定の締結がかえって将来の包括的な「日米宇宙協力基本協定」（＝枠組協定）の締結を排除することになるのではとの懸念を表明したが（1994年11月），外務省は本件協定の締結はいわば火急の暫定措置であり，包括的枠組協定の締結を排除する趣旨ではないことを鋭意説明し，将来に含みをもたせた。その後，米国側から再三，枠組協定の提案があったものの（たとえば2003年，2008年にNASA国際局から提案），依然として未締結のままであった。この状況を打開するため，国務省は第1回日米宇宙政策協議（2008年11月）において枠組協定の締結を正式に提案し，その後引き継いだ日米包括宇宙対話においても正式な議題に位置づけられ調整が継続され，2011年9月に交渉開始の合意に至るも，その後交渉に進展はみられなかった。転機となったのが2019年5月に米国が発表したアルテミス計画への日本の参画決定（同年10月）である。2021年夏からは月面探査活動をはじめとした日米宇宙協力の拡大を見据えた新たな法的枠組みに関する調整が日米間で開始され，この過程で，米国側から，宇宙協力に関する基本事項を包括的に規定する国際約束を締結したい旨再度提案があり，2022年1月から7月まで計7回の協定交渉が行われた。その途中の5月のバイデン大統領訪日の機会に日米両首脳間で本協定交渉の年内妥結の目標が確認されこともあり，12月にはほぼ妥結に至り，翌2023年1月，ワシントンDCにおいて岸田首相立会いの下ブリンケン国務長官と林外務大臣が署名した。その後，5月には国会での衆参両院での審議・承認を経て，6月に批准，発効となったものである。国会承認については，日米クロス・ウェーバー協定同様の財政法8条との整合性確保に加え，新たな関税等免除の条項に関し関税定率法等に基づき政令を改正するため（関税免除のため関税定率法施行令25条の2を改正，また消費税免除のため輸入品に対する内国消費税の徴収等に関する法律施行令13条5項を改正）必要とされたものである（なお，枠組協定に規定された秘密特許については，2022年5月に交付された経済安全保障推進法の施行後，政令により同法の適用除外となる予定）。今後，日米クロス・ウェーバー協定に代わって，有人与圧ローバーなどのアルテミス

Figure**3.2** ◉ 日米クロス・ウェーバー協定の下で実施された共同活動（2023 年 5 月 8 日付官報より抜粋）

番号	第三条の規定に従い協定が適用される共同活動	他第三条 1(a) にいう機関、団体又はその者 日本	米国
1	地球観測プラットフォーム技術衛星（ADEOS）計画	宇宙航空研究開発機構	航空宇宙局
2	宇宙飛行士訓練計画	宇宙航空研究開発機構	航空宇宙局
3	ミュー・ロケット試験計画	宇宙航空研究開発機構	航空宇宙局
4	熱帯降雨観測衛星（TRMM）計画	宇宙航空研究開発機構	航空宇宙局
5	環境観測技術衛星（ADEOS-II）計画	宇宙航空研究開発機構	海洋大気庁 航空宇宙局
6	資源探査将来型センサ（ASTER）計画	経済産業省	航空宇宙局
7	超長基線電波干渉計（VSOP）計画	宇宙航空研究開発機構	航空宇宙局
8	放射線帯観測小型衛星計画	宇宙航空研究開発機構	航空宇宙局
9	微小重力実験計画	宇宙航空研究開発機構	航空宇宙局
10	神経科学実験搭載装置計画	宇宙航空研究開発機構	航空宇宙局
11	気球搭載型超伝導スペクトロメータ（BESS）計画	高エネルギー加速器研究機構 東京大学	航空宇宙局
12	火星探査プラネットB（のぞみ）計画	宇宙航空研究開発機構	航空宇宙局
13	X線天文衛星（ASTRO-E）計画	宇宙航空研究開発機構	航空宇宙局
14	太陽高性能型衛星放射計（SORCE-E）計画	宇宙航空研究開発機構	航空宇宙局
15	月探査衛星計画	宇宙航空研究開発機構	航空宇宙局
16	総合気象観測衛星計画	宇宙航空研究開発機構	航空宇宙局
17	宇宙工学実験衛星（MUSES-C）計画	宇宙航空研究開発機構	航空宇宙局
18	第二次気象衛星搭載型伝導スペクトロメータ計画	宇宙航空研究開発機構	航空宇宙局
19	X線天文衛星II（ASTRO-EII）計画	宇宙航空研究開発機構	航空宇宙局
20	大気観測衛星計画	宇宙航空研究開発機構	航空宇宙局
21	地球観測衛星計画	宇宙航空研究開発機構	航空宇宙局
22	運用規模活動の開発及び衛星の安全の確保	内閣官房 国土交通省 文部科学省	航空宇宙局
23	宇宙空間の安全及び役務の提供並びに共有する情報の状況の監視に係る共同活動	内閣官房	国防省
24	X線天文衛星（ASTRO-H）計画	宇宙航空研究開発機構 防衛省 国土交通省	国防省 航空宇宙局
25	温室効果ガス観測技術衛星（GOSAT）計画及び温室効果ガス及び炭素観測技術共同観測計画	宇宙航空研究開発機構 国立環境研究所	航空宇宙局
26	小型衛星の光分解能観測計画	内閣府 宇宙航空研究開発機構	航空宇宙局
27	X線撮像分光観測衛星（XRISM）搭載機器計画	国立環境研究所 防衛省	国防省 航空宇宙局
28	宇宙状況監視（SSA）計画	国立環境研究所 防衛省	国防省 航空宇宙局
29	ドラゴン探査機の日本人宇宙飛行士及び日本の実験・技術実証の搭載計画	宇宙航空研究開発機構	航空宇宙局
30	火星衛星探査機（MMX）及び月極域探査（LUPEX）探査機の打上げ・地上点検交換型小型探査機MMXの交換点探査計画	宇宙航空研究開発機構	航空宇宙局

計画に係る月面探査協力をはじめとする幅広い分野での日米共同活動が新たな枠組協定の下の IA により実施されていくことになるが，日米クロス・ウェーバー協定の下で必要とされた2種類の交換公文やクロスウェーバー条項以外の条項を含む実施取決めの締結が不要となり，国内調整手続の大幅な簡素化が可能となり，日米宇宙協力のより円滑な実施が期待される。

主な内容 NASA（または米国政府）が他国の宇宙機関や政府と締結している標準的な枠組協定とほぼ同内容となっている。ただし，締結の経緯で述べたとおり，アルテミス計画を強く意識した内容となっており，前文でアルテミス合意（アルテミス合意については後述［152頁］）に言及するとともに，アルテミス合意に定められた一部の条項が組み込まれている点は他の枠組協定と大きく異なる（以下の★印）。日米間に限られたことではあるが，ソフトローであるアルテミス合意に部分的にせよ法的拘束力が付与された世界初の事例となった。今後，米国と他国との間で新規に締結または改正される枠組協定にとってのテンプレートとなるだろう。なお，1995年に締結された日米クロス・ウェーバー協定については，枠組協定に包含されたことから，枠組協定の発効に伴い失効した。

協力範囲（活動分野・協力形態の指定，平和目的，IGA の下での協力は対象外）

実施機関の指定，実施機関に対する実施取決め（IA）締結権限の委任，実施取決めの内容（個別協力の範囲，具体的役割分担）
- 日本側実施機関：MEXT，JAXA
- 米国側実施機関：NASA，NOAA，USGS（米国地質調査所）
- 実施機関は追加指定可能

資金措置（認可予算の範囲内での協力）

税金（関税その他輸出入の際に課される税金の免除または課税国側による負担），入国審査，一時居住等

上空飛行（航空機，気球の上空飛行の許可）

物品・技術データの移転（個別 IA の目的外での使用禁止等）

知的財産権（単独／共同による発明・特許の権利の帰属，登録宇宙物体への登録国知財法の適用，秘密特許法の扱い）

成果の公表（公表時の事前調整，科学的成果の国際科学界への提供）

損害賠償責任の相互放棄（個別共同活動で生じた損害賠償請求権の相互放棄，日本政府による労災等の代位請求権の実施機関による補填）

宇宙物体登録および管轄権（宇宙物体を打ち上げた場合のいずれかの国による登録，登録した物体とその乗員および自国民に対する管轄権・管理権の保持，管轄権競合時の協議）

軌道上デブリおよび宇宙機の廃棄（国連スペースデブリ低減ガイドラインの遵守，ミッション計画段階での宇宙機の廃棄を含む軌道上デブリ低減計画の策定）★

歴史的または科学的価値のある月の区域（歴史的・科学的価値のある月面上の区域を保全，当該区域への干渉回避）★

紛争解決（実施機関による解決を目指し，合意に至らない場合は政府間で解決）

改正手続，効力発生，終了（終了後も物品・技術データの移転，知的財産権，成果の公表，損害賠償請求権の相互放棄は有効）

3　通商・調達に関するルール「日米衛星調達合意」

　四半世紀にわたりわが国の宇宙商業化を阻害してきた要因のひとつにいわゆる「日米衛星調達合意」というものがある。厳密には国際約束ではないが日米政府間で合意された一種のルールである。

「スーパー301条」成立の背景　1980年代，日本の対米貿易収支黒字と経常収支黒字は拡大を続ける一方で，米国の経常収支赤字は拡大し，日米貿易摩擦は激化する。米国議会では日本叩き，すなわち「ジャパンバッシング」が勢いづいていた。自国の貿易赤字が一向に減らないことに危機感を抱いた米国レーガン政権は，公正貿易を追求する姿勢を強め，それが1988年米包括通商・競争力強化法に結実し，いわゆる「スーパー301条」を生み出した。正確には1974年通商法310条に対し1988年包括通商法1302条によって追加された時限手続である（1989～90年，1994～95年，1999～2001年。現在は失効中）。このスーパー301条とは，貿易相手国の

不公正な取引慣行に関する判断とこれに対する報復措置発動の権限を大統領から米通商代表部（USTR）に移管することによって，外交・安全保障政策等による影響をなくし，報復措置をとりやすくしたものである。個別問題においては，USTR が不公正な貿易慣行や輸入障壁があるかその疑いのある国を優先交渉国に指定し，輸入障壁の撤廃に関する交渉を行い，3 年以内に改善されない場合，USTR の権限により一方的に報復措置（1974 年通商法 301 条に基づく。他分野での関税引上げも可能）を発動することができるという代物であり，報復という脅しで相手国の市場をこじ開ける強力な条項である。同条項が最初に発動された1989〜90 年の間，USTR は同条に基づき義務づけられた米議会への最初の報告のなかで，不公正貿易国として日本，ブラジル，インドを挙げた。

　1989 年，日米構造協議（SII）と並行して，USTR はスーパー 301 条を使い人工衛星政府調達，スパコン政府調達，木材の輸入に関する技術障壁の個別 3分野をターゲットに交渉を要請。結果的に，日米交渉を経ていずれの分野も1989〜90 年に日本側が譲歩する形で合意決着をみた。このうち人工衛星政府調達について詳しくみていくことにする。

日米衛星調達交渉 ◉　1980 年代といえば，日米貿易不均衡が拡大するなか，日本では 1969 年の日米交換公文とその後の口上書に基づき，米国からの技術導入をベースに通信衛星（CS：さくら），放送衛星（BS：ゆり），気象衛星（GMS：ひまわり）をシリーズ化して効率よく進め，着実に国産化率を高めていた時期とも重なり，米国内に，このまま行くと自動車や家電製品のようにやがては日本製の衛星やロケットに国際市場を席巻されかねないとの危惧を抱かせていた時代である。そうしたなか，スーパー 301条という強力な条項の標的のひとつとなったのが，わが国の人工衛星の政府調達市場だったのである。ヒューズ社等の米国大手衛星メーカーが激しくロビー活動を行った結果ともいわれている。

　1989 年 5 月 25 日，USTR はスーパー 301 条に基づき，人工衛星の政府調達について日本を優先交渉国に認定。以降，同年 9 月 7〜9 日の日米貿易委員会を皮切りに，3 回に及ぶ衛星専門家会合（第 1 回は同年 11 月 28〜29 日，第 2 回は90 年 1 月 22〜23 日，第 3 回は同年 2 月 26〜27 日開催）を経て，90 年 3 月 28 日に行われた非公式最終協議において妥結に至る。会合には日本側からは外務，通産，郵政，運輸等の各省と科学技術庁のほか，NASDA が参加。米側は USTR，

国務省，商務省，NASA 等が参加した。その後，日米協議の結果をふまえ，わが国の自主的措置として，政府のアクションプログラム実行推進委員会（官房長官を委員長とし，全事務次官が委員）が同年 6 月 14 日に「非研究開発衛星の調達手続」を決定し，それを包含した書簡交換を翌 15 日に村田駐米大使とカーラ・ヒルズ米通商代表との間で取り交わした。この書簡交換がいわゆる「日米衛星調達合意」である。これにより，USTR による報復発動は免れたのである。

日米衛星調達合意の法的位置づけ 「日米衛星調達合意」とは，正確には，わが国政府，または政府の直接・間接の監督下にある機関（NTT を含む）が「研究開発衛星」を除く人工衛星（＝「非研究開発衛星」）を調達するにあたって，「透明，公開，かつ，無差別な競争的手続」（＝国際競争入札）を原則とすることをわが国が自主的措置として決定したことを，日米両政府が書簡の交換により確認したものである。あくまで日本側の立場を述べたものにすぎず，政府間交換公文のような国際約束には当たらないというのが日本政府の公式な立場であり，「合意」とはいわずに「日米衛星協議結果」というのがより正確である。これは，国際約束とした場合，通商協定という位置づけとなり，それに違反すると直截的に 301 条に基づく制裁発動の対象となりうるため，これを回避するために当時用いられた手法といわれている。しかしながら，その書簡には「必要な場合は，相互に受諾可能な見直しを実施する」とあるように，調達手続そのものは日本側の自主的措置とはいえ，日本が勝手に廃止したり，変更できないことから，事実上の日米合意ということもできる。実際，米商務省のサイトには同交換書簡が "Agreement on Satellite Procurement" として紹介されている。時限手続の「スーパー 301 条」はすでに失効し過去の遺物となったが，そこから生み落とされたいわゆる「日米衛星調達合意」というモンスターは，今でもわが国の衛星産業に静かに睨みを利かせているのである。

　なお，政府の直接の監督下にある NHK は，日本国憲法上保障されている放送の自由の観点から，原則として GATT 政府調達協定の対象外とされていたため，日米衛星調達からも対象外とされたが，米側は放送衛星（BS シリーズ）調達への参入を強く求めていたことから，NHK 島会長とヒルズ通商代表との間で書簡を交換し，NHK は自主的に「非研究開発衛星の調達手続」と同様の手続に従うことを宣言した。以降，国際競争入札により BS シリーズおよび

BSAT シリーズの衛星調達が行われている。

日米衛星調達合意の概要 ⊛ 日米衛星調達合意は概ね以下のような内容である。

日米衛星調達合意の構造

○村田駐米大使とヒルズ USTR 代表との間の交換書簡

（日本側書簡の主な内容）

- 日本政府として非研究開発衛星の調達手続を決定
- これは GATT 政府調達協定と整合
- 必要に応じ，調達手続は相互に受諾可能な見直しを実施
- 研究開発衛星の共通の定義については速やかに OECD 等の国際場裡にて検討すべき

（米側書簡の主な内容）

- 米国政府も日本側が定めた手続と総体として同様の措置をとる

   ○附属書 I　人工衛星の研究開発および調達に関する政策および手続

   - 非研究開発衛星を公開，透明，無差別の方法で調達することは日本政府の政策
   - 対象とする機関は，日本政府とその直接・間接の監督下にある機関（NTT を含み，NHK は含まず）
   - 日本の調達手続は附属書 II に定められ，GATT 政府調達協定に整合
   - 両政府は，以下の点につき実務的観点から了解

   1）「研究開発衛星」とは，各々の国にとり新たな技術を宇宙において開発・実証することを目的として設計・使用される人工衛星，または非商業的な科学的研究を行うことを目的として設計・使用される人工衛星のうち，商業目的で設計・使用される人工衛星，または恒常的サービスを継続して提供するために設計・使用される人工衛星にあたらないものをいう

   2）　日米両国の研究開発衛星の典型的な例を附属書 III および IV に掲載

   - 日本政府は現行の CS-4 計画を変更し，NASDA は研究開発衛星の定義に合致する衛星（COMETS）を開発
   - 1990 年 6 月 14 日より前に開発契約が法的に発効している衛星は対象外

   ○附属書 II　非研究開発衛星の調達手続（＝わが国アクションプログラ

ム実行推進委員会決定）

- 手続の対象となる調達は，非研究開発衛星または衛星キャパシティ（能力）の購入，リース
- 当該衛星の全キャパシティ（たとえば通信衛星の場合，トランスポンダーの数にその設計有効寿命を乗じたもの）のうち15%以下であれば，手続の対象外とすることが可能。（たとえば，NTTが手続に従って調達する通信衛星に搭載するペイロード〔いわゆるホステッドペイロード（hosted payload）〕が衛星全体の通信容量の15%以下までであれば国際競争入札にかける必要なし）
- 政府は，研究開発衛星の開発計画を含む「宇宙開発計画」を官報に掲載。潜在供給者または米国政府が研究開発衛星の区分につき疑義がある場合，米国政府は，潜在供給者の要請に応じまたは自らの発意で日本政府との協議が可能
- 入札手続の詳細
- 衛星調達に関する苦情処理機構（非研究開発衛星の調達に関する潜在供給者からの苦情を審査するための独立審査機関）。具体的には政府調達苦情処理体制（CHANS）が苦情の処理を担当。潜在的供給者が衛星調達手続の意図または附属書Ⅱのいずれかの規定に反する形で調達が行われたと判断した場合には，政府調達苦情検討委員会に苦情申立てを行うことが可能。なお，日米衛星調達合意の特徴のひとつとして，研究開発衛星の区分に係る対立について，日米政府間で協議をするしくみが設けられていることが挙げられるが（附属書ⅡのⅢの1.2)，かかるしくみの存在は，苦情検討委員会による判断の及ぶ範囲を制約するものではなく，衛星の区分に係る苦情についても，同委員会での検討の対象となる。

○附属書Ⅲ　日本の研究開発衛星の典型的な例
- 宇宙科学のための衛星や探査機，地球科学のための観測衛星，技術試験衛星，有人ミッションの具体名を列挙

○附属書Ⅳ　米国の研究開発衛星の典型的な例
- 同上

日米衛星調達合意が及ぼした影響　　1990年以降，通信，放送，気象の各政府系実用衛星について非研究開発衛星の調達手続にしたがい国際競争入札を実施した結果，約20年間で計15機の

Figure**3**.3 ◉ 日本政府・関係機関による非研究開発衛星の調達実績例

ミッション	衛星名	発注者	落札メーカー	入札年
通　信	N-STARa N-STARb N-STARc	NTT NTT NTT ドコモ	米 SS/L 社 〃 米 LM 社	1991 年 〃 （※）
放　送	BS-3N BSAT-1a BSAT-1b BSAT-2a BSAT-2b BSAT-2c BSAT-3a	NHK NHK/BSAT 〃 〃 〃 〃 〃	米 GE Astro 社 米 SS/L 社 〃 米 OSC 社 〃 〃 米 LM 社	1992 年 1993 年 〃 1998 年 〃 2004 年
気　象	MTSAT MTSAT-1R MTSAT-2 ひまわり 8 号 ひまわり 9 号	気象庁／国交省 〃 〃 気象庁 〃	米 SS/L 社 〃 三菱電機 〃 〃	1995 年 2000 年 2009 年 〃 〃

（注）　※NTT ドコモは調達手続対象機関ではないが，同手続を準用して調達。
　　　　SS/L 社：スペースシステムズ・ロラール社
　　　　LM 社：ロッキード・マーチン社
　　　　GE Astro 社：ジェネラル・エレクトロニクス・アストロ社
　　　　OSC 社：オービタル・サイエンシーズ社（現ノースロップ・グラマン社）

　うち 12 機（80％）を米衛星メーカーが落札。少量生産であるために高価格な日本衛星メーカー製の衛星は太刀打ちできず，米側の思惑どおりの結果となった。毎年 4 月に USTR が米議会に提出する外国貿易障壁報告書（NTE レポート）においても日米合意の成果が高く評価され続けた。その一方で，わが国宇宙政策（宇宙開発政策大綱および宇宙開発計画）の下で CS，BS，GMS をそれぞれシリーズ化して，米国から技術を習得しながら効率的かつ着実に国産化率を高め，最終的には国産衛星として国際市場に参入することを目指してきたわが国の実用衛星開発計画は，完全国産化の一歩手前で封じ込められることになり，日本の衛星産業は大打撃を受けた。また，衛星調達というのは，衛星を製作し，ロケットで軌道に投入し，軌道上で初期機能確認（チェックアウト）をした上で，発注者に引き渡すという軌道上引渡し（ターンキー）が通例となっていることか

ら，その打上げ用ロケットの選定まで衛星メーカーに委ねられるため（MTSAT
シリーズは例外），日本のロケットが参入する余地はなく，結果としてわが国の
ロケット産業まで連鎖的に打撃を受けることになった。

 **研究開発衛星の定義を
めぐる問題点** 国産の技術試験衛星Ⅵ型（きく6号）の三軸姿勢
制御型2トン級バスをベースにした国産通信衛星
CS-4計画（CS-4aとCS-4bの2機で構成）が，日米協
議の結果，実用衛星機能と研究開発機能に分割され，前者はNTTが国際調達
する商用のN-STARとなり，後者はNASDAが開発するCOMETS（通信放送技
術衛星，1998年2月静止軌道投入に失敗）に様変わりすることを余儀なくされた。
以降，NASDA（現JAXA）が開発を担う衛星は，日米間で確認された定義に合
致する「研究開発衛星」に限定されることになる。日米書簡附属書Ⅰの定義に
よれば「研究開発衛星」とは，「自国にとり新たな技術を宇宙で開発，実証す
ることを目的として設計，使用される衛星であり，かつ，商業目的や恒常的
サービスの継続的な提供を目的として設計，使用されるものではない衛星」で
あるとされたため，衛星開発計画を立ち上げる際には，「新規性」の要件を充
足すべくオーバースペックになりがちとなり，また，ユーザーに対する商用
サービスや恒常的サービスとはあえて切り離された，あくまで技術実証にとど
まる計画にせざるをえないことになった。安定した性能でコストの安いことが
市場競争力の鍵を握る商用衛星は，JAXAから民間への技術移転をベースにす
る限りは難しくなり，また，ユーザー本位のサービス提供への道も寸断される
ことになったため，その後2008年の宇宙基本法制定の際には，JAXAによる
衛星開発は利用本位ではなく，産業化にもつながっていない技術開発一辺倒と
の批判につながっていく。

　また，日本が開発に取り組もうとする衛星が日米書簡附属書に照らし「研究
開発衛星」であるかどうか米側（政府または企業）が疑いをもつ場合，わが国に
立証責任があるため，個々の衛星の技術開発要素やミッション内容の詳細を
つまびらかに米側に開示する必要があり（実例として1996年のNASDAのDRTS
〔データ中継技術衛星〕をめぐる日米課長級協議），ともすればわが国の衛星開発戦
略やシナリオが米側に筒抜けともなりうるため，技術安全保障の観点からも
由々しき問題である。また，協議で解決が図られない場合には，WTO紛争パ
ネルのような中立的な紛争解決手段とは異なり，日米間の外交チャネルで決着

することになるため，その時々の日米間の政治・経済状況に左右されるのは避けられないとの難点もある。

WTO 政府調達協定との関係　　　日米政府間での衛星の政府調達問題が決着をみた5年後には，WTO（世界貿易機関）が発足している。WTO 設置を目指す多角的貿易交渉「ウルグアイ・ラウンド」と並行して多国間交渉が行われた結果，1994年4月にモロッコのマラケシュで作成され，1996年1月1日に発効した国際約束（条約）が WTO「政府調達に関する協定」（GPA）である。日本は，1995年12月に同協定を締結した。この協定は，1995年1月に発効した WTO 協定（世界貿易機関を設立するマラケシュ協定）附属書4に含まれる複数国間貿易協定のうちのひとつであり，ガット時代の東京ラウンドの多角的貿易交渉の結果策定された政府調達協定（1981年発効，1987年改正）の適用範囲を新たにサービス分野の調達や地方政府機関による調達等にまで拡大するほか，苦情申立て，協議および紛争解決に関する実効的な手続を定めるなど，大幅な見直しを図ったものである。この複数国間貿易協定は，WTO 協定の一括受託の対象とはされておらず，別個に受諾を行った WTO 加盟国のみがこれに拘束されることになっており，2021年1月現在の締約国・地域数は米国，EU，日本等の先進国を中心に計21となっている。

　上記，ウルグアイ・ラウンドと並行して行われた政府調達協定に関する交渉において，日本政府は，米国からの強い要求をはねのけ，NASDA を同協定の対象機関から除外することに成功した。米国は NASA を対象とすることを決定していたが，わが国は欧州各国の宇宙機関の多くが除外されていることを盾に，ロケットの開発や地上局からの追尾などその国の安全保障に関連する業務が多いため宇宙機関は政府調達協定にはなじまないなどと主張。放送の自由の観点から対象外となっていた NHK を除いては，特殊法人のうち NASDA が唯一の対象外機関となった。

　ところが，米国はこれを呑む代わりに，政府調達協定の適用上，NASA が行う調達に際しては日本産の産品およびサービスを除外するとする報復規定を附属書Ⅰ（米国に関する一般注記事項7）に盛り込んだ。その後，わが国が2003年にそれまでの宇宙3機関（文部科学省宇宙科学研究所：ISAS，特定独立行政法人航空宇宙技術研究所：NAL，特殊法人宇宙開発事業団：NASDA）を統合し JAXA を設置したことを受け，米国は NAL がすでに政府調達協定の対象機関であったこ

とを理由に，そのNALを取り込んだJAXAも対象機関とするよう要求。仮に対象機関とするならば，上記報復規定を削除する用意があるとの提案もあったが，その後，現在に至るまで交渉に進展はみられない。

これまでみてきたとおり，日米衛星調達合意は非研究開発衛星の政府調達に関するルールであり，論理的には，衛星を含むあらゆる産品・サービスの政府調達を対象とするWTO政府調達協定に包含することが可能である。WTOレジーム発足前のきわめて特殊な経済関係を背景に日米二国間で合意された政府調達ルールが，世界の体制がWTOレジームに移行した今日においてもいまだに何ら見直しもされずに手つかずのまま生き残っている現状は，決して健全とはいえないだろう。ここで，日米衛星調達合意とWTO政府調達協定とを比べた場合，どこに差異があるか整理してみたい。

表（Figure**3**.4）のなかで，特に注目すべきは研究開発衛星の定義が，用途の限定（商用サービス，恒常的サービスの継続提供）まで被せている分，日米衛星調達合意の方が厳格であるという点である。そもそも，1990年の日米書簡交換の際，日本側は研究開発衛星に関する共通の定義をOECD等の国際場裡で検討することを提案したが，これまで一度も行われていない。JAXAは昨今，技術開発が社会便益に直結することを重視し，国の内外における自然災害予防や災害危機管理対応に貢献する人工衛星の開発に力を注いでいるが，この目的を達成するためには，技術の実証で満足するのではなく，地上のユーザーと一体となってユーザーの要望に応える衛星を開発し，ユーザーの利用に供さなければならない。そのためには，開発した衛星により恒常的に衛星サービスを提供することが必要になるが，そうした衛星（シリーズ）はもはや研究開発衛星に区分することができなくなるおそれがある。これでは衛星による社会貢献を目指すことが仇となるわけであり，本末転倒である。それを回避する方法として，WTO政府調達協定にしたがって限定入札（随意契約）することが考えられる（15条1項(e)）。1990年の日米交換書簡附属書Ⅰには非研究開発衛星の調達手続はガットの政府調達協定（改正を含む）との整合性を確保すると定められており，ガット政府調達協定を改正したWTO政府調達協定との整合をとることが可能なため，同協定15条1項(e)の適用も理論的には可能であるが，米側は個別ケースに際しては90年合意の定義に固執することは必至であろう。

これからは各国が宇宙技術を競いながら，より高いレベルでの国際協力を進

Figure**3**.4 ◎ 日米衛星調達合意と WTO 政府調達協定の比較

事　項	日米衛星調達合意	WTO 政府調達協定
当事国	日米 2 カ国	多国間・地域（48）
法的性格	事実上の政府間合意	国際約束（条約）
適用対象	日本政府等による非研究開発衛星・サービスの調達（購入，リース）	基準額以上の産品・サービスの調達（購入，リース）
適用除外	研究開発衛星の調達 安全保障	安全保障
対象機関	日本政府，その監督下にある機関（JAXA 含む）	締約国の政府，地方政府，独法等（JAXA は除外）
研究開発の扱い	原型開発であっても恒常的サービスを継続提供する衛星は非研究開発衛星に該当し公開入札対象	原型（プロトタイプ）の開発までは限定入札（随意契約）可能。商業的採算確立の段階からは公開入札対象
協　議	研究開発衛星の区分に関し米側に協議開始権限付与。日本側に挙証責任	紛争解決機関による解決
苦情申立手続	政府調達苦情処理体制（研究開発衛星の区分に関する苦情にも対応）	同　左

めていくことで地球・人類規模の問題解決や同盟国間での相互依存関係に立脚した安全保障に貢献していくことが求められているのであり，協力相手国の成長を積極的に促すような調達ルールも考えていくべきである。

Ⅱ 　多国間（マルチ）の法的ルール

　わが国が宇宙分野における国際共同活動に関し締結しているマルチの法的枠組みとして，世界 15 カ国が参加する国際宇宙ステーション（ISS）計画に関する条約体系がある。その根幹を成すのが 1998 年に参加国間で作成された「民

生用国際宇宙基地のための協力に関するカナダ政府，欧州宇宙機関の加盟国政府，日本国政府，ロシア連邦政府及びアメリカ合衆国政府の間の協定」（略称は "Intergovernmental Agreement"。通称 IGA。ロシアが参加する以前に西側同盟諸国間で作成された 1988 年協定と区別するため，本章では「現行 IGA」または単に「IGA」と呼び，1988 年協定を「旧 IGA」と呼ぶ）であり，前文および本文 28 カ条，附属書からなる条約である。本文は ISS 計画の管理・運営を規律する非法律事項と，管轄権の帰属や民事・刑事責任等を規律する法律事項から成る。その詳細を定めるのが了解覚書（MOU）であり，NASA と各パートナー国の協力機関との間で個別に締結するバイの取極である。わが国に関しては，「民生用国際宇宙基地のための協力に関する日本国政府とアメリカ合衆国航空宇宙局との間の了解覚書」を NASA との間で締結している。また，2020 年 12 月には，月周回有人拠点ゲートウェイ（GATEWAY）を ISS 計画の発展形態のひとつと位置づけ，IGA14 条に基づき「民生用月周回有人拠点のための協力に関する日本国政府とアメリカ合衆国航空宇宙局との間の了解覚書」を締結した。

1 ISS 計画の概要

ISS と日本　　　　人類史上，最大の国際宇宙計画が「国際宇宙ステーション」（International Space Station：ISS）計画である。宇宙先進国・地域と呼ばれる米国，ロシア，日本，欧州，カナダが正式メンバーとして参加し，国際政治的にみても主要 8 カ国首脳会議（サミット）の全メンバー国が参加している他に類を見ない国際共同プロジェクトである（国連安保理常任理事国 5 カ国のうち ISS 計画に参加していないのは，最近独自の有人宇宙ミッションや無人月着陸を果たし追い上げ激しい中国のみであるが，ASAT 実験で米国をはじめ各国の批判を浴びていることもあり，その正式参加は俎上にすらのっていない）。これまでの総投資額はおよそ 10 兆円以上にも上る。

日本にとってはこの計画への参加はとても意義深いものがある。日本実験棟 JEM（Japanese Experimental Module，きぼう）の開発・運用を通じて得た有人居住技術の獲得，無人貨物輸送船 HTV（こうのとり）とその打上げ用ロケットである H-ⅡB により得られた，軌道上の目的地に貨物を運搬する技術の獲得，さらには国際複合施設の要素となる日本実験棟プロジェクトマネジメント技術

Figure**3**.5 　ISS 全体像

進行方向

（出典）　NASA ウェブサイト

の習得，経営・技術分野を問わない人材の育成など，ISS 参加の成果は枚挙にいとまがない。大局的にみれば，この計画への参加によって名実ともに「宇宙先進国倶楽部」への仲間入りを果たすことができ，また日米同盟の強化など，宇宙分野にとどまらず，日本の国力を高めることにも貢献したのである。

　ISS は，私たちの住む地球の周りを 1 周 90 分のペースで回り続けながら，そこに滞在する宇宙飛行士（搭乗員）の手によって各種活動が休むことなく行われている，常時有人の宇宙基地である。

　ISS の全体像をみてみよう（Figure**3**.5）。左右にのびた中央のトラス（大黒柱）や大きく羽を広げた太陽電池パネルなどは米国が提供。中央部分後ろ寄りに付いているのが高度修正や軌道変更に必要となる推進力をもつロシアの設備であり，ここを手始めに ISS の建設が進められた。中央のトラス上を移動しながら建設資材の運搬を行うクレーンはカナダが提供するマニピュレータと呼ばれる装置である。中央部分にあるいくつかの円筒形のものが「棟」（モジュール）と呼ばれる有人活動の拠点であり搭乗員にとっての生活兼仕事場でもある。ロシアが提供する居住棟，日本や欧州が提供する実験棟から成る。日本が開発・製造し，3 回のスペースシャトルのフライトで軌道上に運搬し，ISS に据え付けた実験棟を「きぼう」といい，内部が 1 気圧に保たれた「与圧部」と宇宙空

119

間に曝された「曝露部」，物資を保管しておくための「補給部」で構成される。JAXA が，旧 NASDA の時代から多くの企業の協力を得て開発，所有，運用してきている。

　搭乗員にはミッション毎に役職と指揮系統（chain of command）が決められており，「指揮官（Commander)」がいわば ISS の船長となる。米国，ロシア，欧州，カナダに続き，ようやく日本も 2014 年に JAXA の若田光一飛行士が自身 4 回目のフライトで ISS の指揮官となり，米露の搭乗員を率いることになった（星出彰彦宇宙飛行士も 2021 年に指揮官に就任）。

設計から運用終了まで ◉ 　ISS は各参加国・地域によるいわば「持ち寄りパーティ」スタイルであり，自国にないものは他国から融通し合うことで効率性を高め，国際協力の効果を最大限に発揮させるものである。単なる資金協力ではない点も重要な点であり，この計画に参加することにより自国の宇宙技術レベルを高めることにつながるのである。

　設計は 1980 年代初頭に遡るが，本格的に開発が始まったのが 1989 年，軌道上での組立ては 1998 年から開始され，完成したのは 2011 年である。1986 年のスペースシャトル「チャレンジャー」号の打上げ事故や難航した条約交渉，1990 年代初頭の米国におけるコスト超過と議会での計画中止法案圧力，旧ソ連崩壊後のロシア取り込みのための条約改定交渉，2003 年のスペースシャトル「コロンビア」号の帰還事故など，幾多の障害に直面しながらも，それを各国の英知と努力と忍耐力により克服しながら，1984 年のレーガン大統領の一般教書演説での西側同盟諸国への参加呼びかけから実に 27 年の歳月をかけてようやく 2011 年に完成に漕ぎ着けたのである。

　現在，技術革新や医療，防災，教育など地上での社会還元を目指した各種の実験や観測と，長期滞在技術の習得など有人火星探査を視野に入れた準備が着々と進められている。最近では小型衛星の放出も ISS（きぼう曝露部）から行われている。自然科学の分野にとどまらず，人文・社会科学系の様々な活動も試みられている。また，現時点における商業宇宙観光の唯一のスポットともなっており，世界の著名人がすでにこの ISS での宇宙ステイを経験済みである。

　完成時点での計画によると運用終了が 2015 年とされ，軌道上での組立てに 13 年もかけた挙句，その本格稼働が 4 年というのはあまりに短いということで，2020 年まで運用延長が決まり，さらに 2014 年 1 月には米国大統領府が

2024年まで延長する意向を表明し，参加国間も合意している。ひとつの研究を行うには準備から成果創出まで最低10年間は必要とのユーザーの声や，新興宇宙企業を含む民間セクターが開発・運用中のISSへの新型有人輸送機や商業貨物船などのビジネスプランを考慮しても，やはり10年間は必要との判断がある。その後，2030年までの運用延長が正式に決定された。

ISSへの輸送 ◉ 軌道上での建設の際は，米国の再使用型有人宇宙機「スペースシャトル」と，ロシアの使い切り型有人宇宙機「ソユーズ」が建設資材や搭乗員を運搬したが，ISSが完成した2011年にスペースシャトルは退役となり，以降有人輸送はロシアのソユーズのみに依存する状況が続いている。ISSに搭乗する宇宙飛行士らは皆，カザフスタン共和国内のロシアの管轄下にあるバイコヌール宇宙基地からISSに向けて飛び立っている。地上への帰還もカザフスタンとなる。なお，米国はスペースシャトル退役後，米国人搭乗員を乗せた有人宇宙船は米国から打ち上げることを目標にしており，現在，NASAからの巨額の資金提供を受け（CCP：Commercial Crew Program），ボーイング社がスターライナーを，スペースX社が有人ドラゴンを開発中である。他方，ISSのメンテナンスや必要物資の補給には各国の無人貨物船が使われている。JAXAのHTV（「こうのとり」。2020年運用終了），ESAのATV（2014年運用終了），ロシアのプログレスなどの政府系の輸送機と，NASAと商業軌道輸送サービス（COTS：Commercial Orbital Transportation Services）契約を結んだ米企業のスペースX社のドラゴン，ノースロップ・グラマン社のシグナスなどがすでにISSへの物資補給に活躍している。これら無人貨物船のうちISS用の大型バッテリーなどを運搬できるのはJAXAのHTVのみであり，また全機成功という世界最高の信頼性を誇る貨物船でもあり，日本が重要な役割を担うに至った。

地上からの管制は，米国テキサス州ヒューストンにあるNASAのジョンソン宇宙センターがハブとなり，ロシア，日本，ドイツ，カナダにある各運用センターとネットワークで結んで行われている。たとえば「きぼう」の運用については，JAXAの筑波宇宙センターから直接指揮管制を行っており，常時24時間体制がとられている。

2 ISS計画の経緯・歴史

(1) 米国による計画立上げと西側同盟国の取込み

スペースシャトルから ISS へ ◉ 1969年に有人月面着陸を果たしたアポロ計画は約半世紀経った今も地球以外の天体に人類が降り立った唯一のミッションとして，宇宙史に君臨している。6機のアポロ宇宙船で12人の宇宙飛行士を月面に送り込んだこの計画は，1972年，ベトナム戦争の戦費がかさみNASA予算が大幅削減されたことにより中止に追い込まれる。もともと米ソ冷戦時代に国力を競い合う象徴としての宇宙競争において，有人月面着陸の成功により圧倒的な勝利を得たことで米国はその目的を達成したことになるが，一度手にした宇宙活動における世界のリーダーの座を手放さないことに迷いはなく，1969年9月には，アポロ計画に続く大規模な宇宙計画としてスペースステーション，スペースシャトル（地球—地球低軌道間輸送機），スペースタグ（地球軌道間，深宇宙用輸送機）という3つのポスト・アポロ計画案のなかからスペースシャトル計画を選択した。ソ連との宇宙競争という文脈においては米国単独での成果でなければ意味をなさなかったわけだが，世界のリーダーシップの確保という目的に転じた米国は他国の参加・協力による技術面・財政面での恩恵を享受する方向性を示し，1969年10月以降，欧州主要各国，カナダ，日本を，当時のペインNASA長官が歴訪，計画参加を呼びかけた。日本は1970年7月以降，内閣総理大臣の諮問機関である総理府宇宙開発委員会の下でポスト・アポロ計画への参加形態に関する審議を重ねた結果，1974年6月，スペースシャトル／スペースラブの「利用者」として必要な搭載機器の開発や観測・実験への参加を行うことを決定した。つまり，日本は共同開発「パートナー」ではなく，「ユーザー」の地位にとどまることをあえて選択したのである。そこには当時駆け出しの日本が米欧と肩を並べて開発に参加するのは時期尚早との判断があった。一方，欧州は1972年12月にスペースシャトルのカーゴベイ（貨物室）に搭載する宇宙実験室「スペースラブ」の開発をもって同計画に参加することを決定し，1973年8月に米国と欧州9カ国の間で協力協定（条約）に署名，即日発効している。カナダもカナダアームと呼ばれるマニピュレータの開発をもって同計画に参加することを決定した。この時の米国を中心とした欧州，カナダ間の国際宇宙協力がそ

の後の宇宙ステーション計画の基礎となる。

　1981 年にスペースシャトル「コロンビア」号の初飛行に成功すると，米国はいよいよ宇宙ステーションの実現に向けて動き出す。1982 年 5 月，NASA は宇宙ステーション計画の概念設計を開始すると同時に，欧州主要各国，カナダ，日本に対し計画への参加の要請を行った。国際協力で進める点については，米政府部内でも賛否両論あり，コスト分担や米国のリーダーシップの安定的確保の観点からの賛成論に対し，米国の技術流出への懸念からの反対論が闘わされたが，最終的には国際協力を基礎とすることで落ち着いた。1982 年 6 月の NASA ベッグズ長官から中川科学技術庁長官への参加要請を受け，日本では，ポスト・アポロ計画としてのスペースシャトル計画への共同開発参加を見送った辛い経験もあり，82 年 8 月，宇宙開発委員会の下に宇宙基地計画特別部会を設置し，開発参加を前提とした基本構想を検討することとなった。カナダはスペースシャトル計画に参加し，ロボットアームを開発した実績をすでに有しており，宇宙ステーション計画においてもこの延長線上での参加を検討。ESA もスペースシャトルのスペースラブを開発した実績を有しており，また当時シャトルにより打上げ，回収される「ユーレカ」（European Retrievable Carrier：EURECA）と呼ばれる無人プラットフォームの開発を進めていたこともあり，NASA が提案している宇宙ステーション計画をこれらスペースラブ計画とユーレカ計画の発展段階に位置づけ，検討を行った。

西側諸国への参加招請　1984 年 1 月，当時のレーガン大統領が一般教書演説のなかで 10 年以内に西側友好国・同盟国との国際協力の下に恒久的な有人宇宙基地を建設することを提唱すると同時に，日本，西独，仏，英，伊および加の首相に参加を招請し，宇宙ステーションの建設に正式なゴーサインを表明した。同年 6 月に行われた G7 ロンドンサミットの経済宣言では，国際協力による宇宙基地の意義が強調されている。この頃には宇宙ステーション計画は旧ソ連の有人宇宙ステーション「ミール」に対抗する西側同盟国の結束のシンボルとしての位置づけが鮮明になっていった。

　日本に対しては，レーガン大統領が中曽根康弘総理大臣に宛てた 1984 年 1 月 25 日付の書簡と，ベッグズ NASA 長官が岩動科学技術庁長官に宛てた同年 1 月 28 日付けの書簡により正式に参加招請がなされ，さらに同年 3 月にはベッグズ NASA 長官が訪日し，中曽根総理，安倍外務大臣および岩動長官と

Figure**3**.6 ◉ 1984 年 6 月 7 日〜 9 日に開かれたロンドン経済サミット

このサミットでは宇宙ステーションが主な議題となった。NASA ラングレー研究セン
ターが製作した模型を前に，7 名の首脳が 20 〜 30 分間も活発な議論を行った。左端か
ら右へ：レーガン大統領（米国），マーガレット・サッチャー首相（英国），グラフ・ラ
ムスドルフ経済相（西独），中曽根康弘首相（日本）。

（出典）NASA ウェブサイト

の会談を行い，計画への参加を直接要請した。85 年 4 月になり，宇宙開発委
員会宇宙基地計画特別部会が「宇宙基地計画参加に関する基本構想」をとりま
とめ，同構想に基づき同年 5 月，科学技術庁と NASA との間で宇宙ステーショ
ン計画予備設計段階（フェーズ B）における協力に関する了解覚書（MOU）が，
日米科学技術協力協定の傘の下に締結され，この MOU の下で NASDA が科学
技術庁の監督の下に NASA と共同設計を開始することになった。日本として
は，NASDA による宇宙開発が進捗し，ロケット，人工衛星の自主技術能力が
格段に向上していたことをふまえ，ギブアンドテイクの関係で国際協力に参加
できる素地が整ったと判断し，この機を逃しては絶好の有人宇宙技術獲得の機
会を将来にわたり失いかねないとして迷うことなく参加を決めたものである。
　ESA 閣僚理事会は，1985 年 1 月，欧州独自の宇宙ステーション計画として
「コロンバス計画」を承認，米国の宇宙ステーション計画の予備設計への参加
協力と位置づけることを決定し，同年 6 月に ESA と NASA との間でフェーズ

B協力のためのMOUを締結した。カナダも同様のMOUを同年4月カナダ科学技術省（現在のカナダ宇宙庁：CSA）とNASAとの間で締結した。このように，宇宙ステーション計画は，フェーズB協力に日本，欧州，カナダの各宇宙機関が参加して正式に動き出したのである。

(2)　旧IGAの成立と日本の批准

それから1年近く経った1986年6月から，予備設計に続く，詳細設計，開発，運用および利用の段階（フェーズC/D/E）における国際協力に関する協定（IGA）の政府間交渉が始まった。当初，フェーズBに関するMOUと同様に，米国を起点（ハブ）にして各国際パートナーとが二国間（bilateral）で交渉するスタイルで始まったが，米国が交渉の主導権を握ることが容易なこのやり方に対しては他の国際パートナーが反発し，87年2月からは多国間（multilateral）交渉に移行する。

IGA交渉　多国間の交渉に移行したことで，日本としては，条約全体としての構成や，特にセンシティブな法律事項などの重要な条文について，宇宙での経験と知識に勝る米国にともすれば押し切られそうになる場面においても，欧州交渉団が米国と対等に渡り合ってくれるため，その恩恵に与ることがなかったといえば嘘になろう。

欧州は1973年に米国との間でスペースシャトル／スペースラブに関する協力協定（条約）を締結していた経験があり，その交渉過程での教訓をふまえ，ESA法務部門を中心にIGA交渉に備え周到な準備を整えていた。前述した1985年1月のESA閣僚理事会は，レーガン大統領からの参加招請を受諾する条件として，①米国宇宙基地の単なる利用者ではなく，欧州の技術能力の自主開発という最終目標の範囲内で真正の連帯関係を築くこと，②そのため宇宙基地の各要素の開発・運用・発展とその運営管理に自ら責任を負うこと，③欧州諸国政府と米国とが締結する約束において最大限の法的安定性を確保すること等を決議している。特に③に関しては，同年11月に行った対米協議において，欧州側は，登録・管轄権，民事・刑事責任を重要な法律問題として提起し，これをIGAにより解決するよう主張している。

交渉においては，協力の枠組みを行政取極とするか条約とするかについて検討がなされ，管轄権の帰属をはじめとする種々の法律事項を含むことになるこ

とから，ウィーン条約法条約にいう批准を要する条約とすることで合意され，計画の管理・運営ルールなどを規定する非法律事項と，管轄権の帰属や民事・刑事責任の扱い，知的所有権の帰属などを規定する法律事項について，ワシントンDC，東京，パリ，オタワなど交渉場所を持ち回りにして条約交渉が重ねられた。各交渉団は，国務省や外務省の条約担当官，科学技術庁等の関係政府機関の計画行政担当者，NASAやESA，NASDA等の宇宙機関の計画実施担当者や法務担当者から構成された。法律事項については特に詰めるべき内容が非常に専門的であるため，全体会合と並行して，法律専門家会合も何度か開催された。

　交渉の進め方については，米国が条約草案を作成し，ほとんどの場合，交渉会期直前に各国政府に配布されるため，日本の交渉団など（他も同様と思うが）は交渉直前に徹夜で条約草案を読み込み，交渉時のコメントを用意するといった具合に，十分な準備期間がとれないことになる。交渉の主導権を握るための作為的な戦法だったのかもしれないし，あるいはCircularと呼ばれる米政府部内の省庁間稟議に時間がかかっていた可能性もある。いずれにせよ，当初は米国の条約草案は明らかにダメ元と思われるような，米国が圧倒的に優位に立つ内容のものばかりであり，とても他の国際パートナーが呑める内容ではなく，毎回の交渉が侃々諤々の真剣勝負であった。

日本の主要交渉事項　　　日本にとっては，他国より厳格な解釈をとる日本固有の宇宙の平和利用原則との整合性と，NASDAが政府から独立した法人格を有することに起因する体制問題，日本社会にはなじみのない損害賠償請求権の相互放棄（クロス・ウェーバー）などが，重要な交渉事項となっていた。これらの点に簡単に触れておきたい。

　1984年3月にNASAベッグズ長官が訪日し，中曽根総理や岩動科技庁長官らと会談したことは前述のとおりであるが，ベッグズ長官は帰国後，岩動長官に宛て4月6日付の親書（いわゆる「ベッグズ書簡」）を発出し，訪日の際日本側が示した平和目的利用に関する懸念について，「大統領がNASAに対して建設を指示した宇宙基地は，民生用の（civil）宇宙基地である」ことや，「宇宙基地におけるあらゆる活動は，宇宙条約に規定するように，平和的，非侵略的（non-aggressive）機能に限定される」ことなどを述べた。日本が当時問題視していたのは，日本固有の宇宙平和利用原則というものが，宇宙条約や欧米諸国

等の基準に照らしてより厳格であるという点にあり（当時わが国は自衛権の行使さえ自ら放棄する「非軍事」（non-military）という解釈を採っていた），そこをどのように整合させるかということに腐心したのである。そのさなかの1987年には米国防総省から当時レーガン政権が進めていたSDI計画（戦略防衛構想）のために宇宙ステーションがいかに活用できるかという内容の報告書が公表されたため，日本を中心に強く反発し，一時は条約交渉が中断される事態となった。

　次に体制問題であるが，日本以外の国際パートナーは，IGAについては各国政府が署名当事者となり，その下のMOUについては，NASA, ESA, MOSST（現CSA）といった国家宇宙機関が署名当事者となり，また，これらの機関はIGAに規定する「協力機関」とも位置づけられたが，日本のみは，外交一元化政策と特殊法人制度という事情により，複雑な構造となった。IGAはもちろん日本政府が署名当事者となるが，MOUについても一部外交に関わる条項が含まれていることから日本政府が署名当事者となることになった。協力機関については，実際に計画を実施する主体としては，本来，NASDAとなるべきところであるが，NASDAは国から独立して別個の法人格を有する特殊法人という形態をとっていたため（JAXAも同様に，国から独立した独立行政法人という形態であり，IGA上の位置づけに変わりはない），NASDAを監督する立場にある科学技術庁を協力機関とし，NASDAはその科学技術庁を援助（assist）する機関に位置づけられた。

　クロス・ウェーバーについては，当時の日本ではなじみがなかったが，宇宙ステーション計画のような国際共同プロジェクトに参加するためにはこれを受け入れる素地を作っておく必要があるということで，1985年に成立した研究交流促進法のなかに関連条項が盛り込まれた。それでも，条約交渉の過程で細部を詰めていくにつれ，たとえば日本やドイツなどの民法では，重過失による損害についてまで相手方を免責することに強い違和感があることや，労災などの政府管掌保険の給付と同時に発生する代位請求権の扱いなどをめぐり，交渉は難航した。

IGAの成立と日本の批准

紆余曲折を経た条約交渉は2年の歳月を経てようやく妥結し，後の解釈不一致の芽を極力摘み取るための各言語（英語，独語，仏語，伊語，日本語）による協定正文の言語間調整を経て，1988年9月29日，ワシントンDCにおいて，

宇宙基地協力協定（旧IGA）が参加12カ国の代表者により署名された。日本は当時の松永駐米大使が署名者となった。

　この署名という行為は条約内容を確定したにすぎず，実際に効力が生じるためには，各署名国が条約に拘束されることについての同意を表明する「批准」という行為がさらに必要となる。しかも各国の憲法上の扱いに差があり，批准のために議会・国会での承認が必要になる場合とそうでない場合がある。さらに国によっては，関係国内法令の改正を批准のための要件とする国もある。宇宙ステーション計画は旧ソ連に対抗する西側結束のシンボルという意味合いと，宇宙環境利用による新産業創出や月・火星有人探査のための中継地等の目的を併せもつものであり，タイムリーに実現させないとその意味を大きく失う。このことから，12カ国すべての国内において批准手続が完了するのを待ってから，ようやく開発に着手するという悠長なことをいっているわけにはいかない。このため，IGAの暫定適用という手法が採られることになった。具体的には，日本を除く参加各国は，IGAを自国法令の範囲内で最大限遵守することを約束する「暫定適用取極」と，その下で実際の作業を開始するためのNASAと各極協力機関との間のフェーズC/D/E協力に関するMOUに署名し，旧IGAの署名と同日付で発効させている。暫定適用取極，MOU双方ともIGAとは異なり批准を必要とする条約ではないため，署名により直ちに効力を生ずる。きわめて合理的かつ簡便な方法である。その一方で日本のみは，直ちにこの暫定適用取極には入らずに，国会の承認を得てIGAを批准した上で，同計画のフェーズC/D/Eに参加することを決定していたことから，できる限り早期にIGAそのものを批准する必要に迫られた。

　日本政府は，旧IGAの署名から1年も経たない1989年6月に衆参両院での審議，承認を得て（1989年6月14日衆院外務委員会にて採決，同月22日参院外務委員会にて強行採決〔衆参とも社会・公明・共産の各党が反対〕），同年9月5日に旧IGAを「受諾」（批准の一形態）した。日本の場合，特に関係法令の改正を伴わず，また，参院では社会・公明・共産の各党が主に平和目的との整合性の観点から反対していたが強行採決を行ったため，最短（旧IGAへの署名が前年9月であったため，直近の通常国会での審議・承認となった）での批准手続が完了し，参加各国のなかで最も早い旧IGA締結国となったのである。ただし，旧IGAそのものは米国の批准が発効要件となっていたため，旧IGA受諾日と同日付で，

すでに他の参加各国が締結していた暫定取極にも加入し，NASA と日本政府との間の MOU（1989 年 3 月 14 日に署名済みであった）を発効させた。その後，米国政府が 1992 年 1 月 30 日に旧 IGA を受諾したことで，晴れて日米 2 カ国限りにおいて旧 IGA は正式発効する。なお，米憲法上，IGA（新旧とも）は議会での承認は必要とされない行政取極として位置づけられているため，上下院での審議に歳月を費やすことはなかったが，特許法等の関連国内法の改正に歳月を要したことから，日本よりも 3 年余り遅れての批准となったのである。欧州パートナー（参加主体）とカナダの場合はさらに批准手続に時間を要し，結果的に旧 IGA を正式に締結することなく，暫定取極の下で計画への参加を貫き，ロシアを取り込んだ新 IGA の署名を迎えることになる。ちなみに欧州の場合，旧 IGA が日米間で発効した 1992 年 1 月 30 日の時点では，ドイツ，デンマーク，オランダ，ノルウェー，スペインの 5 カ国がすでに批准していたが，欧州パートナーとしての発効要件を実質的に満たすためのフランス，イタリアの批准が未了であったことから，批准済みの 5 カ国に対しても発効することはなかった。

(3)　ロシアの取込みと新 IGA の成立

ロシアへの参加招請　こうして宇宙ステーションの開発に各参加国が本格的に着手することになるが，冷戦終結のあおりを受け，米国，カナダ，欧州各国はコスト超過と予算確保に苦しみながらの船出を余儀なくされる。1993 年 2 月には，クリントン米新政権（民主党）は，財政再建の一環として宇宙ステーション計画の存続をかけた大幅な見直しを行うよう NASA に指示。これを受け NASA は国際パートナーとリデザイン（設計見直し）チームを編成し，90 日間をかけて 3 つの見直し案を作成し，大統領に提出した。同年 6 月，クリントン大統領は国際パートナーの意向を尊重しつつ，これまでの宇宙ステーション「フリーダム」を簡素化した案を採択。これがデザイン「アルファ」となる。

他方，1991 年 12 月に旧ソ連が崩壊し，東西冷戦が終焉を迎え，国際社会におけるロシアの立場が劇的に変化するなかで，独自の宇宙基地「ミール」や有人往還輸送機「ソユーズ」等を通じて有人宇宙活動に豊富な経験を有するロシアを宇宙ステーション計画に参加させることは技術的・財政的に大きなメリッ

トとなりうるとともに，21世紀に向けた宇宙分野における国際協力の発展のためにも重要な意義を有するとの認識が芽生えてきた。また，国際政治の文脈では，旧ソ連崩壊後のミサイル軍事技術の第三国移転を防ぐ狙いもあり（実際に，ロシアによるインドへのロケットエンジンの売却がミサイルガイドライン〔MTCR〕に違反するとして，米国が経済制裁を下した事例もあり，米国は安全保障上きわめて深刻な脅威と受け止めていた），冷戦終結後の協力に関する米露間での協議のなかで宇宙ステーション計画へのロシアの参加問題が取り上げられ，米国から当時の国際パートナーの日本，欧州，カナダにも協議されることになった。そして協議の結果，1993年12月に，日米欧加からロシアに対して，宇宙基地協力の枠組みへの参加が正式に招請され，ロシアがこれに応じることになった。これを受け，1994年3月より，ロシアを加えた新たな宇宙基地協力の国際枠組みを構築するため，旧IGAにロシアを参加させるための条約改正交渉が開始された。米国とロシアの相対的な力関係に照らし，それまでの米国が主導する体制から，各パートナーがより対等な形で協力し合う体制に変更することに交渉の主眼が置かれた。1996年12月には，旧IGAに代わる新たな「国際宇宙基地協力協定」（現行IGA）について暫定合意に至り，1998年1月29日にワシントンDCにおいて参加15カ国により正式に署名された（日本は斎藤駐米大使が署名）。

現行IGAの批准　　この15カ国のうち，日本，フランス，イタリアおよびベルギーを除いた計11カ国は，新たなIGAの署名と同時に，このIGAを国内法令の範囲内で最大限遵守することを約束する新暫定適用取極を締結し，新MOUにも署名することで，旧IGAの枠組みの下での宇宙基地協力から新IGAの枠組みの下でのISS協力に移行した。日本は，旧IGAについて国会の承認を得たことに鑑み，新IGAについても国会承認を待たずに行政府限りで新暫定適用取極を締結して新IGAの枠組みに参加することは適切でないとし，できる限り早期の国会承認を目指すことにした。同年（1998年）の通常国会に新IGAを上程し，衆・参両院での審議・承認を経て（1998年4月14日衆院本会議にて採決，同月24日参院本会議にて採決〔衆参とも共産党のみ反対〕）を経て，同年内の11月17日に受諾し，寄託国である米国に受諾書を寄託。旧IGAと同様，参加各国のなかで最も早い締結国となった。米国はその2日後の1998年11月19日に批准。IGAの発効要件である日露米

Figure**3**.7 ◉ 現行 IGA 参加国の批准・発効日

参加国名	批准／受諾／承認日	発効日	新暫定取極締結国
欧州参加主体		2005 年 6 月 28 日	
ベルギー	2006 年 2 月 21 日批准	2006 年 2 月 21 日	―
デンマーク	2000 年 8 月 25 日批准	2005 年 6 月 28 日	○
フランス	2004 年 11 月 30 日承認	〃	―
ドイツ	2000 年 1 月 19 日批准	〃	○
イタリア	2001 年 3 月 29 日批准	〃	―
オランダ	2000 年 2 月 11 日受諾	〃	○
ノルウェー	1999 年 5 月 13 日受諾	〃	○
スペイン	1999 年 10 月 1 日批准	〃	○
スウェーデン	2002 年 1 月 30 日批准	〃	○
スイス	2000 年 8 月 28 日批准	〃	○
英国	（未批准）	（未発効）	○
カナダ	2000 年 7 月 24 日批准	2001 年 3 月 27 日	○
日　本	1998 年 11 月 17 日受諾	2001 年 3 月 27 日	―
ロシア	2001 年 3 月 27 日批准	2001 年 3 月 27 日	○
米　国	1998 年 11 月 19 日批准	2001 年 3 月 27 日	○

（出典）米国国務省条約局（Treaty Office）データ（2010 年 6 月 8 日現在）

　3 カ国による批准のうち，最後となったロシアによる批准が 2001 年 3 月 27 日に行われたことをもって，同日新 IGA は正式に発効した。カナダはすでに 2000 年 7 月 24 日に批准していたが，発効は IGA の発効日である 2001 年 3 月 27 日まで待たされたため，結果的に，日米露加の 4 極が揃ってこの日に発効することになった。なお，新 IGA の下の日米 MOU については，日本は 1998 年 2 月 24 日の閣議を経て，同日署名し（米国はすでに新 IGA の署名と同時に署名済みであった），日米両国内における発効手続が完了したことを相互に通知した 2001 年 6 月 8 日に発効した。

　残る欧州パートナーについては 2005 年 6 月 28 日に至り，ようやく発効する。2002 年までにノルウェー，スペイン，ドイツ，オランダ，デンマーク，

スイス，イタリア，スウェーデンの8カ国がIGA締結のための国内手続を完了していたが，ESA理事会は，フランスの国内手続の完了を待ち，欧州参加主体としての効力発生を寄託国である米国に通告し，2005年6月28日にこれら9カ国について一斉に発効した。その後，2006年にはベルギーも批准し，発効した。欧州参加主体の構成国のうち英国のみが，現時点においてもIGAを締結せずに暫定取極の下で参加している。

3 IGA 条約体系

**IGA の根本原則として
の国連宇宙諸条約** ◉　1960年代から70年代にかけて，米国とソ連の宇宙競争や，欧州，日本，中国等の宇宙活動への参入に呼応し，各国の宇宙活動を規律する基本的な国際的枠組みが国連宇宙空間平和利用委員会（COPUOS）法律小委員会を中心に，集中的に整備された。具体的には，総則を定める宇宙条約と，そこに謳われた基本原則の各論を定める宇宙救助返還協定，宇宙損害責任条約および宇宙物体登録条約の3条約から成る（便宜上，以下「国連宇宙諸条約」という）。ほとんどの宇宙活動国はもとより，現在では多くの国連加盟国がこれらの4条約を締結しており，宇宙条約に至っては2017年7月現在計107カ国もが加盟する。

この宇宙条約は国連宇宙諸条約のなかでも，宇宙活動に関する諸国家間の「憲法」ともいうべきものであり，国家が宇宙に乗り出し，宇宙を探査，利用するにあたっての基本的な規範を定めたものである。とりわけ，宇宙の領有禁止（2条），大量破壊兵器（核・生物・化学兵器をいう）の地球軌道配備の禁止（4条。なお，宇宙条約は，この4条の存在により，軍縮条約の範疇にも属している），私人（企業等）の宇宙活動に対する国の許可・継続的監督と国の専属的責任（6条），打上げ時の損害賠償責任の帰属（7条），領域主権に代わり属人的管轄権に基づく宇宙物体とその乗員に対する管轄権と管理の権限の登録国への帰属（8条。国内登録と国連への通報・登録という手続を踏むことで，当該登録国の管轄権および管理の権限は国際的に有効なものとして公認される）等の規定を置くことで，今日においても宇宙活動の秩序と国際社会の平和と安定を維持している。

わが国は，1967年に宇宙条約を締結。残りの3条約については1983年に至りようやく一括して国会での審議・承認を経て締結している（これら3条約につ

いては，それぞれの採択時点ではわが国の加盟の必要性は乏しいとされていたが，1978年のソ連の原子力電源衛星コスモス 954 号のカナダ領域への落下事故（第 2 章 Ⅲ 5(5)［53頁］）を契機に，わが国加盟の機運が高まった。この時，これら 3 条約および宇宙条約の国内履行担保のために立法措置も検討されたが，最終的に当時の宇宙活動の実施主体が国〔ISAS〕および政府関係機関〔NASDA〕に限定されていたことから，立法措置なしで批准可能と判断された。1983 年 3 月 29 日閣議口頭了解「宇宙 3 条約の締結及びその実施について」）。実に，旧 IGA の交渉開始のわずか 3 年前のことである。

国連宇宙諸条約との整合性 ◉ IGA において，ISS は，国際法，とりわけ宇宙条約をはじめとする前述の 4 つの国連宇宙諸条約にしたがって開発，運用，利用されるものとされている（2 条 1 項）。

たとえば，ISS 上や ISS の軌道には，宇宙条約 2 条（宇宙の領有禁止）にしたがい，どの参加国も領有権を設定・主張することはできない。つまり，ある飛行要素（居住棟などの基盤要素や実験棟などの利用要素を含む。各国際パートナーが提供する ISS の要素の詳細は，IGA 附属書および MOU3 条に記載）について所有権や管轄権を保持することはできるが，そこを法的に自国の領土（territory）と位置づけることはできないのである。また，宇宙条約 4 条（大量破壊兵器の軌道配備禁止）にしたがい，地球軌道を周回する ISS に大量破壊兵器を搭載することも許されない。参加国は自国の飛行要素を地上で完成させ，ISS への取付のために宇宙輸送機で運搬する場合や，ISS 上での実験成果等を地上に持ち帰る場合，「打上げ国」（宇宙損害責任条約 1 条(c)）として，宇宙条約 7 条および宇宙損害責任条約にしたがい，第三国に与えた損害の賠償について，地表での損害および飛行中の航空機に与えた損害であれば無過失責任を（同 2 条），宇宙空間での損害であれば過失責任を負う（同 3 条）。また，宇宙物体登録条約 2 条に定める手続にしたがい，飛行要素を提供する参加主体は，個別に宇宙物体登録を行い，宇宙条約 8 条（管轄権の帰属）や宇宙物体登録条約 2 条 2 項に基づき，その登録した飛行要素と ISS 上の自国民に対し，管轄権および管理の権限を保持する。

IGA による国連宇宙諸条約の運用と補完 ◉ このように，IGA は，国連宇宙諸条約体系から離れて関係国限りの新たな国際法規範を形成するというものではなく，あくまで既存の国連宇宙諸条約の体系下に ISS 計画を位置づけ，これら諸条約の関係性を各参加国間の関係性に当

てはめたものである。

とはいえ，国連宇宙諸条約が想定していた宇宙活動の典型的なパターンは，ある国が地上で組み立てた衛星なり探査機なりを自国のロケットに搭載し，自国領域の射場や外国領域にある自国射場設備から1回の打上げで軌道上に運び（有人であれば自国宇宙飛行士とともに），自国の地上管制網から運用するというものだが，ISS の場合には，各パートナーが地上で開発・製造した飛行要素を，各パートナーがもつ宇宙輸送手段を融通し合いながら，数十回もの打上げにより軌道上に運搬し，そこで各国の宇宙飛行士とロボットアームにより組み立て，10 年以上もの歳月をかけて完成させていくというものである。また，その運用・利用についても，これらに必要な電力や水等の各種のリソースと各実験棟における利用権を相互に配分し合いながら，各パートナーの地上管制センターからの飛行要素毎の運用と各参加国の国籍を有する搭乗員による運用・利用がなされるものである。すなわち，ISS という単一の複合機能体（complex）ではあるが，一種公海上を航行する多国籍の船団をなすようなものでもあり，国家間の複雑な利害が絡むという性格を有している。こうした性格を有する ISS の参加国間の関係を規律するには，国連宇宙諸条約に定めのない事項，たとえば，ISS 本体に補給物資を搬入する際に他国が所有する実験棟を損傷してしまったような場合の民事責任の扱いや，各パートナーの実験棟で生じた知的財産の権利の帰属や権利侵害の扱い，異なる国籍を有する搭乗員間の犯罪行為をどの参加国の刑事裁判手続の下で裁くかという点等については，参加国間であらかじめ合意しておく必要がある。このことから，国連宇宙諸条約を補完する具体的な規定を IGA に置くに至ったものである。

ISS 協力のための法的文書体系 　マルチの IGA と，バイの MOU およびその下で締結される各種の実施取決め（Implementing Arrangements）によって，ISS 協力のための法的枠組みが構成される。ISS 国際パートナー5極間（マルチ）の条約である IGA の下で，IGA を実施するための詳細を定めたものが了解覚書（MOU）という行政取極であり，NASA が，欧州，ロシア，カナダの各協力機関（Cooperating Agencies. 欧州宇宙機関〔ESA〕，ロシア宇宙庁〔RSA。現ロスコスモス（ROSCOSMOS）〕，カナダ宇宙庁〔CSA〕）ならびに日本政府との間で個別に（バイ）締結するものである。日本については協力機関である文部科学省（MEXT）の権限を超える内容（具体的には，MOU8

条 3 項 g 号 4〔IGA9 条 3 項に基づく政府決定の外交経路を通じた伝達〕，11 条 8 項〔行動規範の承認〕，20 条〔MOU の改正〕，22 条 2 項〔MOU の改正を含む検討〕）を含むことから，日本政府が MOU の署名当事者となった。

IGA の加盟国 ◉ ISS 国際パートナー（参加主体）とは，カナダ，日本，ロシア，米国の 4 カ国に，欧州パートナーを加えた 5 極をいう。欧州パートナーとは，欧州域内の国際機関である ESA 加盟国のうち ISS 計画に参加する，次の 11 カ国から成る。すなわち，ベルギー，デンマーク，フランス，ドイツ，イタリア，オランダ，ノルウェー，スペイン，スウェーデン，スイス，英国である。これ以外の ESA 加盟国についても，後から IGA に「加入」（accession）することができることから，欧州パートナーの構成国は今後増える可能性もある。旧 IGA と比べると，ロシアがパートナーとして加わり，また，永世中立国のスウェーデン，スイス両国が欧州パートナーに新たに参加したことから，参加国は 3 カ国増えて計 15 カ国となった。もちろんドイツは，旧 IGA 当時の西独から，東西統一された「ドイツ」となっている。なお，イタリア宇宙機関（ASI）は，ESA 加盟国としての参加形態に加え，NASA との個別協定に基づき，NASA の関係者としての立場で多目的補給モジュールを提供している。

　ESA 加盟国以外の国，たとえば，中国やインド等が今後 IGA に加盟するためには，IGA の改正が必要となる。ただし，中印等の参加形態が，いずれかの現パートナーの実験棟等の「利用者」の立場にとどまる場合には，すべてのパートナーのコンセンサスさえ得られれば参加可能である（IGA9 条 3 項 a 号）。過去に，ブラジルが ISS 計画に参加しようとしたことがあるが，正式なパートナーとしてではなく，1997 年 10 月 14 日に締結された米国とブラジルの両政府間の実施取決めに基づき，ブラジル宇宙機関（Brazilian Space Agency：AEB）が開発するハードウェア（技術実験施設「TEF」，「EXPRESS」パレット等）を NASA に供給し，その代わり NASA が保有する利用権の 0.25% とブラジル人宇宙飛行士の飛行搭乗機会を取得するという参加形態であり（1998 年 1 月 28 日に NASA 本部で開催された多数者間計画調整委員会〔MPCC〕において NASA が行った計画状況報告に基づく），現パートナーのコンセンサスは必要とされたが，IGA の改正までは不要とされた。

　IGA の下での具体的な協力内容については，NASA と各極協力機関等とのバ

イの MOU や実施取決めに従って実施されるが，NASA 以外の協力機関どうしの協力関係は別途の協定が必要となる。たとえば，JAXA はロシアが有する豊富な宇宙医学に関する知見を導入すべく，ロシア宇宙庁との協定を締結し，ロシア宇宙生物医学研究所が保有するデータの購入や専門家の筑波宇宙センターへの招聘等を行うにあたり，その傘協定として日露政府間で包括宇宙協定（行政取決め）を締結した（「宇宙空間の平和的目的のための探査及び利用の分野における協力に関する日本国政府とロシア連邦政府との間の協定」（1993 年 10 月 13 日署名，1994 年 1 月 13 日外務省告示 11 号）。なお，現在は失効している）。

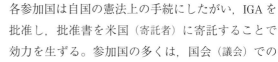

各国における IGA の法的位置づけ：日本

各参加国は自国の憲法上の手続にしたがい，IGA を批准し，批准書を米国（寄託者）に寄託することで効力を生ずる。参加国の多くは，国会（議会）での承認を得た上で，批准することになっている。わが国の場合も，IGA は憲法98 条 2 項にいう「条約」（憲法 98 条 2 項の規定により，批准／公布によりそのまま国法の一形式として受け入れられ，特段の立法措置を待つまでもなく国内法関係に適用され，かつ，条約が一般の法律に優位する効力を有する）に該当し，さらに，憲法73 条 3 号にいう，内閣が締結するにあたって国会承認を必要とする「条約」に該当する。この国会承認を要する条約の範囲については，戦後の慣行をふまえたわが国政府の考え方が整理されたいわゆる「大平 3 原則」によることとされている。これは，1974 年 2 月 20 日の衆議院外務委員会において当時の大平正芳外務大臣が行った答弁の中で，次のいずれかのカテゴリーに該当する国際約束は国会承認を要するとの判断基準を示したものである。①いわゆる「法律事項」を含む国際約束（新たな立法措置が必要となる場合または既存法令を変更せずに維持することが必要となる場合），②いわゆる「財政事項」を含む国際約束（すでに予算または法律で認められている以上に財政支出を行う義務を負わせるもの），③国家間の基本的な関係を法的に規定するという意味において政治的に重要な国際約束であり，それゆえにその発効のために最も重い形式である批准という行為が要件とされている国際約束（たとえば，日中平和友好条約）。IGA については①の法律事項を含む国際約束にあたるため，国会の承認を求める必要があるとされた。具体的には，日本の実験棟「きぼう」の開発，利用等につき，宇宙開発事業団法（当時。現在は国立研究開発法人宇宙航空研究開発機構法）を維持するとの法令維持義務があること，また，ISS の活動から生ずる損害についての損害

賠償請求債権の相互放棄に関し，国が放棄することについては，財政法 8 条により，法律（国会承認条約を含む）に基づくことを要することがその理由とされた。こうして旧 IGA は 1989 年に，現行 IGA は 1999 年にそれぞれその年の通常国会にて承認され，内閣が受諾，天皇が認証するとの手続を経て，正式に締結された。なお，MOU は，行政府限りで締結しうる内容のものであることから，国会承認は必要とされず，閣議決定を受けて締結された（IGA の国会審議の際に，MOU は国会に参考提出されたにとどまる）。

米国の場合　　他方，米国においては，IGA は憲法上，上院の 3 分の 2 の賛成を必要とする条約にはあたらず，議会での審議・承認は行われない「行政取極」に位置づけられる。具体的には，旧IGA に関して 1988 年歳出権限化法により，行政府に対し，宇宙基地計画に係るパートナー諸国との協定締結権限が付与された（その後 1998 年の新 IGA についてもその効力が及ぶものとされた）。米議会においては，旧 IGA の締結後，1993年から 95 年まで毎年上下両院にて，また 1996 年に上院において，宇宙基地計画の中止を求める法案が提出され，いずれも辛くも可決を免れたが，このことは，IGA の締結プロセスにおいて，議会の審議と承認を経ることなく，行政府限りで締結されたことも影響しているものと思われる。実際，欧州においては，ISS 計画の米国内における不安定さを招いた一因がこの点にあったと批判する向きが多い。なお，米国では IGA を締結するための議会承認は必要としなかったが，議会において宇宙基地時代に対応した特許法改正のための立法措置を講じることは締結の要件とされた。

欧州各国・カナダ　　欧州各国のなかにも，IGA の締結にあたり議会承認を必要とする国とそうでない国が混在したが，欧州の場合，各国毎に個別に IGA が発効するのではなく，欧州国際パートナーとして発効して初めて各国に発効することとされたため，結果的に，旧 IGA はいずれの国についても正式に発効するには至らず，また現行 IGA についても，他の国際パートナーに大きく遅れ 2005 年になりようやく発効するに至っている。旧 IGA では，欧州のコロンバス計画への拠出金が総計の 80％に達する ESA 加盟 4 カ国以上の批准があって初めて欧州国際パートナーに発効することとされたが，フランスの批准が遅れたことからこの発効要件を満たすことができず（フランスは，宇宙基地計画の内容が最終的に確定するまでは締結を待つべきと

の姿勢を崩さなかったため，批准が遅れたとの事情があったとされる），その結果，欧州参加国のいずれについても旧IGAは発効するには至らなかったものである。カナダについても，IGAを国内法の一部として取り込むための議会承認が遅れ，結果的には旧IGAを批准できず，発効しなかった。もっとも，欧加については，前述のとおり旧IGAを暫定的に適用する取極に基づき宇宙基地協力に参加していたため，実際には特段協力関係への支障は生じなかった。

宇宙基地／ISSの平和目的利用 ◉ 　旧IGAの交渉が開始されて間もなく，米国において，宇宙基地を安全保障目的，とりわけ宇宙基地計画とともにレーガン大統領が推し進めようとしたSDI実験（いわゆる「スターウォーズ計画」）のために用いるかどうかをめぐり，議会にて各種の法案が提出されていたが，国防総省から宇宙基地の軍事利用に関する計画が公表されたことを契機に，日本を中心に反発，IGA交渉が一時中断する事態にもなった。当時米側交渉団には，国防総省の担当者も加わっていた。その後交渉が再開され，最終的に，IGAに「要素の企図されている利用が平和的目的のためのものであるか否かについては，当該要素を提供している参加主体が決定する。」との一文を盛り込むことで決着した（旧IGA9条2項b号。現行IGA9条3項b号）。同床異夢的な決着といえなくもないが，これにより，「きぼう」で行われる活動が日本の平和目的の解釈に合致するかどうかは，日本政府の判断に委ねられることになった。

　IGAには「国際法に従って平和的目的のために」「民生用」のISSを開発，利用等をするとあるが，この「平和的目的」の意味するところは，国際的に統一されているわけではない。日本の場合，平和目的の意味する範囲が，1969年の国会決議およびNASDA法1条（2012年改正前のJAXA法4条）にいう平和目的の解釈に従い，「非軍事」（自衛権の行使を放棄）に限定されていた。他方，米欧露加における平和目的の解釈はわが国ほど厳格ではなく，基本的には国連憲章で認められた自衛権の範囲での安全保障利用を許容するが，その解釈は完全に一致しているわけでもない（ちなみに，欧州のなかでも永世中立国であるスイスあるいはスウェーデンは，米国が軍事利用する余地を残したこともひとつの理由として，旧IGAへの参加を見送ったとされる。なお現行IGAの下では，ISSの平和目的性がより強調されたため，両国にとり参加への障害は払拭された）。

　なお，ISSの関連でこの平和目的の解釈が問題となった事例として，米国ス

ペースシャトルによる「きぼう」の輸送費用と相殺するため，日本が米国に提供することとなったセントリフュージ（生命科学実験室）について，米国は国防総省（DOD）による安全保障利用の可能性は排除できないとして，NASDA法1条の平和目的解釈との整合が問題となったが，日本政府部内で検討した結果，1985年のいわゆる「一般化理論」（第 1 章 V［23 頁］）（1985 年 2 月 6 日政府統一見解に基づく）を適用することで，問題なしとされた。

　現在は，2008 年 5 月 28 日に公布された宇宙基本法 2 条（およびその後同条を引用する形で平和目的条項を改正した 2012 年改正 JAXA 法 4 条）により，この限定が取り払われ，日本国憲法と宇宙条約の範囲での安全保障利用が認められ，わが国における平和目的の解釈が「非軍事」から国際標準の「非侵略」となったことから，他国の平和目的解釈との整合をとる実質的な必要性は解消されている。

4 IGA の主な内容

　IGA は主に管轄権の帰属や民事・刑事責任の扱いなどを規定する法律事項と，ISS 計画の管理・運営ルールなどを規定する非法律事項とで構成される。

(1) 法律事項

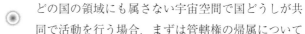

一般管轄権　　　　どの国の領域にも属さない宇宙空間で国どうしが共同で活動を行う場合，まずは管轄権の帰属について参加国間で合意しておく必要がある。ISS の管轄権の帰属については，5 条（登録・管轄権）に規定され，各国際パートナーは，宇宙物体登録条約にしたがって登録した自己が提供する飛行要素と，自国国籍を有する ISS 上の人員に対し，管轄権および管理の権限を保持することとした。これにより，日本については，日本が登録する実験棟「きぼう」および HTV「こうのとり」と，日本人搭乗員（JAXA 宇宙飛行士）や日本人滞在者（宇宙旅行者）に対し管轄権および管理の権限を有することになった。なお，「きぼう」については，2010 年 2 月 24 日に国内登録簿に運搬機の米スペースシャトルの標識番号と区別するため日本独自の標識番号を付し登録した（船内保管室〔2008-009-J1〕，船内実験室〔含むロボットアーム（2008-027-J1）〕，船外実験プラットフォーム〔2009-038-J1〕）。「こうのとり」

初号機の場合は，JAXA の H-ⅡB ロケット（標識番号なし）で打ち上げたため，通常どおり COSPAR（国際学術連合会議宇宙空間研究委員会）が割り当てた標識番号（2009-048A）をそのまま用いた。

　この 5 条に規定する登録ルールに関しては，宇宙物体登録条約の制定当時に観念されていた「宇宙物体」は，通常の人工衛星のように軌道に投入された単一の機能物体であるのに対し，ISS は，各国際パートナーが提供する居住棟や実験棟などの飛行要素等から成る複合体であり，特定の一国が ISS 丸ごと登録するのではなく，それぞれの飛行要素を単一の宇宙物体とみなし，その提供主体がそれぞれ登録することにしたものである。なお，欧州国際パートナーについては，国際機関として登録条約上の締結主体と認められた ESA に対し登録の責任を委ねている（宇宙物体登録条約 7 条）。

　また 5 条にいう「管轄権」や「管理の権限」とは，公海上の船舶に対する旗国の権限（国連海洋法条約 92 条 1 項・94 条）に類似するものと解されている。具体的には，「管轄権」（jurisdiction）とは，宇宙物体上で発生する事実や行為について，登録国が国内法の適用の対象とし（立法管轄権），その遵守を強制する権限（執行管轄権）をいい，また，「管理の権限」（control）とは，宇宙物体の活動に対する指令・追跡・管制など，関係国内法令に基づいて行われる事実上の規制行為をいう。旧 IGA 交渉の初期においては，宇宙ステーションのような複数国が提供する要素により構成される複合体に対する管轄権のあり方として，①特定の一国の管轄権・管理権に服せしめる方式，②複数国の共同の管轄権・管理権の下に服せしめる方式，③個々の要素を各提供国の管轄権・管理権に服せしめる方式（各要素を独立した機能物体とみるクリーン・インタフェースの考え方），④特定の一政府間国際機関により運営させる方式，といった 4 つの選択肢が検討されていた。米国は当初①の方式を主張したが，欧州を中心に他の国際パートナーが反発。交渉の結果，各国際パートナーは，宇宙条約 8 条および登録条約 2 条にしたがって，自己が提供する要素と自国民である搭乗員に対し，管轄権および管理の権限を保持することとし，上記③の方式を採用することになった。

刑事裁判権　　　IGA はさらに 22 条に刑事裁判権についての規定を置く。管轄権のうち，裁判権という執行管轄権の側面を扱う条項である。参加国は，飛行要素上の人員であって自国民である者に

ついて刑事裁判権を行使することができ，また，当該行為によって影響を受けた参加国は，自国民が容疑者である参加国と協議した結果，一定の条件が満たされる場合には刑事裁判権を行使することができるとした。旧IGAでは，参加国は自国の提供する要素における犯罪とISS上での自国民による犯罪に刑事裁判権を行使できることに加え，一定の条件の下，米国に二次的な刑事裁判権を認めていたが，現行IGAにおいては，自国民が容疑者である参加国に一次的な刑事裁判権を認め（能動的属人主義），一定の条件の下で，影響を受けた他の参加国に二次的な刑事裁判権を認めることとした。これは，宇宙飛行士の活動が自国の国民から大きな関心が寄せられるため，他の参加国によって自国の宇宙飛行士が裁かれることは国際関係上も必ずしも好ましくないとの考え方から，属地主義と属人主義（国籍主義）に優劣をつけない旧IGAの規定振りから，属人主義を優先する規定振りに変更したものである。また，旧IGAでは，米国のみが全体的な調整・指揮権限を保有し，また容疑者は必ず米国領内（シャトルが着陸する米国本土または緊急着陸地に指定された海外の米軍基地。日本の場合は嘉手納基地）に帰還する現実に鑑み，米国にのみ二次的な刑事裁判権を認めていたが，現行IGAでは，各国いずれもが二次的な刑事裁判権を行使できることとしたものである。なお，米国では，1981年に刑法を改正し，米国に登録された宇宙物体について，船舶と航空機に準じ，「特別の海事（または航空）・属地的管轄権」に基づく内国刑法の適用対象に加えることとし，ISS内の米飛行要素内における犯罪にはいわゆる国内犯規定を適用することが可能となっている。他方，わが国の場合，いまだに刑法改正は行っていないため，JEM内で起きた犯罪にはいわゆる国外犯規定（刑法2条・3条・3条の2・4条）しか適用されないのが現状である。

行動規範　以上に述べた一般管轄権（5条），刑事裁判権（22条）の関連として，11条（搭乗員）においてISS搭乗員の行動規範（Code of Conduct）を定めることとされているが，この行動規範には，搭乗員が宇宙飛行士としての地位をみだりに利用して私的な利益を得ることの禁止や，軌道上における指揮系統に加え，ISS指揮官（commander）の権限等が規定されており，ISS指揮官には，航空機の機長と同様，非常時におけるISS内の秩序維持のための身体拘束を含む広範な権限が付与されている。

知的所有権の帰属 ⦿ ISS の実験棟における各種の実験や観測等の利用活動に伴い，その成果としての知的所有権の帰属が国益上あるいは商業上も重要な問題となるが，これについては 21 条（知的所有権）で扱っている。知的所有権（特許権，商標権，著作権等）に係る法律の適用上，ISS の飛行要素上において行われる活動は，当該要素の登録国の領域においてのみ行われたものとみなすと規定し，属人的管轄権を排除し，属地的管轄権を擬制したものとなっている。たとえば，「きぼう」で行われた発明はその登録国である日本の領域において，また，米国の実験棟で行われた発明は米国の領域において，それぞれ行われたものとみなされることになる。ただし，この規定は，各飛行要素の登録国がその立法管轄権に基づき，自国の知的財産法を ISS に適用する権限を付与しているにすぎず，実際にその国内法を適用させるためには，国内法自身の適用範囲を拡大することが必要となる。米国では，宇宙基地時代に向け米国特許法の適用基準を明確にする要請が強まり，1985 年以降議会で米国の管轄権または管理の権限の下にある人工衛星・宇宙基地等で行われ，用いられた発明は，米国の領域内でなされた発明として米国特許法の適用が及ぶとする法案が審議された結果，最終的に，旧 IGA を米国が批准するために必要な国内立法措置と位置づけられ，1990 年 11 月 15 日に同法案は成立し，特許法のなかに「宇宙空間における発明」として追加された（同法 105 条）。この結果，領域内の発明は先発明主義，領域外の発明は先願主義とする当時の米国の特許法上も，米国実験棟での発明は，米国領域内で行われたものとみなされ，米国で出願すれば，実際に発明が行われた日をベースに判断されることになった。他方，日本の特許法は，発明が行われた場所の如何を問わず，同一の発明については最も早い特許出願人が特許を受けることとなっており，「きぼう」の内外を問わず，日本で出願されれば先願主義に従うことになるため，この特許権の取得という局面だけをみると，必ずしも米国のような特段の立法措置は必要とされない。むしろ，わが国をはじめとする先願主義をとる参加国にとっては，特許権の行使の局面が問題となり，たとえば，日本が登録する「きぼう」において特許権を侵害する行為が仮に行われたとしても，不問に付されることになり，企業の投資に対するインセンティブを著しく損なうことにもなりかねない。ちなみにドイツは，1990 年 7 月 13 日，旧 IGA を国内法制に組み込むための法律において，著作権法および工業所有権法の適用に関

し，ESA が登録した飛行要素において行われた活動は領域内で行われたものとみなすと定め，権利の行使の面についても処置済みである。この点について，わが国の場合，特許法や著作権法等に，条約の効力に関する規定があり，たとえば，特許法 26 条には「特許に関し条約に別段の定があるときは，その規定による」とされているため，特許法の改正を行うことなく IGA の国内履行が可能と判断されたことから，旧 IGA をわが国が批准する際に，知財に係る特段の立法措置は講じられていない。この点に関しては，特許法 26 条にいう「条約」は私人の権利義務を直接規定した，いわゆる自動執行力のある（self-executing）条約を指すと解されているが，IGA は自動執行力のある条約といい難いことから，JEM にはわが国特許法の適用は及んでいないと解される可能性も否定できないと指摘する声もある（第 **5** 章 I 4 [233 頁]）。

技術移転・技術流出　　ISS を開発し，軌道上で組み立て，運用・利用するにあたっては，各国際パートナー間での技術情報や関連ハードウェアのやりとりが必要になるため，これらの情報・物品を保護するためのメカニズムを定めたのが 19 条（データ・物品の交換）である。宇宙ステーションのための国際協力に伴う技術移転，あるいは技術流出については，1980 年代前半まで宇宙基地計画への同盟国の参加をめぐっての米政府部内での最大の懸案であった。本条では，IGA の実施のために必要な技術データおよび物品の移転にあたっては，提供側の協力機関は，それらのデータ等を輸出管理上，所有権的管理上または国家機密法等上保護するために，対象物に表示（マーキング）を行うこと等により特別の指定を行うこととし，受領側の参加国は，受領した技術データまたは物品が，受領側の参加国，その協力機関，二次的な移転を受ける契約者等により，指定された条件に従って取り扱われることを確保することとされた。JAXA の場合，関連メーカーなどの契約者等との関係では，責任の相互放棄（後述）同様，標準契約書により拡張（flow-down）している。なお，仮に JAXA の役職員が他の協力機関から提供を受けた技術データを表示どおりに取り扱わずに，外部に漏えいさせてしまったような場合には，JAXA 法上の秘密保持義務違反として，1 年以下の懲役または 50 万円以下の罰金に処せられることがある（JAXA 法 16 条〔役員及び職員の秘密保持義務〕・30 条〔罰則〕）。他の参加国においても同種の秘密保護法制とリンクされて刑事罰として担保している。

関 税 等 　◉　また，物品の移転に際して各国が徴収する関税等については，18条（関税・出入国）に規定され，参加国は，自国の領域へ輸入されまたは自国の領域から輸出される，ISS計画の実施のために必要な物品およびソフトウェアに対する関税および税関当局が徴収するその他の税を免除することとされた。旧IGAでは，この関税免除は各国の努力義務とされていたが，ロシアの国内事情，つまりロシアは輸入税に加え輸出税も課しており，これが課せられるとISS協力に支障を生じる可能性もあること等に鑑み，条約上の義務とされた。日本は，1998年5月29日に関税定率法施行令を改正し，関税定率法15条に基づいて「条約の規定による特定用途免税」として関税免除の対象となる貨物に，IGA18条3項の規定に該当する貨物を追加することで，関税および消費税を免除することにした（関税定率法施行令25条の2（条約の規定による特定用途免税貨物の指定）3号「民生用国際宇宙基地のための協力に関するカナダ政府，欧州宇宙機関の加盟国政府，日本国政府，ロシア連邦政府及びアメリカ合衆国政府の間の協定第18条3の規定に該当する貨物」および輸入品に対する内国消費税の徴収等に関する法律13条1項2号）。

クロス・ウェーバー 　◉　ISS計画の実施にあたり，参加国間で損害が生じた場合の民事責任の取扱いについては16条（責任に関する相互放棄）において，いわゆる「クロス・ウェーバー」（Cross-Waiver of Liability）を原則とすることにした。宇宙分野における活動がリスクが高い（万一事故が起きた場合の損害賠償額が莫大なものになりうる）ものであることをふまえ，ISS計画への参加者にとって自らの過失による不法行為や債務不履行について損害賠償請求が行われない一方で，他者の過失による損害について賠償請求を行わないとのしくみを設けることによって，ISS国際協力を円滑に進めることを目的とした条項である。この方式は，すでに1980年前後からNASAの打上げサービス契約において導入され，その後，米商業宇宙打上げ法（1984年制定）にも採用されるなど，宇宙の商業利用におけるリスク分担の典型的方式とされてきたものである。具体的には，参加国（日本の場合，JAXA〔旧NASDA〕を含む）は，本協定の実施のための活動から生じた損害については，損害賠償請求権を相互に放棄する。また，参加国の関係者（製造メーカー，研究所などの利用者）に対しても，製造請負契約や利用協定などを通じて相互放棄を拡張（フローダウン）する。JAXAの場合，ISS計画に関与する多くのメーカー等との標準契約

書において，相互放棄条項を規定することで担保している。

この相互放棄には基本的人権や公序良俗の観点等から，一定の例外が認められている。すなわち人の身体の傷害その他の健康の障害または死亡についての請求（国が代位する請求を除く），悪意（willful misconduct）によって引き起こされた損害についての請求，特許侵害等の知的所有権に係る請求，参加国が自己の関係者に拡張しなかったことから生ずる損害についての請求等については，この相互放棄は適用されない。なお，政府が取得する代位請求権も相互放棄の対象とする。旧 IGA では人損に関する代位請求権は相互放棄の例外とされていたが，相互放棄をできる限り拡大するとの観点から，国が代位する請求に限り対象に加えることになった。ただし，日本政府が取得する代位請求権であって国家公務員災害補償法に基づかないものについては，予算と法令の範囲内において，NASDA／JAXA が他の国際パートナーの相手方に対し補償することにより放棄の義務を履行することとされた。これは，自然人の死傷等に関し，政府管掌保険により参加国が取得する代位請求権（たとえば，日本企業の社員が業務上負傷した場合，労災認定が下れば当該被害者には災害給付がなされ，国が加害者に対する代位請求権を取得する）も相互放棄の対象となるが，日本の場合，国家予算のみで運営される国家公務員災害補償法と異なり，国と企業の負担金で運営される労働者災害補償保険法等の下で生じる代位請求権については，全国の企業側の理解を得て法律改正を行わない限り放棄することはできないため（もちろん，法改正は行われていない），国が国際パートナーの加害者側に代位請求した場合に当該加害者は JAXA に補塡の請求を行い，JAXA が法令および予算の範囲内でこれを補塡することとしたものである（実務上は個々のケース毎に民間の代位請求保険を付保することで担保している）。日本のみに固有の条項である。

紛争解決　　ISS 計画の実施過程において参加国間で紛争が生じた場合には，23 条（紛争解決）により，協力機関間の協議での解決や政府間協議（ケースによっては多数国間協議）での解決を目指すことと，これら協議による解決が不調に終わった場合には，紛争当事国間で合意された紛争解決手続（調停，仲介，仲裁）に付託することが規定されている。旧 IGA の交渉過程においては，欧州が IGA の法的拘束力をより強めるために，強制仲裁（仲裁の結果が当事国を拘束する）を主張したが，米国は，宇宙ステーション計画の技術的な特性や米連邦法との整合性確保から，強制仲裁規定を国

際約束に盛り込むことに難色を示したことから，上記のような規定振りとなり，新IGAでも踏襲された。

発　効 ◉ IGAの効力発生要件については25条・26条に規定され，IGAは，日・米・露の批准書等のうち最後の文書が寄託された日に効力を生ずること，IGAの発効前に米・露が批准書等を寄託する場合には，IGAは，その寄託の日に両国の間で効力を生ずることとされた。また，IGAの発効と同時に旧IGAは効力を失うこととされた。他方，IGAには期限の定めはないため，ISSの運用期限をいつまで延長しようが，IGAの改正は不要である。

脱　退 ◉ ISS計画からの脱退条件については，28条（脱退）において，参加国は，批准書等の寄託者である米国に対して少なくとも1年前に書面による通告を行うことにより，いつでもこの条約から脱退することができること，その場合，他の全パートナーとの間でISS計画全体の継続性を維持するための脱退の条件について合意に達することを規定する。大型ロボットアームという基盤要素を提供するカナダによる脱退の場合には，米・加間においてカナダの要素の米国への移転とそれに対する適正な補償についての脱退取極に合意する必要がある。ある参加国が脱退したとしても，IGA16条（責任の相互放棄），17条（責任条約），19条（データおよび物品の交換）はその国に対してなお有効である。カナダの脱退に関する手続に鑑みると，米国の脱退は少なくともIGA上は想定されていないものと解される。

(2)　非法律事項

目　的 ◉ まず1条（目的・範囲）において，「この協定は，国際法に従って平和的目的のために常時有人の民生用国際宇宙基地の詳細設計，開発，運用及び利用を行うことに関する参加主体間の長期的な協力の枠組みを，真の協力関係（genuine partnership）を基礎として，確立することを目的とする」旨規定する。ここにいう「平和的目的」は「国際法に従」うとされていることから，国連憲章2条4（他国に対する武力による威嚇または武力の行使の禁止）や51条（自衛権），宇宙条約4条（大量破壊兵器の軌道上配備の禁止，天体上における一切の軍事活動の禁止）の範囲に限定されると解されている。また「真の協力関係を基礎と」することで，全国際パートナーが，

統合された国際宇宙基地を建設するための活動に平等の立場で参加することと
された。

協力機関 ◉ 4条（協力機関）では，ISS協力の実施について責任
を有する各極の協力機関を指定している。

カナダ：カナダ宇宙庁（CSA）
欧　州：欧州宇宙機関（ESA）
ロシア：ロシア宇宙庁（RSA）（現ロスコスモス〔連邦宇宙局〕）
米　国：航空宇宙局（NASA）
日　本：文部科学省（MEXT）（NASAとGOJ間のMOU〔1条〕にて指定）

　日本に関しては，実際にISSの開発・運用等の現場で他極の協力機関と協働
するJAXA（旧NASDA）は，日米MOUにおいて協力機関を援助する機関とし
て位置づけられている（MOU1条2項）。わが国の場合，他の国際パートナーと
異なり，政策と実施の両面を担う宇宙機関を設置しておらず，政策は文部科
学省をはじめとする府省が担い，実施は独立行政法人（国立研究開発法人）たる
JAXA（当時は特殊法人NASDA）が担っていることから，日本だけ特異な構造と
なっている。

運　営 ◉ ISSの運営メカニズムについては7条（運営）に規
定され，国際パートナー間で調整が必要な問題につ
いては，ISSの運営組織（設計・開発段階における計画調整委員会〔PCC〕，運用・利
用段階における多数者間調整委員会〔MCB〕が最高意思決定機関）において，コンセ
ンサスの形成を目指して調整が行われることとされている。旧IGAでは，米
国の中核的宇宙基地を日欧加が協力して実現するとの前提に立っていたため，
米国は計画全般にわたる調整および「指示」（direction）を行うという，他の国
際パートナーに優越した権限が付与されていたが，ロシアの参加に伴い，この
米国の権限が縮小され，ISSの運営は全体的な運営および調整に関する米国の
指導的役割の下に多数者間で行うことを基礎とすることとされた。

利　用 ◉ ISSは種々の用途に利用されて初めてその価値が発
揮されるものであるが，その利用のメカニズムは9
条（利用）に規定される。その基本ルールは，利用要素（「きぼう」などの実験棟）

を運用するために必要となるリソースの供給を基盤要素（太陽電池パネルなど）を提供するパートナーから受ける見返りとして，利用要素の一定割合の利用権を提供するというものである。具体的には，米日欧加各々が有する利用権（後述）の行使として，ISS の利用要素を利用するためには，米国の基盤要素（ISS 全体の通信系，電力系，熱制御系，環境制御系等の中枢機能をつかさどるシステム）から得られる電力，熱，通信等のリソースと，カナダの基盤要素（ISS のトラス上を移動し ISS の組立て等を行う大型ロボットアーム等）から得られる組立て・保守サービスというリソースが必要となる。これら米加の基盤要素から得られるリソースは，76.6％が米国に，12.8％が日本に，8.3％が欧州に，2.3％がカナダに配分される。この配分割合に従い，ISS を全体として運用するための経費または活動（システム運用共通経費〔CSOC：common systems operation costs〕）を米日欧加が分担する。ロシアについては，自己が供給する電力等の資源のすべてを自己の飛行要素で使用し，他の国際パートナーからは一切のリソースを受け取らないとする自給自足方式を採用したため，自己の利用要素の利用権は100％保持し，他のパートナーの利用要素の利用権は一切取得していない。なお，米日欧加間の上記配分割合の基本は，旧 IGA・MOU の交渉過程において合意されたものであるが，その計算の考え方は次のとおりである。まず，カナダは，各国際パートナーの宇宙基地開発費の合計に占める自国の開発費（旧 IGA 署名時点における各国際パートナーの宇宙基地開発予算は以下のとおり推定されていた——米国：2 兆 9000 億円，欧州：6200 億円，日本：3000 億円，カナダ：1200 億円）の割合にほぼ等しい 3％の配分割合で，すべての利用要素の利用権の配分を受けるため，その利用（すなわち利用権の行使）のために用いる資源の配分割合も3％とされた。次に，米国が提供する取付型搭載物装着設備（attached payload accommodation equipment）をその搭載物とともに作動させるのに技術的に必要と見込まれる 20％を米国に配分。残りの 77％をいったん米国，欧州，日本の3 つの実験棟に均等に 25.6％ずつ配分するが，日欧の実験棟については米国がそれぞれ約半分（46％）の利用権の配分を受けるため，これを勘案し，25.6％の半分の 12.8％を米国に追加配分。この結果，米国の配分割合は計 71.3％（20％＋ 25.6％＋ 12.8％＋ 12.8％。端数調整のため若干ズレあり）となり，欧州および日本の配分割合は，それぞれ 12.8％となった。その後，現行 IGA・MOU において，欧州の実験棟の規模縮小とカナダの貢献度合いの低減等に伴い，欧州の配

Figure**3**.8 ◉ 利用用資源／システム運用共通経費（CSOC）
／搭乗員の飛行機会等の配分割合

	利用用資源配分／CSOC 分担割合		搭乗員（6 人体制時）	
	米／加基盤要素	露基盤要素	3 人枠	3 人枠
米　国	76.6%	0%	76.6%	—
日　本	12.8%	0%	12.8%	—
欧　州	8.3%	0%	8.3%	—
カナダ	2.3%	0%	2.3%	—
ロシア	0%	100%	—	100%

Figure**3**.9 ◉ 各実験棟における各国際パートナーの利用権

	米　国	日　本	欧　州	カナダ	ロシア
米実験棟	97.7%	0%	0%	2.3%	0%
日実験棟「きぼう」	46.7%	51%	0%	2.3%	0%
欧実験棟	46.7%	0%	51%	2.3%	0%
露実験棟	0%	0%	0%	0%	100%

分割合が 12.8% から 4.5 ポイント分減少し 8.3% となり，カナダもそれまでの
3% から 0.7 ポイント減少し 2.3% となったことから，両者の減少分の計 5.2 ポ
イント分が米国に加算され，米国の配分割合は現行の 76.6%（端数調整のため若
干ズレあり）となった。

　利用権については，「きぼう」の場合，日本が過半数の 51% の利用権を保
有。JEM の利用に必要な資源を日本に提供することと引換えに，米国は「き
ぼう」の利用権の 46.7% を，カナダは 2.3% を保有し（9 条 1 項，MOU8 条 3 項 a
号），その部分の利用方法や利用者については，米加が選択できるとされたが
（9 条 3 項），その利用が平和的目的のためのものであるか否かについては，当
該要素を提供している日本が決定することとされた。つまり，米国およびカナ

ダによる「きぼう」の利用（自国に割り当てられた利用権の行使）が，日本の解釈，すなわちJAXA法4条の解釈に則った平和的目的のためであるか否かについては，日本が決定権を留保している（9条3項(b)）。

搭　乗　員　　◉　　ISSで実際に種々の活動にあたる搭乗員（クルー）については，11条（搭乗員）に規定する。各国際パートナーは，ISS搭乗員の有資格者を提供する権利を有するとし，その配分割合はISSを利用するために自己に配分される電力等の資源の割合（前述）と等しい割合とした。日本については，ISS組立完了後においては，全搭乗員7名のうち，ロシア以外に配分される4名枠のうちの12.8%となる（MOU11条1項）。現在のように半年交替制をベースにすると1年から1年半に1人の割合で日本人飛行士を搭乗させる権利を保持していることになる。他のパートナーについては，米国が76.6%（概ね半年に2人），欧州が8.3%（2年に1人），カナダが2.3%（8年に1人）という計算になる。

輸　　送　　◉　　ISSへの人員・物資の輸送手段については12条（輸送）に規定する。各国際パートナーは，ISSに適合する自己の宇宙輸送システムを利用してISSに発着する権利を有するとされ，日米欧露は，ISSのための打上げおよび回収の輸送業務を利用可能にすることにした（日本はH-Ⅱシリーズの輸送システムとしてH-ⅡA，H-ⅡB／HTVを提供）。他のパートナーの輸送サービスを調達する場合には，実費弁償（reimbursable）の原則によるものとされ，有償打上げ契約（LSA）を結ぶことになるが，資金授受を最小限にとどめるとの原則（後述）に照らし，物々交換で打上げ代金を相殺している。

財　　政　　◉　　ISS計画の財政面の取極めについては，15条（資金）に規定する。各国際パートナーは，それぞれの責任を果たすための経費として，自己が提供する飛行要素・地上要素やシステム運用に共通な経費または活動（CSOC）を負担する。この資金上の義務は各パートナーの利用可能な予算に従うこととされ，ISS計画参加に伴う資金負担は義務ではないことを明確にしたが，各パートナーは，ISS協力の重要性を認識し，資金上の義務を履行するために必要な資金について予算承認を得るよう最善の努力を払うこととされている。また，国際パートナー間の資金の授受は最小限にとどめるよう努めることとされ，バーター方式（いわゆる物々交換。相

殺ともいう）を原則とした。日本については，「きぼう」をNASAスペースシャトルの3回分のフライトで打ち上げたが，その打上げ経費のNASAへの支払いは，金銭ではなく，セントリフュージ（生命科学実験施設）の開発・提供（結果的に部品のみ）やH-ⅡAによるNASA衛星（GPM主衛星）の打上げにより代替した（NASAとMEXT間の実施取決め〔IA〕による）。また，システム運用共通経費のNASAへの支払いについても，「こうのとり」（HTV）またはHTV-Xを用いた補給や消耗品等の輸送により相殺（オフセット）している（MOU9条5項およびNASAとMEXT間の実施取決めによる）。本来外国に支払うべき資金を国内宇宙産業に投下できるため，各参加国のインセンティブを高めている。

5 アルテミス計画のための法的枠組み

（1）IGAの下で締結されたゲートウェイ協力に関するMOU

締結の経緯 2018年2月，米国は，地球低軌道上でのISS計画を発展させ，月の周回軌道上に有人拠点「ゲートウェイ」（GATEWAY）を設置する計画を発表。翌2019年3月には，2024年までに，国際パートナーや民間事業者と連携して再び人を月面に降り立たせることを目指す「アルテミス計画」を発表した。同計画は，月軌道上のゲートウェイを利用することで効率的に月の持続的探査を進め，2030年代の火星への有人着陸実現のために必要な技術獲得を目的とする。ロシアを除くISS国際パートナー国は，ゲートウェイ計画を含むアルテミス計画への参画を決定した。

日本については，2019年10月，安倍首相（当時）を長とする宇宙開発戦略本部が米国からのゲートウェイ計画への参画招請に応じ，日本の参画方針を決定した。これを受けて，協力のための法的枠組みの整備に向けた国際調整が進められ，常設月面基地等への中継基地としてのゲートウェイをISSのための能力の追加と位置づけ，IGAの発展条項（14条）に基づき新たなMOUを締結することになった。

文言調整を経て，2020年10月にはESAとNASA間，12月にはカナダ政府と米国政府間，日本政府とNASA間でそれぞれMOUが締結された。さらに，2022年11月には，MEXTとNASAとの間で，同MOUに基づき日米の協力事項の詳細を規定する月周回有人拠点「ゲートウェイ」実施取決め（IA）が署名

された。

主な内容 ◉ 同MOUでは，各国際パートナーの責任分担や開発，
運用，利用に関連するマネジメントメカニズムな
ど，協力を進める上で必要な合意事項を規定するが，クロス・ウェーバー条項
や刑事裁判権の行使，知的財産権等の主要な法律事項についてはIGAの規定
が適用される。ただし，ISSへの宇宙旅行者の増加を踏まえ，自国以外の国籍
の者をゲートウェイへ搭乗させる場合には刑事裁判権の行使の観点から事前に
ゲートウェイ多数者間調整委員会（GMCB）に諮るとする規定や，惑星保護規
定（COSPAR惑星保護指針の遵守）など，昨今の情勢をふまえてIGAを補完する
条項も置いている。同MOUおよびこれに基づくIAにおいて，日本からは主
に居住棟の能力の一部としてISSで培った環境制御・生命維持システム等と現
在開発中のHTV-XG（HTVの後継機）による物資の補給サービスを提供し，そ
れによりゲートウェイの利用機会や日本人搭乗員（1名）の搭乗機会等を得る
ことが合意されている。またIAでは，アルテミス合意に定められた軌道上デ
ブリ対策に関する規定（国連スペースデブリ低減ガイドラインの遵守等）も盛り込
まれた。

　ゲートウェイの次のステップとしては，ゲートウェイを中継基地として実
施されるJAXAの有人与圧ローバー等による月面探査活動が計画されているが，
IGAの発展形態と捉えるにはゲートウェイまでが限界であるため，日米宇宙協
力枠組協定の下で個別共同活動ごとにNASAとMEXTとの間でIAを締結して
いくことになる。

(2)　月面以遠の活動のための有志国間の基本原則
──アルテミス合意（アコード）

　月をはじめとする天体上での宇宙探査計画が米国を中心に具体化されるに伴
い，宇宙条約を補完する国際的なルール作りの動きが活発化しており，目下の
ところ，アルテミス合意がその推進役を担っている。

　アルテミス合意は米国が提唱する「アルテミス計画」を推進することを念頭
に置き，宇宙条約に基づき，安全で透明性の高い活動環境を作り出すための諸
原則に関する共通認識を示す政治的宣言であり，法的拘束力を伴わない，いわ
ゆるソフトローに分類される。

締結の経緯　◉　2020 年 4 月，ホワイトハウスは国務省にアルテミス計画のための国際ルール策定を指示した（具体的には，大統領は国務長官に対し，宇宙資源の商業採取・利用の安全で持続可能な運用を可能にし，1979 年の月協定〔宇宙資源の所有を否定〕を慣習国際法を反映したものとして取り扱う試みに反対すべく，同様の考えを持つ〔like-minded〕諸国との共同宣言，二カ国間協定，多国間文書を策定するための米国政府の取組みを主導するよう命じた）。国務省および NASA は翌 5 月にアルテミス合意を発表し，6 月以降，法的拘束力のある条約案の締結を日本をはじめとする同盟国や宇宙資源法を有する国々に打診し，協議が開始された。米国政府は米国大統領選のタイミングもあって条約締結を急いだが，他の国々は「短期間で条約案をまとめるのは現実的ではない」と反対したため，結果を急ぐ米国は政治的宣言，つまり法的拘束力のない文書とすることに合意した。2020 年 10 月，米国，日本，カナダ，ルクセンブルク，イタリア，アラブ首長国連邦（UAE），英国，オーストラリアの計 8 カ国（原署名国）間でアルテミス合意が締結され（日本は井上内閣府特命担当大臣〔宇宙政策〕と萩生田文部科学大臣が署名），署名のためにすべての国に開放された。米国はその後もアルテミス合意を宇宙外交のセンターピースと位置づけ（2023 年 6 月 21 日に米国国務省が公表した "A Strategic Framework for Space Diplomacy"）積極的なアウトリーチを展開している。加盟国数は現在 5 大陸をカバーする計 36 カ国にまで増え（2024 年 2 月現在），世界の宇宙活動国の半数近くに迫る勢いである。アルテミス合意は加盟国間に閉じたルールを志向するものではなく，特に宇宙資源の採取や安全区域の設定など宇宙条約に明確な定めのない新たなルール形成については，国連を中心とした国際主義に基づき，普遍的な合意形成を目指すことを志向している。

　アルテミス合意は法的拘束力をもたないが，政府間の合意である点で重みがあり，各当時国の国内法上の許可基準や当事国間の協力協定に採り入れられたり，あるいは将来国連で採択される普遍的な条約のなかで改めて実定法化される際の素材ともなりうるものである。実際に，前述の日米宇宙協力枠組協定では，アルテミス合意が前文で引用され，さらにアルテミス合意に定められた一部の原則（歴史的価値を有する月面地点の保全，軌道上デブリ低減など）が条文化されたことで，日米の間に限られているものの法的拘束力が付与されたことになる。

主な内容　🞉　アルテミス合意の対象範囲は，署名各国の民生宇宙機関による月その他の天体やその軌道上等での宇宙活動に適用され，地球周回軌道上の活動や民間主体の商業活動には直接は適用されない。民間主体の商業活動に対しては各国の国内措置により適用することが期待されている。

　アルテミス合意は宇宙条約の基本原則を確認しつつ，月その他の天体上での活動に着目した新たな原則を規定している。とりわけ重要なのは，宇宙資源の採取・利用が本質的に宇宙条約2条が禁止している国家による取得を構成するものではないことを確認した点である。また，宇宙条約9条が求めている他国の利益への妥当な考慮については，地理的・時間的に合理的に制限された「安全区域」（safety zone）を設定することで有害な干渉の回避を図ることとした点も画期的である。

　このほか，アルテミス合意は平和的目的（第3部），透明性（第4部）など活動を行う上での重要な価値観を共有するとともに，安全かつ確実な探査実施のために重要な相互運用性の維持（第5部），宇宙飛行士に対する緊急援助（第6部），宇宙物体の登録（第7部），歴史的に重要な遺産の保全（第9部），月等の周回軌道上での有害なデブリの発生を抑制すること（第12部）も掲げている。

目的・適用範囲
- アルテミス計画の推進を意図しつつ，宇宙空間の民生探査および利用のガバナンスを強化するための諸原則を確立することを目的とした，政治的コミットメント
- 署名国の民生宇宙機関により実施される月，火星，彗星および小惑星上，ならびに月または火星の軌道上，地球―月系のラグランジュ点上，およびこれらの天体および所在地の間の通過軌道上における民生宇宙活動に適用

実　施
- 宇宙探査に関する具体的な協力活動を適切な文書（了解覚書等）を締結して実施するにあたり，本合意を参照し，本合意に含まれる原則を実施するための条項を規定

平和的目的

- ● 関連する国際法の遵守

透 明 性

- ● 自国の国家宇宙政策および宇宙探査計画に関する広範な情報提供
- ● 宇宙条約 11 条に従い，本合意に基づく活動から生じる科学的情報を公衆および国際科学界と共有

相互運用性

- ● 宇宙用インフラの相互運用性を確保するための基準の整備，利用

緊 急 援 助

- ● 宇宙空間において遭難した人員に対して必要な援助を提供

宇宙物体の登録

- ● 宇宙物体登録条約の遵守

科学的データの開示

- ● 探査活動を通じて得られた科学的データは，公衆および国際科学界に対して適切な範囲で適時に公開（民間セクターの活動への適用はない）

宇宙空間の遺産の保全

- ● 歴史的に重要な宇宙空間の遺産を保全

宇 宙 資 源

- ● 宇宙資源の採取等は宇宙条約に従い，安全かつ持続可能な宇宙活動を支援するために行われるべき
- ● 宇宙資源の採取が本質的に宇宙条約 2 条の下での国家による取得を構成するものではない。また，宇宙資源に関連する契約等は宇宙条約に適合するものであるべき
- ● 宇宙資源の採取等に適用される国際慣行・規則をさらに発展させるための多国間の取組み（COPUOS を含む）に貢献

宇宙活動の衝突回避

- ● 宇宙条約 9 条に従い，妥当な考慮の原則を尊重し，有害な干渉を受けるおそれがある場合等は協議の要請が可能
- ● 有害な干渉を避けるために通知および調整する義務が発生する地域として「安全区域」を設定（有害な干渉が合理的に予見できる範囲とし，運用が終了した場合には終了。設定，変更，終了時には，署名国相互及び国際連合事務総長へ通知。安全区域は他国の自由な立

入りの原則を尊重）
- 安全区域の扱いは今後署名国相互および国際社会との協議に基づき調整

軌道上デブリ
- 軌道上デブリの発生低減に計画段階から取り組み，長期間残存する有害なデブリの発生を抑制

主な論点　　　◉　**国際的な合意形成**　　中国とロシアはアルテミス合意への反対を明確に表明し，2021年3月，ロシア連邦宇宙局（ROSCOSMOS）と中国国家航天局（CNSA）は国際月面科学研究基地（ILRS）建設協力に関するMOUを締結したこともあり，今後，月面探査をめぐっての対立が懸念されるところである。その対立軸に拍車をかけることのないよう，アルテミス合意は細心の注意を払っており，国連中心主義を貫いている。たとえば，宇宙資源に関してはその採取等に適用される国際慣行・規則をさらに発展させるための多国間の取組み（COPUOSを含む）に貢献すると規定し，また安全区域の扱いは今後署名国相互のみならず国際社会との協議に基づき調整すると規定されているとおり，これら宇宙条約に明確な定めのない新たなルール形成については，国連を中心とした国際主義に基づき，2023年からの設定普遍的な合意形成を目指すことを志向している。国連COPUOS法小委では，宇宙資源に関するWGが5カ年の計画で作業を続けており，アルテミス合意加盟国はその意義・価値を非加盟国に丁寧に説明しつつ，中ロ等との対立構造を緩和しながら，アルテミス合意をふまえた普遍的な合意形成に努めていくことが重要となる。ミスコミュニケーションや誤解が生じることのないよう，国連の場を有効に活用することが賢明である。

宇宙資源の所有をめぐる解釈　　宇宙条約1条は，すべての国は，国際法に従う限り，月その他の天体を含む宇宙空間を自由に探査・利用できるとして，宇宙活動自由の原則を定める。そして同2条は，月その他の天体を含む宇宙空間は国家による取得の対象とはならないと定めている。同条は国家による領有禁止を定めたものであり，天体そのものやその土地の自国領域への編入が許されない以上，私人が天体上の土地の一部を所有することも法的に不可能である。

他方，天体から採取された資源の所有を明確に禁止する規定は宇宙条約にはない。これに対し，1970年代に新国際経済秩序（NIEO）を目指す開発途上国の要求が高まった時期に国連で成立した月協定は，天体上にある宇宙資源を深海底の天然資源と同様，「人類の共同財産」と位置づけて，国家や私人による所有を明確に禁止し，その開発管理を将来創設される国際レジームに委ねた。発効から40年経過した現在においても，この月協定には主要宇宙活動国は批准しておらず，批准国は17カ国にすぎないことから，慣習国際法として確立されているとは言い難く，月協定の非当事国が拘束されることはない。以上の状況をふまえ，2015年の米国議会の立法を皮切りに，2017年にルクセンブルク，2019年にUAE，2021年に日本が，宇宙資源に対する所有権を認める国内法を制定している。米国による初の立法の際には，国連COPUOS法小委の場などでは一部の国から宇宙条約違反と指摘する声が上がったが，宇宙法の権威である国際宇宙法学会（IISL）は現在の国際法の下で宇宙資源に対する所有権は否定されないとの公式見解を示した。アルテミス合意の署名国のなかには月協定を批准している国（オーストラリア，メキシコ，サウジアラビア，オランダ，ベルギー，ウルグアイ）や月協定に署名した国（フランス，インド，ルーマニア）も含まれており，法的拘束力のない政治的宣言であるものの，宇宙資源の所有権を容認したアルテミス合意との整合性が気になるところである。実際，サウジアラビアはアルテミス合意への署名（2022年7月）を控えたタイミングで月協定からの離脱を宣言している（2023年1月。1年後の2024年1月に正式に脱退）。今後追随する国も予想される。

　安全区域の設定　　月面上では，豊富な水資源の存在が確認されている極域などの有用な土地をめぐる国家間の利害衝突の可能性も想定しておかなければならない。こうした事態を回避するため，宇宙条約9条では他国の利益に妥当な考慮を払い，有害な干渉を及ぼすおそれがあるときには協議を行うことを義務づけている。アルテミス合意ではこれを具体化するため，活動の性質に応じて安全区域（safety zone）を設定し，その規模と範囲を国連等へ通知し，影響を受ける他の活動主体と調整を行い，有害な干渉の回避を図ることとした（第11部）。この安全区域は今後の署名国間の協議により具体化されていくことになっているが，実質的な領有とみなされて宇宙条約2条に抵触しないよう，無期限に設定されないことや排他性を伴わないことを大前提としている。

今後の課題 ◉ 署名国間でのアルテミス合意の内容の具体化として，安全区域の定義・運用，歴史的遺産，デブリ規制の程度等に関する調整が必要となる。これと並行して，宇宙資源や月面での具体的な活動ルールについての対立を生まないよう国際的な議論（COPUOS 等）も丁寧に続けていかなければならない。

CHAPTER 4

宇宙ビジネスを支える国内法

　法律は社会活動の発展に伴い進化する。急速に発展する宇宙ビジネスを社会に適合させ，安全を確保し，新たな産業として促進するための法制度はどのようなものであろうか。わが国の宇宙ビジネスに関する法制度の現状や課題について，その背景となる日本の宇宙開発利用の歴史とともに概観してみよう。

　本章では，宇宙活動の基本的事項を定める宇宙基本法，国の宇宙開発利用を支える中核的な宇宙機関の活動を規定する国立研究開発法人宇宙航空研究開発機構（JAXA）法，さらに，2016 年に制定された「人工衛星等の打上げ及び人工衛星の管理に関する法律」（「宇宙活動法」）及び「衛星リモートセンシング記録の適正な取扱いの確保に関する法律」（「衛星リモートセンシング法」）について紹介する。

　今日のビジネスは急速に国際化が進んでいる。宇宙には国境がなく，宇宙ビジネスは本質的にグローバルな活動である。世界展開を視野に入れた宇宙ビジネスのプランニングのため，主要国の宇宙法の現状についても学習しておこう。

I　わが国の宇宙ビジネスに関する法制度の現状や課題

1　宇宙基本法

わが国で宇宙活動の基本的事項を定める国内法（宇宙基本法）が制定された

のはごく最近，2008年のことである。宇宙基本法制定に至るまでの日本の宇宙活動の歴史を簡単に振り返りながら，宇宙基本法の概要を紹介する。

日本の宇宙開発の黎明期 　世界で初めてのロケットは，第二次世界大戦中にナチスドイツがイギリス空爆を目的としてフォン・ブラウンが開発に成功したＶ２ロケットである。フォン・ブラウンは米国に亡命し，アポロ計画での有人月面着陸を可能としたサターンロケット開発などの米国のロケット技術の礎をなした。また，フォン・ブラウンの下で働いていた技術者の多くが進駐してきたロシアの捕虜となり，その後のロシアの宇宙輸送技術に重要な役割を果たしたといわれている。ロケット技術は軍事技術に転用可能な機微技術であり，また衛星情報は今日の国家の安全保障と密接に関係しているため，国家による安全保障面からの規制（「政治リスク」）が今日の宇宙ビジネスにも時として影を落とす。

　日本では第二次世界大戦の敗戦を受けて，1952年４月のサンフランシスコ講和条約発効による主権回復までの間，航空宇宙分野の研究開発は禁止されていた。しかし早くも1955年には東京大学生産技術研究所の糸川英夫博士がペンシルロケット発射実験を行っており，これが日本の宇宙活動のスターティングポイントといわれている。小さなペンシルロケットの実験に端を発した日本のロケット開発は，1970年には人工衛星「おおすみ」をラムダロケットで打ち上げるまでに成長し，わが国は旧ソ連，米，仏に続き世界で４番目に自力での人工衛星打上げに成功した国となった。この糸川教授の研究を受け継いだ宇宙科学研究所（ISAS）の固体ロケット研究は，2003年のISAS・宇宙開発事業団（NASDA）・航空宇宙技術研究所（NAL）の統合で成立した宇宙航空研究開発機構（JAXA）に引き継がれ，JAXAが2013年から打ち上げているイプシロンロケットにつながっている。

学問の自由と国策としての宇宙 　日本の宇宙開発は戦後まもなく学術研究として始まった。学問の自由は憲法23条で定められた権利であり，時の政権の政策目的に従属するものではない。一方，その後の宇宙開発利用は国家政策と密接に関連する。たとえば，科学技術庁長官や内閣総理大臣を歴任した中曽根康弘氏が日本で宇宙開発利用の発展を牽引したことはよく知られている。中曽根氏は，日本敗戦の大きな要因は科学技術力の不足であったとの個人的信念から，宇宙や原子力をはじめとす

Figure **4**.1 ◉ 宇宙開発の進展

左：ペンシルロケット，右：日本初の人工衛星「おおすみ」　　　© JAXA

る日本の科学技術力を欧米並みに引き上げていく。

　このような政治的背景を受け，東京大学や宇宙科学研究所などが発展させて
きた学術活動とは別に，国策に対応した宇宙開発の推進体制が求められるよう
になり，1969 年に特殊法人宇宙開発事業団（NASDA）が設立された。NASDA
は当初，ロケットの自主開発を目標としていたが，技術力で圧倒的な差がある
欧米への早期のキャッチアップを優先して路線を転換し，1969 年に締結され
た日米政府間の交換公文の下で，米国からの技術導入によるロケット開発を
推進することになる（第 **3** 章 I **1**［93 頁］）。NASDA は米国の技術供与をもとに
1977 年に N-I ロケットで「きく 2 号」を打ち上げ，米ソに続き世界で 3 番目
に静止衛星の打上げに成功している。その後は修得した技術をもとに 1986 年
には H-I ロケットで国産ロケットの打上げに成功し，民間移管ののちに，世界
水準の成功率で，海外市場に参入した現在の H-IIA／H-IIB につながっている。

国内宇宙法の不在 ◉ 　1968 年の宇宙開発委員会設置法案および 1969 年の
宇宙開発事業団法案の国会採択時には附帯決議が行
われ，「宇宙開発基本法の検討と立法化」を速やかに行うこととされたが，こ
れが宇宙基本法制定という形で実現したのはようやく 2008 年になってからで
ある。

　この背景としては，日本では宇宙開発を行う組織は国の研究機関（ISAS 等）
や国の監督を直接受ける特殊法人（NASDA）に限られているとの国の認識が
あった。宇宙活動を律する特別の法律を定めなくても，国の一般的な監督権限
により安全性の確保や宇宙関係条約等による国際責任の遵守の担保が可能との

考えの下，長く国内法の整備が行われなかったのである。

　しかしながら，日本の民間事業者がアリアンスペース社等の海外企業に依頼して人工衛星の打上げを行う事例は生じていた。宇宙活動は本来的に危険を内蔵し，宇宙条約により国は国際的な責任を負っている。宇宙関係条約の国連（COPUOS）での調整やその後の批准において政府顧問や政府委員会の委員を務めた故山本草二教授（東北大学名誉教授）などが指摘していたように，日本政府の管理監督は，通信放送事業者等への電波法や放送法等に基づく電波干渉防止等の限定的な監督にとどまり，宇宙条約が定めた民間宇宙活動に対する許可および継続的な監督には課題があった。

2 宇宙基本法の概要

　宇宙基本法は，2008 年に 3 党（自由民主党，公明党，民主党）合意による議員立法で成立した。立法化の背景として，日本の宇宙技術は成熟期を迎えたことを受け，従来からの研究開発目的に加え，社会の安全・安心や国際社会での責務を守る公共サービスとして，また，産業振興の起爆剤として宇宙開発利用を推進すべき旨を明確化すべきとの認識があった。そのため，宇宙基本法は，①宇宙の平和的利用，②国民生活の向上，③産業の振興，④人類社会の発展，⑤国際協力等の推進，⑥環境への配慮，を基本理念として明確化した。

　宇宙基本法により，宇宙開発利用に関する施策を総合的かつ計画的に推進することを目的として，内閣に宇宙開発戦略本部が設置された。本部長は内閣総理大臣であり，内閣官房長官と宇宙開発担当大臣が副本部長，その他のすべての国務大臣が本部員となっている。この宇宙開発戦略本部は，宇宙開発利用に関する基本的な計画（宇宙基本計画）を定めることとなっている。

　宇宙基本法は，宇宙開発戦略本部の事務を内閣府に行わせるための法整備と，JAXA をはじめとする宇宙開発利用関係機関の見直しを施行後 1 年を目途に行うと定めたが，ようやく 2012 年に実現した。一方，民間の宇宙活動に係る許可および継続的監督などの国際約束を実施するために必要な法制の整備は，宇宙基本法の附帯決議により施行後 2 年を目途とされたが，2016 年に宇宙 2 法の成立によりようやく実現した。

Figure**4**.2 ● 宇宙基本法（骨子）

宇宙開発利用に関する基本理念

○ **宇宙の平和的利用**

宇宙開発利用は，宇宙開発利用に関する条約その他の国際約束の定めるところに従い，**日本国憲法の平和主義の理念にのっとり**，行われるものとすること

○ **国民生活の向上等**

国民生活の向上，安全で安心して暮らせる社会の形成，災害，貧困その他の人間の生存及び生活に対する様々な脅威の除去，国際社会の平和及び安全の確保，**我が国の安全保障に資する**宇宙開発利用の推進

○ **産業の振興**

宇宙開発利用の積極的かつ計画的な推進，研究開発の成果の円滑な企業化等による**我が国の宇宙産業その他の産業の技術力及び国際競争力の強化**

○ **人類社会の発展**

人類の宇宙への夢の実現や人類社会の発展に資する宇宙開発利用の推進

○ **国際協力等の推進**

国際社会における役割を積極的に果たし，我が国の利益の増進に資する宇宙開発利用の推進

○ **環境への配慮**

宇宙開発利用の司令塔

○ 宇宙開発戦略本部の設置による宇宙開発利用に関する施策の総合的・計画的な推進

内閣に設置（内閣総理大臣が本部長，内閣官房長官と**宇宙開発担当大臣が**副本部長，その他の全ての国務大臣が本部員）

○ 宇宙基本計画の作成

宇宙開発利用に関する基本理念

○ 国民生活の向上等に資する人工衛星の利用

○ 国際社会の平和・安全の確保，我が国の安全保障に資する宇宙開発利用の推進

○ 人工衛星等の自立的な打上げ等

○ 民間事業者による宇宙開発利用の促進

○ 宇宙開発利用に関する技術の信頼性の維持及び向上

○ 宇宙の探査等の先端的な宇宙開発利用，宇宙科学に関する学術研究等の推進

○ 宇宙開発利用の分野における国際協力の推進等

○ 環境と調和した宇宙開発利用の推進及び宇宙の関係保全のための国際的な連携の確保

○ 宇宙開発利用に係る人材の確保，養成及び資質の向上

○ 宇宙開発利用に関する教育・学習の振興等

○ 宇宙開発利用に関する情報の管理

体制の見直しに係る検討等

○ 宇宙活動に関する法制の整備

○ 宇宙開発戦略本部に関する事務の処理を内閣府に行わせるための法制の整備等（施行後１年を目途）

○ 宇宙航空研究開発機構（JAXA）等の在り方等の見直し（施行後１年を目途）

○ 宇宙開発利用に関する施策の総合的・一体的な推進のための行政組織の在り方等の検討

（出典）　内閣府宇宙開発戦略本部ウェブサイト

3 行政機構の再整備・宇宙ガバナンスの転換

　宇宙基本法を受けて 2012 年に制定された「内閣府設置法等の一部を改正する法律」により，宇宙政策の司令塔機能としての宇宙戦略室と宇宙政策委員会が内閣府に設置された。一方で長く日本の宇宙開発利用に大きな役割を果たしてきた文部科学省の宇宙開発委員会が廃止され，宇宙開発利用のガバナンスが大きく転換した。ここで，宇宙政策の立案・決定などのガバナンスに関する行政機構の変遷をみてみよう。

「宇宙開発委員会」の変遷

　わが国が国際地球観測年（1957 年 7 月―58 年 12 月）に観測ロケットをもって公式に参加することが決まると，1955 年に初の宇宙関係予算が文部省に計上された。東京大学生産技術研究所（当時）が 1958 年 9 月に米ソに次いで 3 番目となる観測ロケット（K-6 型）の打上げに成功したことを受け，1960 年 4 月の「総理府設置法の一部を改正する法律」により，総理府に宇宙開発審議会が設置された。その後 1968 年の第 58 回国会での「宇宙開発委員会設置法案」を受け，「宇宙の開発に関する国の施策の総合的かつ計画的な推進とその民主的な運営に資する」ため，同年 8 月に宇宙開発審議会を改め，宇宙開発委員会が総理府に設置された。なお，この翌年には宇宙開発事業団（NASDA）が設立されている。

　この総理府の宇宙開発委員会は，科学技術庁長官を委員長とし，国全体の宇宙開発政策や経費の見積もりを行い，関係行政機関の総合調整等を行う機能を長く担ってきた。しかし 2001 年の中央省庁再編により文部省と科学技術庁が統合されて文部科学省が発足した際，宇宙開発委員会は文部科学省の内部の組織として位置づけられた。この宇宙開発委員会は文部科学省の内部機関であるため，実質的には JAXA の監督組織にとどまり，国全体の宇宙開発利用に関して総合的な観点から審議・決定する権能は失われた。

　2001 年の中央省庁再編を受け，2003 年に文部科学省宇宙科学研究所（ISAS）と独立行政法人航空宇宙技術研究所（NAL），そして特殊法人の宇宙開発事業団（NASDA）のいわゆる宇宙 3 機関が 2003 年に JAXA に統合され，文部科学省の傘下に入った。航空宇宙技術研究所は，宇宙開発事業団の前身である宇宙開発推進本部の時代から，宇宙分野の様々な共同研究や共同プロジェクトに参

加していたため，航空技術のリードセンターでありながら宇宙3機関のひとつとされた。諸外国では，米国（NASA）やドイツ（DLR）など，宇宙と航空の両方の分野を研究開発対象とする機関も多く，相乗効果をもたせる観点もあったのだろう。JAXA は 2015 年 4 月に研究開発の最大限の成果を確保することを目的とした独立行政法人の一類型である国立研究開発法人に移行する。近年のわが国での宇宙開発利用の重要性の高まりを受けて，国の中核的な宇宙機関である JAXA も変革を求められている。なお，2012 年の宇宙政策委員会（後述）の設置を受けて文部科学省内の宇宙開発委員会は廃止され，JAXA の活動を監督する機能は，文部科学省の科学技術・学術審議会 研究計画・評価分科会 宇宙開発利用部会に引き継がれている。

宇宙開発戦略本部の誕生 ◉ 2001 年の宇宙開発委員会の位置づけの見直しを受け，内閣総理大臣を議長とする総合科学技術会議が宇宙開発に関する企画立案と総合調整を担った。しかし，今日の宇宙開発利用は，科学技術的な視点にとどまらず，安全保障，国土利用，災害対策，産業振興，通信放送などの様々な分野に関係しているため，総合的な宇宙開発利用政策の企画・調整機能の強化が求められるようになった。このような背景で，2008 年の宇宙基本法により，内閣総理大臣を本部長としてすべての国務大臣で構成する宇宙開発戦略本部が設置されたのである。

しかし，内閣総理大臣を本部長とする宇宙開発戦略本部を頻繁に開催することは現実的でない。そのため，本部の設立当初は，省庁間の連絡調整は各省庁の官僚等で構成される宇宙開発戦略本部幹事会が実質的に担った（2013 年 1 月に廃止）。その後，2012 年の法改正を受け，「宇宙開発利用の司令塔機能」として，宇宙戦略室（現在の宇宙開発戦略推進事務局）が内閣府に設置され，ようやく実務レベルを含めて国全体の宇宙開発利用を総合的に調整・推進するための体制が整った。

宇宙政策委員会 ◉ 宇宙開発戦略本部の審議や検討には，専門的な知見が必要となるため，学識経験者からなる「宇宙開発戦略専門調査会」（以後，「専門調査会」）が政令により設置されたが，2012 年以降は内閣府設置法 38 条に基づいて内閣府に設置された「宇宙政策委員会」がその機能を担っている。

宇宙政策委員会は，本委員会と部会から構成され，完全公開を原則とした宇

Figure**4**.3 ◉ 宇宙開発利用の推進体制

宇宙空間の戦略的な開発・利用の推進

宇宙開発戦略推進事務局

我が国の宇宙開発利用に関する政策の企画及び立案並びに総合調整等の宇宙政策の司令塔機能

宇宙開発利用の推進体制

宇宙基本法をはじめ，内閣の重要政策に関する総合調整等に関する機能の強化のための国家行政組織法等の一部を改正する法律を含む関連法令の施行により，以下の通り体制の整備を実施いたしました。

❶内閣府に宇宙開発戦略推進事務局を設置
❷内閣府に宇宙政策委員会を設置
❸JAXA を中核的な実施機関として位置付ける

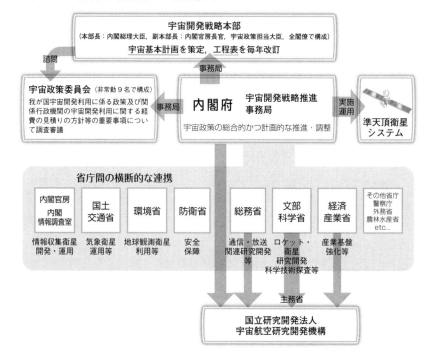

（出典）内閣府ウェブサイトを加工

宙開発委員会とは異なり，安全保障面への配慮等から非公開（後日，議事録・資料をウェブ公開）となっている。近年，宇宙開発利用への国民の関心は高く，世論の効果的な反映のための情報公開にも留意が必要であろう。

4 宇宙航空研究開発機構法（JAXA 法）

宇宙航空研究開発機構（JAXA）は，政府全体の宇宙開発利用を技術で支える中核的な実施機関である。JAXA の活動予算はそのほとんどが国家予算から拠出されており，その活動を規律する宇宙航空研究開発機構法（JAXA 法）の制定・改廃は，国会で行われる。ここでは，JAXA 法の概要について，宇宙基本法を受けて行われた 2012 年の改正点を中心に紹介する。

宇宙の平和目的　JAXA 法 4 条には，宇宙基本法 2 条の宇宙の平和的利用に関する基本理念にのっとり，業務を総合的かつ計画的に行う旨が定められている。既述のように，JAXA の前身である宇宙開発事業団（NASDA）法の国会承認時に，NASDA の目的に「平和の目的に限り」が追加され，平和利用に関する附帯決議がなされた。その後の国会での政府答弁により，その解釈は「非軍事」とされ，宇宙開発事業団が開発した衛星等の自衛隊による利用はいわゆる「一般化論」（第 1 章 V［23 頁］）で認められる範囲に大きく制限されてきた。このため，宇宙開発利用は国家の安全保障とは一線を画し，多額の費用をかけて整備した宇宙インフラを国が国家の安全保障のために効果的に活用することができなかった。また，諸外国のように国の安全保障セクターがアンカーテナンシーとして安定需要を提供したり先端研究に投資することはなく，産業基盤が脆弱であった。

この「非軍事」の宇宙平和利用解釈は，2002 年に成立した JAXA 法 4 条の「平和目的」に引き継がれた（なお，「宇宙」の平和目的原則のため，JAXA の航空分野には適用されない）。

一方，2008 年の宇宙基本法では，わが国の宇宙開発利用は「日本国憲法の平和主義の理念」にのっとり行うこと，すなわち専守防衛の範囲であれば自衛隊等の利用は可能とされた。しかしながら，JAXA 法に引き継がれた宇宙開発事業団法の附帯決議の解釈との関係が不明確であったため，2012 年の JAXA 法改正では，「平和の目的」は，宇宙基本法（すなわち日本国憲法による「専守防衛」

の範囲）と整合的であることを明確化した。

　この「平和目的の正常化」により，JAXA は安全保障を含む政府全体の宇宙開発利用を支える機関となった（下記に述べるように，業務の範囲内の制約は受ける）。また，いわゆる「一般化論」も消滅したため，宇宙技術を活用した部品等の輸出で行われていた「一般化論」に基づく最終用途確認も廃止された（経済産業省による「外国為替及び外国貿易法」ならびに輸出貿易管理令に基づく輸出許可制度に一本化）。

業務の範囲　　　　　　　JAXA は NASDA・ISAS・NAL を統合して設立されたため，その業務内容は，宇宙科学，航空宇宙分野の基礎研究，人工衛星等の開発および打上げ等，幅広い。

　宇宙基本法が「産業の振興」を理念のひとつとして謳ったのを受け，2012年の JAXA 法改正で，人工衛星の開発・運用等に関して，民間事業者の求めに応じて援助や助言を行うことが明確化された（18条1項6号）。JAXA ではこの改正を受けて対応窓口を強化している。なお，この6号に基づいて，経済産業省が JAXA の共管官庁となっている（28条1項8号）。その後の JAXA 法改正により，2020年には科学技術・イノベーション創出の活性化に関する法律に基づく出資を行う機能が追加され（JAXA 法18条11号），2023年には新たに設置される宇宙戦略基金の運営も担い，民間事業者への助成金の交付等を行うこととなった（同条7号）。

　既述のように JAXA 法4条の改正による「平和目的問題の正常化」を受け，安全保障目的での宇宙開発利用が解禁された。防衛目的の人工衛星等やデュアルユース目的の技術開発，安全保障セクターへの技術移転を実施できる環境が整った。しかし，JAXA は JAXA 法18条が定める業務範囲内の活動しか行えないため，「人工衛星等の開発やその打上げ，追跡及び運用」などを超える活動，たとえばミサイルの開発などに直接携わることはできない。

第三者損害賠償への
対応の変遷　　　　　　　人工衛星・ロケットの打上げを担当する公的機関として，JAXA（および旧機関）は，万一の事故に備え，時代の要請に応じた枠組みの下でリスクヘッジをしてきている。その枠組みの変遷をみていきたい。

　1970年に固体燃料ロケットの開発を担当する ISAS が，1975年に液体燃料ロケットの開発を担当する NASDA がそれぞれ人工衛星の初打上げに成功して

Figure**4**.4 ● JAXA によるロケット打上げと第三者賠償枠組みの変遷

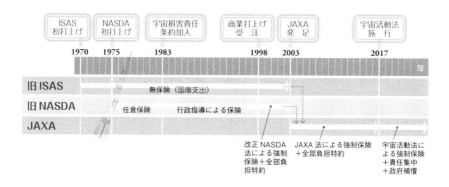

以来，宇宙へのアクセスは両機関に依存してきた。2003 年に両機関は JAXA に統合され，わが国唯一の公的打上げ機関となる。文部科学省傘下の大学共同利用機関であった ISAS は JAXA に統合されるまでは国の機関であり打上げに伴う賠償責任保険は付保していなかったが（国は保険を付保しないのが基本であり，万一の際は賠償支払いが国庫から直接なされるしくみ），国とは独立した法人格を有する特殊法人の NASDA については保険付保が可能であるため，初打上げ（N-I）以降，第三者損害賠償責任保険を任意で付保していた。

　1983 年にわが国が宇宙損害責任条約を含む宇宙関連 3 条約に加入する際，条約の国内履行を担保するための包括的な新規立法が検討されていたが，当時，現実的に宇宙にアクセスできる能力を有する組織が NASDA（政府系の特殊法人）と ISAS に限られていたことから，立法措置は先送りとされ，当面，現行法令の範囲内で対処するとする閣議口頭了解の下，関係省庁間で所要の行政手続について申し合わせがなされた。これを受け，NASDA の監督官庁であった科学技術庁（当時）からの行政指導により，NASDA が人工衛星・ロケットを打ち上げる際には，填補限度額 200 億円（それ以前は 30 億円であったが，当時の諸外国の填補限度額を参考にこの時点で 200 億円に引き上げている）の第三者損害賠償責任保険を締結し，日本政府が同条約に基づき被害国に賠償した際の求償に備えることとされた。

　1990 年代に入り，米国からの国際市場参入規制を受けることのない（第 **3** 章 I 1 [93頁]）H-Ⅱロケットの運用が始まり，さらにそのコスト競争力を飛躍的

に向上させた H-ⅡA ロケットの開発にめどが立つと，H-ⅡA ロケットによる商業打上げサービスを業とする国策会社（㈱ロケットシステム）が発足し，官民挙げての受注活動が本格化していく。結果として，米衛星メーカー大手 2 社からの大量受注（オプションを含め計 30 機）に漕ぎ着けたものの，衛星クライアントを賠償リスクから保護するための公的な第三者損害賠償スキームを速やかに整備することが正式受注の条件とされた（停止条件付契約）。このため，科学技術庁（当時）を中心に，欧米並みの第三者損害賠償スキームすなわち，米商業宇宙打上げ法や米国家航空宇宙法（NASA のロケットやスペースシャトルによる商業打上げのための第三者損害賠償スキームを定めていた），アリアン宣言（欧州関係国間条約）にみられる，商業保険と政府補償を組み合わせた枠組みを構築することとなった。具体的には，ロケットシステム社が受注した商業打上げとはいえ，実際の打上げは同社から委託された NASDA が実施することから，NASDA の活動を規律するための NASDA 設置法の改正により対処可能と判断された。それが，1998 年の改正 NASDA 法であり，上述した欧米のスキームを参考に，強制保険と NASDA への経済的責任集中（実質的に政府補償とほぼ同等の効果をもつ）で構成された。自主打上げの場合には NASDA に保険付保を義務づけること，受託打上げの場合は委託者に保険付保を義務づけ，それを超える損害は国家賠償法 2 条（公の営造物の設置管理瑕疵責任）の適用と民法上の不真正連帯債務の考え方を前提として，他の打上関係者に故意がある場合を除き，NASDA が賠償債務を一手に引き受けるというものである（他の打上関係者への求償は故意がある場合のみに限定）。強制保険については，それまで任意保険であったものを法的義務化したものであるが（付保せずに打ち上げた場合は JAXA に罰則が適用される），塡補限度額については主務大臣が保険市場での引受可能額や外国の付保例，最大蓋然損害（MPL：Maximum Probable Loss. 固体燃料の爆発威力や射場周辺の人口密度等から算出するやり方などがある）等を参酌してロケットの機種別に定めることとされた。

　2003 年に設立された JAXA の個別法についても，基本的にこの改正 NASDA 法を踏襲しているが，ISAS の人工衛星打上げ用ロケット（M-V など）の打上げについても強制保険の対象とされた（観測用ロケットは人工衛星打上げ用ロケットではないため任意保険を付保）。

JAXA 法から宇宙活動法へ

時は前後するが，1990 年代後半，H-ⅡA のベースモデルとなる H-Ⅱロケットの 5 号機と 8 号機が相次いで打上失敗となり，前述の米大手衛星メーカー 2 社からの大量受注がキャンセルされ，ロケットシステム社も解散となる。その後政府の民営化方針を受け，H-ⅡA ロケットは 2007 年の 13 号機の打上げから，その運用を三菱重工業（MHI）に全面移管することになった。同社は JAXA から打上げ施設を借りて，自ら打上げを行い，ロケットに搭載した衛星を軌道投入するという打上げ執行に責任を有し，他方，JAXA は打上げ施設管理者として打上げ安全に責任を有するという，打上げ執行責任者と打上げ安全監理者という二元体制を敷くことになった（H-ⅡB ロケットについても 4 号機から同様の態勢に移行）。旧 NASDA 法から想定されていた受託打上げの範囲は安全監理に限定されたものの，JAXA 法の適用上は受託打上げであることに変わりはなく，保険でカバーされない損害については JAXA が賠償債務を一手に引き受けるスキームは維持された。

H-ⅡA ロケットの運用を三菱重工業（MHI）が担うようになり，また，ベンチャー企業等が自らロケットを打ち上げるような時代に突入したのを機に，今般，民法の特別法としての宇宙活動法が制定され，諸外国に引けを取らない第三者損害賠償スキームが整ったところである。JAXA による打上げについても，同法の適用対象となったため，改正 NASDA 法から JAXA 法に引き継がれた上述の第三者損害賠償スキームは廃止されることとなった。H-ⅡA や H-ⅡB の打上げについては，宇宙活動法上の許可を得て，種子島にある JAXA の打上げ施設を用いて人工衛星・ロケットの打上げを行う者は MHI であり，従来とは異なり，MHI が自ら無過失責任を負い，同社に法律上の責任集中がなされ，保険でカバーしえない損害は政府補償の対象となることになった。なお，打上げ関係者への求償は故意の場合に限定されたが，打上げ施設を管理・運営する JAXA は引き続き安全監理を担うことから，JAXA への求償は故意に限定されない。また，イプシロンロケットの打上げや民間移管前の新型ロケット（H3 など）の実証打上げ段階においては JAXA 自らが打上げ行為者となり活動法上の許可を得るため，JAXA が無過失での責任集中の主体となる。

主務大臣の要求

主務大臣は，国際約束の履行，国際協力の推進，国際的な平和安全の維持のために特に必要な場合や

緊急の必要がある場合に，JAXA に必要な措置を求めることができ，JAXA は
その求めに応じなければならない（JAXA 法 26 条）。宇宙に関係する国際約束を
国が履行する際には，国の中核的な宇宙機関である JAXA は密接な関係がある。
しかし JAXA は独立行政法人として国と別個の法人格を有するため，国が締結
した国際約束を直接履行する立場にない。そのため，国家と異なる法人格をも
つ「私人」である JAXA による国際約束の遵守を明示的に担保するために置か
れた規定である。

　なお，26 条 1 項 2 号（関係行政機関からの外交的な要請への対応）は，宇宙基本
法が外交や国際社会への貢献を宇宙活動の目的として明確化したことを受け，
2012 年の JAXA 法改正で新たに追加されたものである。

監督官庁の追加　　　2003 年設立時の JAXA の監督官庁は，これまでの
　　　　　　　　　　　　流れを汲み，文部科学省と総務省であった。しかし
2008 年の宇宙基本法による国の宇宙開発利用の目的の追加を受け，2012 年の
JAXA 法改正により，従来の主務大臣（文部科学大臣と総務大臣）に加えて，内
閣総理大臣（宇宙の利用推進に関し）および経済産業大臣（民間事業者への援助お
よび助言に関し）が追加され，さらに政令により主務大臣を追加できることと
された（28 条 1 項 6 号）。なお，JAXA の管理業務を司る主務省は旧来どおり文
部科学省である（同項 1 号）。

　他方，外務大臣は JAXA の主務大臣ではないが，外交・安全保障面での宇宙
の重要性の高まりを受けて取組みを強化し，2012 年 5 月に従来の国際科学協
力室から宇宙分野の業務を分離して総合外交政策局に宇宙室（現・海洋・宇宙安
全保障政策室）を設置した。外交面での宇宙の重要性の高まりを受けて，JAXA
法 26 条は，条約や国際約束の履行，国際協力の推進や国際的な平和と安全の
維持に特に必要な場合に，主務大臣が JAXA に必要な措置を求めることができ
る旨を定めている。

　宇宙基本法により，国の宇宙開発利用は従来の研究開発のみならず，安全保
障や外交，産業振興，国民生活の向上等多岐にわたっている。宇宙基本法に基
づく宇宙基本計画で「政府全体の宇宙開発利用を技術で支える中核的な実施機
関」として位置づけられた JAXA は，新たな要請（行政ニーズ）に自らの技術
力（シーズ）をうまく適合・発展させ，迅速的確に対応することが求められて
いる。一方，国における宇宙開発利用の重要性の高まりにより，関係行政機関

等のステークホルダーが増加・多様化している。いわゆる省庁間のタテワリなどを排除し，効果的・効率的に宇宙開発利用を推進する必要がある。

5　宇宙活動法

宇宙活動法に到る過程　2016 年 11 月 16 日に公布された宇宙 2 法のうち，「人工衛星等の打上げ及び人工衛星の管理に関する法律」（「宇宙活動法」）は，国民の福利向上，経済発展等に寄与する宇宙活動を実施するにあたり，①日本が当事国である宇宙諸条約の国内実施の確保，②「危険な活動」とされるロケット・衛星打上げからの公共の安全確保，③損害が生じた場合の無辜の被害者保護，を主要な目的とする（1 条）。射場・ロケットの有無や宇宙活動の進展状況，国の経済体制等により，内容に相違があるとはいえ，各国とも宇宙活動法制定の最大の目的は，宇宙条約 6 条——非政府団体（企業，私立大学等）の宇宙活動に対しても国家が直接に国際責任を負う独特の制度を創設——の履行確保である（第 2 章 Ⅲ 5 (1)〔43 頁〕参照）。日本では，1983 年に宇宙救助返還協定，宇宙損害責任条約，宇宙物体登録条約に一括加入するにあたり，条約履行確保のための国内法の必要性が議論され実際に法案も起草されたが，許可・監督権限をめぐり関係省庁間で折合いがつかなかったため，国会への提出は見送りとなった。当時は，私企業によるロケット打上げの可能性はなく，また衛星管理もすべて国または国と特別の関係にある法人が実施していたため，国内立法は不要と整理するに至った（閣議口頭了解）。四半世紀後，開発から利用（汎用利用・安全保障利用を含む）へと日本の宇宙政策を転換することを宣言した宇宙基本法（2008 年）が制定された際にようやく，同法（35 条）とその附帯決議（衆院・参院の内閣委員会がそれぞれ採択。各 6 項）に基づき，2008 年 8 月の同法施行から 2 年以内に，宇宙ビジネス振興を主眼とする宇宙活動法を制定することが強く要請された。しかし，政権交代や東日本大震災等により，立法作業は滞り，宇宙 2 法が制定されたのはさらにその 6 年後となった。以下，宇宙活動法の内容と特色について記述する。

2 種類の宇宙活動許可　宇宙活動法は，内閣府の大臣としての内閣総理大臣が付与する 2 種類の活動の許可制度を定める。ひとつは，私人（国籍を問わない）が，①日本国内に所在する打上げ施設または日本

国籍を有する船舶・航空機から、②ロケットを打ち上げて、③衛星を地球周回軌道もしくはその外、または地球以外の天体に配置し使用するときに、打上げごと（複数衛星の同時打上げについては、1つの打上げ許可）に必要とされる、打上げ許可である（「打上げ許可」4条1項。なお、「人工衛星」「人工衛星等」「打上げ施設」等の定義は2条参照）。「打上げ」行為は、衛星を搭載したロケットの発射から衛星を分離する時点までをさす（2条5号）。打上げ施設を管理・運営する者は、打上げ許可申請者と同一である必要はない。

　もうひとつは、地上から衛星の位置、姿勢、温度等の状態を制御し衛星を操作する活動——「衛星管理」——についての許可である。衛星は通信、リモートセンシング、測位航法などミッションごとに必要とする機器（センサー）は異なるが、ミッション機器を搭載する構造物として衛星自体（衛星バス）の姿勢や温度を正常に保ち、所定の軌道を運航するためには、追跡管制（「TT&C」）を行う地上局（本法では「人工衛星管理設備」という。定義は2条6号）との間で電磁波での送受信が必須である。宇宙活動法上の衛星管理（「人工衛星」の定義は広く、天体に配置して使用する人工物体も含む）には、宇宙空間での運航の操作に加えて、スペース・デブリ除去の一環として、宇宙空間にある衛星を、意図的に高度を下げて大気圏内に再突入させて燃焼させることも含む（22条4号イ）。①日本領域内に所在する人工衛星管理設備、または②日本国籍を有する船舶もしくは航空機もしくは日本が管轄権を有する人工衛星に搭載された人工衛星管理設備を用いて衛星管理を行おうとする私人（国籍を問わない）は、衛星1機ごとに衛星管理許可を取得しなければならない（20条）。②の条件は2021年の宇宙資源法（後掲**7**）の制定に伴う宇宙活動法の改正により加えられた。将来、月または小惑星に配置され、宇宙資源の探査・開発に携わるローバー、ロボットなどの人工物体が当該天体近傍の宇宙ステーションや大型衛星に搭載された人工衛星管理設備により管制される可能性を念頭に置いたものである（①、②の人工衛星管理設備を以下「国内等の人工衛星管理設備」という）。

打上げ許可取得の条件 ✴　宇宙活動法上の打上げ許可が必要な場合は、前述のように、衛星を地球周回軌道を含みそれ以遠に配置する場合に限られ（2条2号・3号・5号、4条1項）、弾道軌道を描く飛行体の打上げは、宇宙活動法の許可の範囲外である。このような飛行物体には、防衛目的のミサイル、科学研究のための観測ロケット（サウンディング・ロケット）、有

人観光機等が含まれ，ミサイルは自衛隊法等，観測ロケットは火薬類取締法等，それぞれ関連する法規制の下に置かれる。政府・私人を問わず，日本には有人弾道飛行を行うための機器を開発整備する技術が存在せず，関連法規制も存在しないため，弾道軌道を用いる有人観光飛行は事実上の禁止状態に置かれている。地球周回軌道に乗る有人物体は，「人工衛星」の定義に含まれうるため，宇宙活動法の打上げ許可対象から明確にはずれるわけではない。しかし，日本では，政府・私人を問わず，有人ロケット開発の実績がなく，そのため，乗員の安全を確保する打上げ許可基準を設定し，適切に事業者を監督する能力をいまのところ政府が持ち合わせないことから，同法に基づく有人地球周回ロケットの打上げは想定されていない。この点，宇宙活動法の適用範囲外にある有人弾道飛行と同じ状況にある。

国内に技術がないための事実上の禁止は，2016年当時には合理的な判断であったかもしれないが，世界的には，弾道軌道・地球周回の宇宙観光は，宇宙ビジネスとして確実に離陸しており，2030年代には大きな発展が予想される。日本も，必ずしも国産で有人観光宇宙機を開発する必要はなく，有人機を輸入して日本国内で，ビジネスを開始する可能性もあるだろう（第 **5** 章 Ⅱ **2**［248頁］）。現在の世界の宇宙ビジネスの発展の方向性に照らして，宇宙活動法，航空法の改正その他の法整備を行うことが望ましいであろう。

打上げ許可を付与するための要件は，①安全なロケットを，②安全な施設から，③安全な方法で打ち上げることが確認され，かつ，④搭載する衛星の利用の目的・方法等が宇宙諸条約および宇宙基本法の基本理念（同法2条〜7条）に合致していることである（宇宙活動法6条・13条〜18条）。通信，リモートセンシングなどの個々のミッションの成功の蓋然性は許可付与の条件として考慮されない。新たなロケットを開発した場合には，宇宙活動法施行規則（平成29年内閣府令50号）7条で定める「ロケット安全基準」に合致しているか否かの安全審査が厳密に行われるが，開発後何度も使用されたタイプのロケット（たとえばH-ⅡAロケット）を，やはり多数回使用され，安全であることが証明されている打上げ施設から打ち上げる場合には，打上げ許可申請者・ロケット開発者等が，使用するロケットがロケット安全基準に合致した設計であることを証する「ロケットの型式認定」（宇宙活動法13条，施行規則13条）を，打上げ施設管理者（種子島，内之浦の場合はJAXA）が「型式別施設安全基準」を満たしてい

るという打上げ施設の「適合認定」（宇宙活動法16条，施行規則16条）を，内閣総理大臣からあらかじめ取得しておくことにより，打上げ許可申請者は，ロケットの型式認定番号，打上げ施設の適合認定番号を申請書に記載することで，申請手続を紙ベースで行うことができ，許可付与までの時間が短縮される。打上げ許可付与までに要する標準期間は，ロケット型式認定，施設適合認定を受けている場合には1〜3カ月，それ以外の場合は4〜6カ月と考えられている。

　JAXAは，上記打上げについて，許可を必要とはするが，許可の目的が公共の安全を確保する打上げであることから，これまでの実績に鑑み，申請手続は簡略化することができる（宇宙活動法19条）。

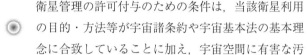

衛星管理許可取得の条件　衛星管理の許可付与のための条件は，当該衛星利用の目的・方法等が宇宙諸条約や宇宙基本法の基本理念に合致していることに加え，宇宙空間に有害な汚染をもたらし，または衛星からスペース・デブリが多数放出され他国の活動に対する潜在的干渉となることを防止するという，宇宙条約9条の宇宙環境保護規定（第2章Ⅲ6(2)〔59頁〕）を履行するための措置が適切にとられていることが確認されることである（宇宙活動法22条，施行規則22条〜24条）。衛星運用期間の意図しない機器等の飛散防止のしくみ，他の衛星との衝突を回避する措置（宇宙活動法22条2号〜3号）がとられ，また，デオービット，リオービット等の運用軌道に対応するミッション終了時のデブリ低減措置（同条4号イ〜ニ）がとられているか否かが審査事項となる。法律自体に衛星管理の許可条件としてデブリ低減措置が同法ほど具体的に規定されている国内法は，制定から7年経った現在でも存在しない。内閣府宇宙開発戦略推進事務局は，デブリ低減措置のための許可付与条件の細則としてのガイドライン（最新版は2022年5月30日改訂第2.1版）や，そのなかでも特に新規の活動としてのランデブーまたは近接運用（RPO）（第5章Ⅱ6〔277頁〕）を行う軌道上サービスに特化したガイドライン（2021年11月10日初版）など，世界でも最先端の宇宙環境保護のための許可付与基準を作成し続けており，日本の実行は世界的にもベスト・プラクティスといえる。

　20世紀末以降，軌道上での衛星売買を含む衛星管理の移転が頻繁にみられるようになり，21世紀に入って制定されたフランス法は，フランス法上の許可を受けた衛星管理が国内外の他の運用者に移転される場合，フランス法上の

Figure**4**.5 ◉ 軌道上の管理移転における許認可

日本法の特色：軌道上移転は運用者の国籍と人工衛星管理設備の設置場所の組み合わせで決定

▼ 譲渡人 　　　　　譲受人▶	日本人／管理設備が日本に所在	外国人／管理設備が日本に所在	日本人／管理設備が国外に所在	外国人／管理設備が国外に所在
日本人／管理設備が日本に所在	認　可	認　可	届　出	届　出
外国人／管理設備が日本に所在	認　可	認　可	届　出	届　出
日本人／管理設備が国外に所在	許　可	許　可	規定なし	規定なし
外国人／管理設備が国外に所在	許　可	許　可	規定なし	日本と法的紐帯なし

（注）「日本」には日本が執行管轄権を有する船舶・航空機・衛星を含む。

許可に基づかない衛星の管理をフランス人が譲渡される場合の双方に許可取得を条件づける（3条）。オーストリア法も同様である（8条）。日本の宇宙活動法は，衛星管理を譲渡される者（譲受人）が日本国内等の人工衛星管理設備から当該衛星を管理するときには，譲渡と譲受についてあらかじめ認可を求め（法26条1項，施行規則27条1項），日本領域外（日本領域外に位置する日本が執行管轄権を保持する船舶・航空機・衛星を除外）から管理する場合は，譲渡の届出を要請する（法26条2項，施行規則27条2項）。前者において許可ではなく認可にとどまるのは，迅速で円滑な取引が可能となることが，多様な形態をとる衛星管理ビジネスの促進に有益であると考慮されるためである（Figure**4**.5参照）。

属地主義の採用 ◉ 　打上げ許可，衛星管理許可ともに，属地主義に基づき，日本領域外からの日本人の衛星打上げや日本領域外に所在する人工衛星管理設備（ただし，日本国籍の船舶・航空機に搭載され，または日本が管轄権を行使する衛星に搭載されたものは除く）を用いた衛星管理については，許可は不要とされている。また衛星の軌道上の管理移転についても，日本国外に所在（日本国籍の船舶・航空機または日本が管轄権を行使する衛星を除く）する人工衛星管理設備からの管理に移転する場合には，管理者の国籍にかかわらず，届出で十分とされ，日本国内等の設備管理者への移転の場合のような認可は求められない。

一般的には，国内法は，外国領域からの打上げや衛星管理について，属人主義に基づき許可を要求する。そうではない少数派に属するオランダ法（2条1項）やベルギー法（2条1項）も，当該外国領域が宇宙条約の当事国でない場合（オランダ法2条2項）や属人管轄権行使を規定する国際協定が存在する場合（ベルギー法2条2項）など一定の条件に基づいて，許可取得義務者を自国領域外に拡張することができるが，日本法は例外なしに属地主義を規定する点で，最も徹底している。日本法が属地主義を選択した理由は，1つの宇宙活動につき複数国の許可を義務づけることにより，宇宙ビジネスが迅速・円滑に進まないことを回避する意図があることとともに，自国領域外での私人の行為には執行管轄権は及ばないため，領域外の活動を国際責任を負うべき「自国の活動」（宇宙条約6条）とは位置づけない政策的な決断をしたことにある。もっとも，外国からの衛星管理により，日本人が国際法違反とされる行為を行ったとき――たとえば衛星が兵器を搭載しており，宇宙空間で他の衛星を攻撃して破壊した場合など――には，宇宙条約その他の国際法に基づいて，日本の国際責任の有無が問われることとなる。

第三者賠償制度 ◉ **地上落下についての無過失責任**　宇宙活動法では，ロケットの打上げ行為の最中（衛星分離後か否かを問わない）にロケットが地上，水中，飛行中の航空機等の飛翔体に落下し，物理的損害を与えた場合（「ロケット落下等損害」。定義は2条8号）には，打上げを行った者（打上げ許可を受けた者〔「打上げ実施者」（7条1項）〕であるか否かを問わない）が第三者に対する無過失完全賠償責任を負う（35条）。分離後，運用されていた衛星が地上，水中，飛行中の航空機等の飛翔体に落下して物理的損害を与えた場合（「人工衛星落下等損害」。定義は2条11号）には，衛星管理者がやはり無限責任としての第三者に対する無過失賠償責任を負う（53条）。これは，危険な活動から無辜の被害者を保護するという危険責任主義の考え方とともに，宇宙損害責任条約2条が，外国・外国人に対して地球上での損害については，無過失完全賠償を義務づけているため（第2章Ⅲ5(4)[50頁]）である。国際条約が直接に国内法のありかたを規定するわけではないとはいえ，日本人である被害者に外国人と同等の保障が与えられないのは不合理であるという考え方からも，無過失無限責任が規定されている。このような厳しい無過失賠償責任に免責事由は設けられていないが，不可抗力の場合など裁判所が賠償について斟酌

することは可能である（37条・38条）。

　他方，ロケット，衛星が宇宙空間で第三者に与えた損害についての賠償責任については宇宙活動法には規定がない。過失の認定，損害額の算定等をいずれの国の国内法に基づいて行うかという問題は生じるが，宇宙損害責任条約，関係国内法等により解決される問題とされている。宇宙活動法に宇宙空間での損害についての規定がないのは，宇宙活動法の目的が，公共の安全と無辜の被害者の保護であり，危険な活動と了知して実施する者の保護を特に図る必要はないからである。もっとも，この点は宇宙ビジネス促進の観点から，特に中小の衛星運用企業に十分なビジネスの予見可能性を与え，かつ保護するものであるかという論点はありうる。

　打上げを行う者への責任集中と政府補償　　ロケット落下等損害の賠償責任は，打上げを行う者に責任集中され，衛星運用者や衛星製造者等は，当該賠償責任を負わない（宇宙活動法36条）。米国法（51 USC §50914），フランス法（13条），韓国法（宇宙開発振興法14条，宇宙損害賠償法4条）なども同様の責任集中制度を置く。責任集中制度を置く理由は，被害者が迅速に賠償を得られるという利点があり，また，宇宙機器製造者，部品提供者，衛星運用者などを賠償責任から除外することにより，機器産業従事者には宇宙ビジネスへの参画の障壁を下げ，打上げ顧客には安心を与えることにより，日本のロケット利用を促すことができる，という宇宙ビジネス促進の目的に適う点が挙げられる。

　打上げ実施者は，ロケットの型式，打上げ施設ごとに内閣府令が算定するMPLの金額を充てることができる第三者損害賠償責任保険（TPL〔Third Party Liability〕保険）を手配するか供託をする義務を有する（宇宙活動法9条）。宇宙活動法制定後当面の間は，日本が有するすべてのロケットについて200億円のTPL保険手配が義務づけられていたが（宇宙活動法9条2項，施行規則9条の2および別表），2021年8月30日付で，種子島宇宙センターから打ち上げられる標準的なH-IIA（202型）については60億円，内之浦宇宙空間観測所からのイプシロンについては30億円に引き下げられた。新型のH3については99億円（22型）とした一方で，スペースポート紀伊からのカイロスロケットについても24億円と規定し，初めて民間ロケットに対する責任限度額を示した（内閣府告示第121号）。

　通常テロ，戦争，大規模自然災害などはTPL保険の免責事由とされて引受

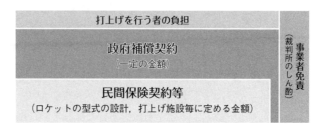

Figure**4**.6 ◉ 地上第三者損害賠償制度

打上げを行う者の負担	
政府補償契約 （一定の金額）	事業者免責 （裁判所のしん酌）
民間保険契約等 （ロケットの型式の設計，打上げ施設毎に定める金額）	

（出所）内閣府ウェブサイト（http://www8.cao.go.jp/space/
comittee/27-housei/housei-dai7/siryou1.pdf）

けがなされないため，政府は，打上げ実施者と「ロケット落下等損害賠償補償
契約」（定義は宇宙活動法 2 条 10 号）を締結し，損害賠償担保措置額を上限とし
て，テロや大規模自然災害などの理由で保険金が支払われない場合に政府が補
償することを定めることができる（同法 40 条 1 項）。打上げ実施者は，TPL 保
険契約とともに必ずこの補償契約を政府と締結することが打上げ許可に付され
る条件となる（同法 9 条 2 項）。また，ロケット落下等損害によって生じた損害
が損害賠償担保措置額を超えるほど巨額の場合に，打上げ実施者に対する産業
支援の一環として，内閣府令で定める金額（3500 億円）を上限として補償する
ことができる（同法 40 条 2 項・43 条）（Figure**4**.6）。

　衛星管理者の第三者賠償制度　　衛星が地上に落下して損害を生ぜしめた実
例がきわめて少ないことから，衛星管理者には，ロケット打上げ実施者に課さ
れている財政担保措置の義務はないが，同時に政府補償も存在しない。万が一，
地上で物理的損害が生じたときには衛星管理者が無過失無限責任を負うことに
なる（宇宙活動法 53 条）。また，宇宙空間においてもこれまでは，世界に認識さ
れた衛星どうしの衝突は 1 度しか生じていないが（2009 年の米・露の衛星衝突事
故），大規模衛星コンステレーションビジネス（第 **5** 章Ⅱ **1** ［244 頁］）が急速に
発展する現在，軌道環境は数年前とは一変した。衛星管理者にも TPL 保険手
配義務を課すと同時に，政府補償を考慮することの必要性について真剣に考慮
する必要があるだろう。英国は世界に先駆けてその制度を導入し（後述Ⅱ **2**(3)
［200 頁］参照），日本でも宇宙政策委員会等で議論が続けられている。

6 衛星リモートセンシング法

衛星リモセン法の必要性

衛星リモートセンシング記録の適正な取扱いの確保に関する法律（衛星リモセン法）は，衛星リモートセンシング装置の使用にかかる許可制度と，その使用によって作られる衛星リモートセンシング記録の流通に関する規制とを定めた法律である。衛星リモートセンシング装置を搭載した衛星そのものの物理的な運用は，衛星リモセン法の対象ではなく，宇宙活動法によって規律される。逆にいえば，リモセン衛星を自ら打ち上げ，搭載した衛星リモセン装置を使用してデータ販売等のビジネスを行う事業者は，分解能等の要件に該当すると，宇宙活動法に基づく人工衛星管理の許可と，衛星リモセン法による衛星リモセン装置使用の許可を重ねて取得しなければならない。

宇宙活動法の下では，衛星利用の目的および方法が宇宙条約等の的確かつ円滑な実施および公共の安全の確保に支障を及ぼすおそれがある場合，その衛星の打上げや管理が許可されないことは定められているが（宇宙活動法6条4号・22条1号），衛星に搭載された装置（いわゆるミッション装置）を直接に規律する制度はない。リモートセンシングに限って衛星リモセン法を定め，ミッションおよび製品に関する規制を上乗せする理由は，第一義的には，高性能の衛星リモセン装置によって得られた解像度の高い衛星リモセン記録（いわゆるリモセンデータ）が，悪用を意図する国や国際テロリストなどの手にわたる危険を避けるためである。もっとも，リモセン衛星やその部品の調達に際して，リモセンデータの悪用を防止する措置の実施が要求される場合もあるので，安全保障上の要請だけではなく，衛星リモセン装置を利用したビジネスの振興にも結びつくという側面もある。内閣府宇宙開発戦略推進事務局では，法令の趣旨をふまえた申請マニュアルやガイドラインを制定し，ビジネス関係者などの利便性確保に努めている。

衛星リモセン装置の使用

衛星リモセン法の適用を受ける衛星リモセン装置は，衛星に搭載され，電磁波を用いて地表または水面（これらに近接する地中または水中を含む）を観測する装置のうち，一定以上の分解能（対象物判別精度）を有するものである（衛星リモセン法2条2号）。2023年12月時点では，光学式の衛星リモセン装置では分

解能2m以下，合成開口レーダー（SAR）による方式の装置では3m以下など
と定められている（同法施行規則2条。ハイパースペクトルセンサー，熱赤外センサー
についても規定がある）。地球表面ではなく，天体や宇宙空間を観測する衛星リ
モセン装置は，特に規制を受けない。

　これらの衛星リモセン装置を，日本国内の操作用無線設備から操作して使用
する者は，内閣総理大臣（内閣府）の許可を受けなければならない（衛星リモセ
ン法4条1項）。許可を受けるためには，衛星リモセン装置の使用者自身が国際
テロリストや所定の犯罪を犯して処罰された者でないこと（衛星リモセン法5条，
同法施行令3条）は当然として，衛星リモセン装置に対する外部からの不正ア
クセスを防止する措置および衛星リモセン記録の漏洩，滅失，損傷を防ぐため
の安全管理措置が講じられていなければならない（衛星リモセン法6条）。許可
は衛星に搭載された装置の使用を対象とするので，地上で受信する設備の使用
者は，直接には規制を受けないが，受信設備の設置場所や管理方法は，衛星リ
モセン装置の許可に際して，審査の対象となる（衛星リモセン法6条1号，同法
施行規則6条2号参照）。

　許可の実効性を担保するため，許可を受けた衛星リモセン装置の使用者には，
いくつかの義務が課される。まず，衛星リモセン装置および観測されたデー
タ（検出情報電磁的記録）に対して許可を受けた者以外の者がアクセスしないた
めに暗号化等の措置を講じる義務がある（衛星リモセン法8条）。また，許可を
受けた受信設備以外の受信設備を使用しない義務，および許可を受けた軌道を
外れたときは衛星リモセン装置を停止する義務を負う（衛星リモセン法9条・10
条）。さらに，衛星リモセン装置に対する信号の送信や観測データの受信，衛
星リモセン記録の他者への提供など衛星リモセン装置の使用状況について記録
し，保存する義務を課せられている（衛星リモセン法12条，同法施行規則13条）。

**衛星リモセン記録
の流通の規制**　◉　衛星リモセン装置によって得られる観測データのう
ち，テロリスト等の手にわたることが望ましくない
と考えられるものは「衛星リモセン記録」と定義
され，その流通が規制される。具体的には，補正処理等を施していない「生
データ」と補正処理を施し，かつメタデータを付した「標準データ」を区別し
て，生データについては，センサーが光学式の場合は分解能（対象物判別精度）
2m以下，センサーがSARの場合は分解能3m以下で，いずれも記録されて

から5年以内のもの，標準データについては，センサーが光学式の場合は分解能25 cm未満，センサーがSARの場合は分解能24 cm未満のもの，などが規制の対象である（衛星リモセン法2条6号，同法施行規則3条1項。ハイパースペクトルセンサー，熱赤外センサーについてもそれぞれ規定がある）。

このようにして定義された衛星リモセン記録は，原則として，許可を受けた衛星リモセン装置の使用者，特定取扱機関または認定を受けた衛星リモセン記録取扱者の間でのみ流通させることができる。すなわち，衛星リモセン記録の保有者は，これら以外の者を相手方として衛星リモセン記録を提供してはならない（衛星リモセン法18条）。特定取扱機関には，所定の国および地方公共団体の機関のほか，米国，カナダ，ドイツおよびフランスの政府機関が含まれる（衛星リモセン法施行令）。これらの4カ国は，衛星リモセン活動に関する国内法を制定しており，衛星リモセン記録の適切な取扱いが確保されるので，センシティヴな衛星リモセン記録を提供しても問題がないと考えられたわけである。

衛星リモセン記録取扱者の認定は，センサーの種類および生データ・標準データの区別に応じて，内閣総理大臣（内閣府）に対して申請する（衛星リモセン法21条1項，同法施行規則22条）。内閣総理大臣は，申請者が国際テロリストである等の欠格事由に該当せず，かつ国際社会の平和の確保等に支障を及ぼすおそれがない場合には，認定をしなければならない（衛星リモセン法21条3項）。安全管理措置の実施や衛星リモセン記録を取り扱う場所なども，国際社会の平和の確保等に支障を及ぼすおそれの観点から審査される（衛星リモセン法施行規則25条）。認定を受けた衛星リモセン記録取扱者は，衛星リモセン記録の提供の日時と相手方，加工や消去の状況などについて記録し，保存する義務を負う（衛星リモセン法23条，同法施行規則30条）。また，衛星リモセン記録の提供を受けると，衛星リモセン記録保有者になるので，衛星リモセン装置の使用者と同様の安全管理義務が課せられる（衛星リモセン法20条，同法施行規則7条）。

以上の規制の例外として，国政調査権の行使や裁判所の命令による場合など公益上の必要による場合，および人命救助や災害対応など緊急の必要がある場合には，認定を受けた衛星リモセン記録取扱者や特定取扱機関以外の者に対しても衛星リモセン記録を提供することができる（衛星リモセン法18条3項）。他方，通常は許される相手方に対する衛星リモセン記録の提供や，原則として流通規制の対象とならない観測データであっても，国際社会の平和の確保等に支

障を及ぼすおそれがあると認めるに足りる十分な理由があるときは，内閣総理大臣が，対象となる観測データおよび期間を定めて提供の禁止を命ずる場合がある（衛星リモセン法19条，同法施行規則3条2項）。後者の命令は，いわゆるシャッターコントロールを可能にするものである。

7 宇宙資源法

宇宙活動法と宇宙資源法 ◉ 　民間企業による宇宙資源開発が現実のものとなり，その市場で日本の宇宙ベンチャー企業 ispace 株式会社が存在感をもつようになったことを背景として，2021年に宇宙資源の探査及び開発に関する事業活動の促進に関する法律（宇宙資源法）が議員立法として制定された。立法の選択肢としては，宇宙資源開発をきわめて特殊な活動ととらえて自己完結的な制度を設けることも考えられたが，宇宙資源法は，宇宙資源の探査・開発も人工衛星管理の一類型として位置づけた上で，その特性に照らし必要とされる限度で，宇宙活動法に基づく人工衛星管理許可の特例を設けることとした。

　その結果，法律の適用範囲や用語の定義は宇宙活動法と一致する。具体的にいえば，宇宙資源法は，「国内に所在し，又は日本国籍を有する船舶若しくは航空機若しくは我が国が管轄権を有する人工衛星として内閣府令で定めるものに搭載された人工衛星管理設備（以下「国内等の人工衛星管理設備」という。）」（宇宙活動法20条1項）を用いて宇宙資源の探査および開発を行う場合に適用される。この適用範囲に含まれる宇宙資源の探査・開発活動については，宇宙活動法が人工衛星管理許可の申請に際して要求する事項（同条2項各号）が適用された上に，さらに加えて，宇宙資源の探査および開発を行う目的，期間，実施地点，方法，事業活動の内容，資金計画および実施体制を記述した事業活動計画書を提出しなければならない（宇宙資源法3条1項，同法施行規則3条2項・様式第一）。

申請の審査と許可の公表制度 ◉ 　天体上では，有用な宇宙資源が存在するとされる限られた地点に海外の事業者を含む複数の企業が争って集まり，宇宙資源の探査・開発を行う可能性があるので，そうした状況に該当するかどうかの審査は，特に重要である。許可が

与えられるための要件は，宇宙基本法の理念に則していること，宇宙の開発および利用に関する諸条約の的確かつ円滑な実施および公共の安全の確保に支障を及ぼすおそれがないこと，申請者に事業活動計画を実行する十分な能力があることであり（宇宙資源法3条2項），限られた宇宙資源の探査・開発を委ねるにふさわしい主体かどうかが審査されることとなる。

　法が定める要件に照らして許可が与えられた場合，内閣総理大臣は，「インターネットの利用その他適切な方法により」，資金計画・実施体制以外の事業活動計画書の内容を公表する（宇宙資源法4条）。あえて「インターネットの利用」と明示している理由は，許可の発行が国際的に周知されることを担保しようとした趣旨と解される。限られた採掘地点での探査・開発活動の競合は，他国の事業者との間で起こる可能性が大きいが，国際条約により調整の制度が確立しているわけではないので，そうした競合を直接的に規制することはできない。そこで，せめて日本政府が宇宙資源探査・開発の許可を発行した事実を外国政府にもわかる形で公表し，外国政府の側で適切な行動（同じ地点で宇宙資源の探査・開発を行うことに対する許可を控えること）に期待しているわけである。

　日本も原署名国となっているアルテミス合意では，署名国が各国の宇宙活動の衝突を回避するため，情報を相互に提供して共有することとされている（第11部5項）。より具体的なメカニズムとして，宇宙資源開発などを行う地点の周囲に安全区域を設定することも認められる（同7項）。宇宙資源法は，安全区域という考え方を直接には取り込んでいないものの（許可を申請する事業者が事業活動計画書のなかに記載することは可能であろう），他国に対して許可された活動に関する情報を提供し，衝突を未然に防ぐという考え方において，アルテミス合意と共通しているといえよう。そして国は，そうした国際間の情報共有を推進するために必要な施策を講ずる責務を負う（宇宙資源法7条2項）。

国際的協議による衝突の回避　　対外的に情報を共有したはずであっても，情報が正しく共有されなかったり，場合によっては無視されたりして，他国の宇宙活動との衝突が起こりそうになることがあるかもしれない。その場合には，「潜在的に有害な干渉を及ぼすおそれ」（宇宙条約9条）があるとして，国際的協議により解決しなければならないが，協議を行う主体は国である。宇宙資源開発を行う事業者としては，他国の事業者等とトラブルになった場合，日本国政府に対して国際間の協議によ

る解決を要請することになるわけである。宇宙資源法には，そのプロセスが明示的には書かれていない。しかし，国は宇宙資源開発を行う民間事業者に対して，「当該事業活動に関する技術的助言，情報の提供その他の援助」を行うものとされている（宇宙資源法8条）。これは産業政策的な意味の支援だけではなく，事業者がトラブルに巻き込まれた際には国際的協議を実施するということまで含んでいると読むべきであろう。そして，国内的に政府のそうした対応を要請する手続は，あらかじめ制度化しておくことが望ましい。「国際的な調整を図るための措置」を講ずるという国の責務（宇宙資源法7条2項）は，それを意味しているというべきである。

**採取された宇宙資源
の所有権** ◉ 宇宙資源法の下で宇宙資源の探査・開発の許可を受け，事業活動計画に従って宇宙資源を採掘した場合，採掘された宇宙資源については，許可を受けて採掘を行った者が，所有の意思をもって占有することにより所有権を取得する（宇宙資源法5条）。これは所有権の原始取得であり，「所有の意思をもって占有する」という要件の文言から，無主物の先占（民法239条1項）の一種であると考えられる。

　天体やその表面に対する所有権が否定されていること（宇宙条約2条。第**2**章Ⅲ**2** [36頁]）に照らすと，宇宙資源は，埋蔵されている段階では無主物であると解することが国際的にも妥当であろう（月協定11条3項1文はこの点を明示する）。正当な手続に基づいて採取した資源について，天体の表面から分離されると同時に採取者の所有権が発生するという制度は，日本の鉱業法と共通する（直接的に所有権発生の根拠規定はないが，鉱業法2条・8条参照）。

　もっとも，日本の領域内に適用され，日本の国内法によって所有権の成否が規律される鉱業法上の鉱物資源とは異なり，宇宙資源の場合は，なぜ日本法によって所有権を基礎づけることができるのかという疑問があるかもしれない。国際私法の問題として考えると，物権の準拠法は一般に物の所在地法によって規律されると考えられるが（法の適用に関する通則法13条1項），宇宙資源の所在地である天体は特定の国の領域に属さず，所在地法が存在しえない。そこで，国際私法の大原則として最も密接な関係がある地の法が適用されると考えれば，宇宙資源を取得する原因となった活動に対して，宇宙活動法20条・23条・30条および宇宙資源法3条などに基づき国際法上の許可と継続的な監督（宇宙条

約6条）を実施する国として，日本が最密接関係地となり，日本法に基づく所有権の発生が根拠づけられるといえるであろう。

Ⅱ 諸外国の宇宙法

　海外で宇宙ビジネスを行う場合には，当然のことながら各国の法律に従った許可の取得や契約の締結等が必要となってくる。ここでは諸外国で宇宙ビジネスを行うにあたって必要な関連法の概要を紹介する。各国の立法においては自国の宇宙政策の実態に即した違いがある。自立的な打上げ能力を有する国においては，自国からロケットを打ち上げることを前提としているため，打上げにおける安全管理等に関する規制が大きな部分を占める。これに対して打上げを他国に依存する国の場合には，一見類似の形態をとっているようにもみえるが，実際のところは，衛星の追跡管制やデータの受信や配布を主要な活動と位置づけていることから，それらの許認可制度や関連産業の国内誘致政策を色濃く反映した立法を行う傾向にある。したがって各国の宇宙関連法を参照するにあたっては，まず当該国においてどの主体のどの行為が規制対象となっているかに着目する必要がある。包括的に宇宙活動全体を規制対象としている国もあれば，あえて一部の活動を対象から除外している国や，具体化を避けて広範な活動を規制対象とする国も見受けられる。ただし，いずれの国も宇宙諸条約において規定されている自国の義務の確実な履行や負担する可能性のある人的および財政的な損害の極小化を念頭に立法を行っており，この観点では共通する規制も多い。

1 自立的打上げ能力を有する宇宙活動国

　現在，自立的に人工衛星を打ち上げる能力を有する国は，ロシア（旧ソ連），米国，フランス，日本，中国，インド，イスラエル，イラン，韓国，ニュージーランド，北朝鮮（成功順）の11カ国にすぎない（英国はかつて豪州領域から打上げ能力を獲得したが後に政策的に放棄しているため除いた）。このなかでは米国とフランスが宇宙活動法発展の先駆け的存在である。その後，旧ソ連崩壊後に立法

を行ったロシア，独自の有人宇宙計画に乗り出し，2000年代初頭に立法した中国，そして自主ロケット打上げを目指してきた韓国の立法が続いてきた。さらにニュージーランドでは民間事業者による打上げが先行し，急速に法整備がなされた。なお，宇宙活動法をもつ国に共通する特徴として，規制対象に関し，自国民や自国の法制に従って設立された法人が実施する打上げを対象とする属人主義と，自国領域または自国の施設から実施される打上げを対象とする属地主義の双方に基づく立法管轄権を行使している点があげられる。ここには，宇宙損害責任条約に規定される国際法上の第三者損害賠償責任を打上げ国として負う可能性が発生する行為を，網羅的に規制しようとする各国の意図が働いている。他方，多くの国では，自国民が自国領域外で打上げを実施する場合には，当該打上げが他国の宇宙活動法制に関する規制に服する場合に限って，自国の規制権限を及ぼさないこととしている。これは宇宙活動国同士が相互に打上げ許可を承認しあうことで二重審査等の過度な負担を事業者に課すことを防止しようとしたものと考えられる（なお，衛星リモートセンシング事業に対する各国の規制については**3**［203頁］にて扱う）。

(1)　米　国

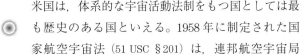

**商業宇宙活動の
パイオニア**

米国は，体系的な宇宙活動法制をもつ国としては最も歴史のある国といえる。1958年に制定された国家航空宇宙法（51 USC §201）は，連邦航空宇宙局（NASA）を設立するとともにその活動を民生宇宙活動の実施に限定し，防衛目的での宇宙活動は国防省が責任をもつことを明記するなど，米国政府が実施する宇宙活動の基本原則を定めた。新自由主義政策をとるレーガン政権は，1984年に商業宇宙打上げ法（Commercial Space Launch Activities Act：51 USC §509）を制定し，宇宙機打上げ用ロケットの商業化を図るとともに，打上げに対する許認可制度を確立した。現在では同法に基づき，米国政府のための使い捨てロケットによる打上げはULA社（United Launch Alliance：米空軍向けにアトラスVロケットを製造するロッキード・マーティン社とデルタⅡおよびデルタⅣを製造するボーイング社の合弁企業として2006年に設立）に委託され，ヴァンデンバーグ空軍基地等の米国内射場から打ち上げられている。また，NASAは，1998年に制定された商業宇宙法（Commercial Space Act）に基づいてスペースシャトルプログラムに代わる

宇宙輸送サービスの民間からの調達を検討し，2006年に商業軌道輸送サービス（Commercial Orbital Transportation Services：COTS），商業補給サービス（Commercial Resupply Services：CRS）および商業乗員輸送開発（Commercial Crew Development：CCDev）の3つのプログラムを立ち上げて，国際宇宙ステーションへの物資および宇宙飛行士の輸送サービスを商業部門から調達する計画に移行した。これに応じてスペースX社とオービタル・サイエンシーズ社がロケット開発に乗り出し，2012年にファルコン9（スペースX社），2013年にアンタレス（オービタル・サイエンシーズ社）が初飛行に成功し，NASAの商業打上げサービスを受注した。アンタレスによって打ち上げられるシグナス宇宙船は2013年にISSへのドッキングに成功した。ファルコン9が打ち上げるドラゴン宇宙船は2012年にドッキングに成功し，さらには地上への帰還も果たしている。商業乗員輸送開発プログラムにおいては，スペースX社の開発したドラゴンV2宇宙船（ファルコン9にて打上げ）とボーイング社の開発したCST-100（アトラスVにて打上げ）が選定された。

　さらにスペースX社はファルコン9の第一段エンジン部を切り離し後に地上に帰還させて再使用する機体の実用化に成功するなど，従来の常識を覆す技術開発に邁進している。この他にも，民間宇宙旅行を事業とする企業や，天体上の鉱物資源の採掘を目的とする企業，SSAサービスを目的とする企業，軌道上サービスを目的とする企業等が複数設立される等，再び米国が宇宙新時代を牽引する様相である。これらの新しい活動に対応して立法活動も活発化しており，2015年には，商業宇宙打上げ法改正を含む，商業宇宙打上げ競争力法（US Commercial Space Launch Competitiveness Act：SPACE Act of 2015）が成立した。

商業宇宙打上げ法　米国における商業宇宙打上げ法に基づく許認可制度は運輸省連邦航空局（Federal Aviation Administration：FAA）が主管する。空軍基地で行われるロケットの打上げや現在は実施されていないがNASAケネディ宇宙センターで実施されてきたスペースシャトルの打上げ安全管理等は，FAAが策定した安全管理規則（14CFR411以下）を準用する形でそれぞれ空軍やNASAが実施している。FAAの許可は，宇宙機（弾道ロケットおよびサブオービタル飛行が含まれる）の打上げ，射場または帰還場および再突入に対して発給される。これらの行為を次の者が実施しようとする場合には許可を要する——すべての米国市民（米国法に基づいて存在する団体），米国の

管轄権に基づかずに存在しているが米国市民が支配的利権（controlling interest）を有する団体および，米国領域内で実施しようとする者。また外国の物体を打ち上げる場合に備えて，外国との打上げ協定によって米国の管轄権行使が規定されている活動についてもこの規制の対象に入れている（これらの許可は一定の要件の下で他者に譲渡することもできる）。許可要件としては，公衆衛生および公衆の安全確保のための宇宙機の安全基準適合性のほか，国家安全保障上の審査が要求されている。ちなみに許可要件にはペイロードがこれらの要件を満たすことも含まれており，ロケットとペイロードを一体的に審査する点が米国の特徴である。また，万が一第三者に損害を与えた場合に当該損害を賠償するための責任保険の付保または同等の財産の確保が義務づけられている。責任限度額は，第三者からの損害賠償請求のために5億ドル，米国政府からの損害賠償請求のために1億ドルが法定されており，この限度額を超える損害については，15億ドル（これに1989年以降の物価上昇を反映。現時点では30億ドルを超えている）まで国家が補償することとなっている。なお関係者の間では，通常は上記の責任限度額を超える損害は想定しえないとされており，国家補償の範囲である15億ドルをさらに上回る損害は非現実的と考えられている。また，打上げ業務に関係する契約者や顧客等のいわゆる打上げ関係者については，それぞれの損害賠償請求権をあらかじめ相互に放棄すること（クロス・ウェーバー：CW）が法定されており，当事者間での訴訟合戦を避ける配慮がなされている。ちなみに宇宙旅行の乗客については，「宇宙飛行参加者（spaceflight participant）」として規定されており，宇宙機の安全記録やリスクを宇宙機運用企業側が一定の水準をもって宇宙飛行参加者に説明し，これに宇宙飛行参加者が同意したことを示す書類等が整っていること（インフォームド・コンセント）が許可要件に盛り込まれている。

　ただし，米国における商業宇宙打上げ活動は議会を中心に常に議論が交わされている分野であり，最新の動向に注意が必要である。たとえば，サブオービタル機を用いた宇宙観光の安全規則の制定・運用はFAAの責任であることを法律に明記しつつも，その完全な権限行使は産業界による実験的許可に基づく開発試験の間は猶予されてきた。その間に，鉄道や航空産業の発展を支えてきたように新たなビジネスシーズの発展を支援するという観点で，宇宙観光が実用化するまでは開発試用期間として緩やかな規制体系にとどめて新規開発事業

者を支援すべきとする考え方と，搭乗者の安全性確保をどのようにバランスするかという，米国らしい立法論争がくり広げられてきた。2014 年にはスペースシップツー試験飛行においてパイロット 1 名を失う事故もあったが，それを乗り越えて実用化の目途がついた 2023 年にようやく猶予が解除され，FAA が規制権限を発動することとなった（詳細は，第 **5** 章 II［244 頁］に譲る）。また，前述の第三者損害賠償責任の国家補償額についても，時限立法によって定められてきたのが実態であり，2013 年には国家補償に空白が生まれた時期もある。

衛星運用に対する規制 ❀ 　米国で人工衛星を運用するためには，1994 年に連邦通信法（Communications Act：47 USC §214）に追加された宇宙通信に関する条項に基づいて，連邦通信委員会（Federal Communication Commission：FCC）から無線周波数の使用許可を受けなければならない（ただし連邦政府機関については商務省電気通信情報局〔National Telecommunications and Information Administration：NTIA〕が所管）。この許可には静止軌道上の人工衛星の軌道位置の割当てに関する許可も含まれる。また，2004 年から同連邦規則にスペース・デブリ抑制のための規制が追加され（47CFR §5.64, Part 25, §97.207），2021 年には衛星運用における衝突回避や運用における情報共有，運用終了措置に至るまでの事実上の衛星運用許可に相当する許認可に拡大された。2024 年からは，低軌道衛星については，運用終了後 5 年以内に大気圏に再突入して廃棄することが義務づけられることとなっており，また，衛星の適切な廃棄を怠った衛星放送会社に対して 15 万ドルの罰金が命じられるなど，持続可能な宇宙利用のための規制強化が進められている。

(2)　フランス

国営打上げビジネス ❀ 　フランスは，旧ソ連，米国に次いで世界で 3 番目の 1965 年に自力で人工衛星を打ち上げた国だが，その後は欧州共同での自主ロケット開発路線に転換し，アリアンロケット計画の中心的役割を果たす。アリアンロケットは 1979 年の初飛行以来，シリーズ通算 200 機以上の打上げ成功を誇る欧州諸国の主力ロケットであり，今や商業打上げ受注では世界一を誇る。現在は運用中のアリアン V をより大型化したアリアン VI を開発中である。欧州の特徴として，アリアンプロジェクトは各国によって「アリアン宣言（開発段階）」にて合意され，欧州宇宙機関（European

Space Agency：ESA）のプロジェクトとして進められたが，開発完了後は「新ア
リアン宣言（運用段階）」に基づき，欧州の航空宇宙関連企業等が共同出資して
設立したアリアンスペース社が顧客獲得から打上げまでの事業を実施し，フラ
ンス領ギアナに建設されたギアナ宇宙センターからフランス国立宇宙研究セン
ター（CNES）の安全管理の下で打ち上げられている（なおアリアンスペース社の
約7割の株式をCNESが保有している）。2011年からは，ヴェガロケット（中型衛
星用）およびロシア製のソユーズロケットの打上げ事業にも着手し，衛星打上
げニーズの多様化に対応している（ウクライナ戦争の影響によりソユーズの打上げ
は2022年以降は中止が発表されている）。これらの打上げが自国領域内で実施さ
れることから，フランスは2008年に宇宙活動法を制定し，民間による衛星打
上げに対する許認可制度を立ち上げた。2022年以降は，民間射場およびサブ
オービタル飛行に対応した許認可制度設置のための法改正が検討されている。

包括的な宇宙活動法 　許可の種類は，宇宙物体の打上げおよび帰還ならび
に宇宙空間における宇宙物体の運用で，許可要件は
米国同様に，公衆衛生および公衆の安全確保のための宇宙機の安全基準適合
性，国家安全保障上の審査のほかに，打上げ実施主体の財政の健全性が含まれ
ている。また，安全基準適合性の審査項目に，スペース・デブリの発生防止が
含まれていることから，世界で初めてデブリ発生防止が明記された法体系とし
て注目されている。規制対象はフランスの管轄権が及ぶ領域内における対象行
為およびフランス国民が行う外国またはいずれの国家も管轄権を及ぼさない領
域における対象行為とされている。なおフランス国民の範囲は，フランス国籍
者およびフランスに本店を置く企業とされる。米国と異なり宇宙物体の運用許
可については属人主義に基づく規制のみを規定しており，たとえば，アリアン
スペース社がフランス法人以外の企業が運用する衛星を打ち上げた場合，同衛
星はフランス法に基づく運用許可を要しないことになる。また許可要件のうち，
安全基準適合性等の技術的な部分およびギアナ宇宙センターの安全管理につい
ては，CNES総裁に細則の策定および予備審査が授権されている。

　第三者損害賠償責任の担保としては，それぞれの打上げ許可発給時に指定さ
れる限度額の範囲を打上げ事業者が保険付保ないしは自主財源によって確保す
ることを求めるが，当該限度額を超過する部分については，フランス政府が補
填することが法定されている。限度額については財政法に規定されることと

なっているが，2009 年の改正時点から 6000 万ユーロ（約 97 億円）が維持されている。また，打上げ事業者の損害賠償責任は，打上後 1 年を経過したときに停止され，それ以降に生じた損害については国が事業者に代わって賠償するとする規定が特徴的である。なお，打上げ事業者や製造業者，衛星運用事業者等の宇宙活動関係者との間では米国同様に CW が法定されている。

(3) ロシア

民主化を機に再整理　◉　旧ソ連時代から米国と宇宙開発競争を繰り広げてきた最大の宇宙先進国のひとつでありながら，ソ連崩壊以前には多くの部分が秘密のベールに包まれていたロシアの宇宙関連法制だが，民主化以降は 1993 年の宇宙活動に関する連邦法（宇宙活動法）をはじめとする関連立法がなされてきた。同法によって，民生宇宙活動を担当する連邦宇宙局（ロスコスモス）と安全保障宇宙活動を担当する連邦国防省の役割分担がなされるとともに，国家宇宙計画（2006 ～ 15 年）が策定され，同計画に基づいて活動が実施されてきた。また，2013 年には長期的計画と位置づけられる「宇宙活動に関する連邦国家プログラム（2013 ～ 20 年）」および「2030 年までの宇宙活動に関する連邦政策のキーストーン（2013 年採択）」という 2 本の政策文書が策定されている。しかし，2010 年代に相次いだ打上げ失敗やロスコスモスと関係企業の非効率な業務運営を刷新する目的で，2016 年に連邦宇宙局を廃止し宇宙関連企業と統合する形で，国営企業ロスコスモス社が設立された。また「2016 ～ 2025 年の連邦宇宙プログラム（FKP-2025）」において立て直しのための具体的な目標が提示された。

　連邦政府に帰属する財産以外の宇宙物体は，ロシア民法に基づいて不動産に分類され，私有財産としての国家登記が必要となる。ただし具体的な登記手続を定めた法律が存在しないため，現時点では宇宙物体の私有は想定されていないことになる。なおロシア連邦の所有する宇宙物体は登録され，標識が付され，地上および宇宙空間にある場合は，他国の管轄権下にある場合を除いてロシア連邦政府が管轄権および管理の権限を保持し，不可侵の所有権を有することが法定されている。

許認可制度　◉　ロシア宇宙活動法上は，宇宙活動は許可交付の対象となるとのみ規定され，解釈上，宇宙活動には，試

193

験，製造，保管，打上げ準備，打上げ，運用のすべてが含まれると解されている。ロシアにおける宇宙活動に関する許可制度は，「特定活動に関する許可法」および宇宙活動法を根拠法とし，「宇宙活動の許可に関する規則を採択するための政府決議（宇宙活動許可規則）」および「宇宙活動の許可に関する国家機能執行のためのロスコスモス行政命令（ロスコスモス行政命令）」において細則が定められており，許認可機関はロスコスモスである。許可対象は，ロシアの自然人と法人および外国の自然人と法人を法定している。許可は活動内容によって数種類に分類されており，それぞれに許可要件が設定されているが，標準的な許可要件は，対象の活動を行うにあたっての標準的な設備および専門的な知見を備えていること，適切な品質管理措置や文書管理措置等を実施していること，国家機密情報を取り扱う場合はその許可を得ていること等が規定されている。許可されれば5年間有効な許可が発行され，許可条件に対する重大な違反がある場合には，裁判所の命令を受けてロスコスモスによる許可停止処分がなされる。

　宇宙活動の安全確保については，周囲の自然環境ならびに地球周辺の空間に対する人為的負荷を一定水準以下に抑えることが法定されているのみで，安全基準の策定責任と関係機関および公衆に対する危険回避のための情報提供義務がロスコスモスおよび国防省に課されているにとどまる。

　また，第三者へ損害を及ぼした場合の賠償責任については，地上における損害については加害者に対して無過失責任が，地表以外でのロシアの宇宙物体または宇宙活動が原因で生じた損害についてはロシア民法に則った損害賠償責任が課されると規定されている。強制保険は，宇宙飛行士等の生命・健康に対しての付保が義務づけられているが，それ以外に対するものは法定されていない。総じて，ロスコスモスおよび国防省以外の民間事業者が宇宙活動を行うことは想定されていない法体系といえる。ちなみに宇宙飛行士（ロシアでは cosmonaut，それ以外の ISS 参加国では astronaut と呼ぶ）についても規定があり，ロシアの有人宇宙物体の船長にはロシア国籍を有する宇宙飛行士のみが就任できることが規定されているほか，外国人宇宙飛行士の訓練やロシアの宇宙物体への受入れにあたってはロシア宇宙法の遵守が義務づけられている。

(4) 中 国

急成長する中国の宇宙活動 ◉ 　中国では，中央政府において国家航天局（CNSA）が人工衛星打上げ用ロケット「長征」の開発・運用を担うほか，中央軍事委員会装備発展部長が責任者を兼ねる有人宇宙プログラム室（載人航天工程弁公室）が「神舟」等の有人宇宙飛行を担当し，詳細は不明だが CNSA と人民解放軍の人員で構成されているとみられる測位衛星プログラム室（北斗衛星導航系統管理弁公室）が測位衛星「北斗」プロジェクトを担当している。

許認可制度 ◉ 　中国における宇宙関連法規については，2002 年に制定された「民生用宇宙飛行打上げプロジェクト許可証管理暫定弁法（規則）」が，非軍用の宇宙機の打上げに対し，国家国防科学技術工業局からの許可の取得を義務づけている。同法は，自然人および法人その他の機関が実施する中国領域内における軍用を除くすべての宇宙機の打上げと帰還を規制対象としているほか，中国国外での打上げであっても国内法人が軌道上引渡し等によって財産権を取得することになる打上げを規制対象としていることが特徴的である。許可申請は関連書類とともに打上げの 9 カ月前までに国防科学技術工業委員会に提出し，審査結果は 30 日以内に通知される。許可要件としては，国家安全保障を害しないこと，当該活動に必要な技術力，経済力を証明することのほか，第三者への損害賠償責任を担保するための責任保険の購入が義務づけられ，中国国内での打上げにあたっては打上げ日の 6 カ月前までに打上げ計画の提出が義務づけられ，射場への移動のために関連機材を工場から搬出するにあたっての許可も別途申請しなければならない。安全審査については申請者からの提出資料を受けて審査が実施される規定のみにとどまり，その基準等については法令上は明らかではない。なお，無許可での打上や許可要件の逸脱等に対しては刑事罰も含めた罰則が規定されている。

衛星運用に対する規制 ◉ 　衛星通信事業を実施するにあたっては電気通信に関する別の許認可制度が適用され，2 以上の県にまたがる事業を行う際には情報産業を所管する国務院に許可を申請し，基礎的電気通信事業許可もしくは地方間付加価値の付与された電気通信事業許可を得る必要がある。これらの許可要件は，中国法に基づいて設立されて中国における株式保有率が 51％を下回らない電気通信事業に特化した会社であること（株式保

有率は基礎的電気通信事業許可のみに適用），事業実現可能性とネットワーク構築スキームの報告書を有すること，適切な資本と専門能力を有すること，事業に必要な場所と資源を有すること，長期的なサービス提供が可能であること等が定められている。ただし，2001年の中国の世界貿易機関（WTO）加盟以降，電気通信事業への外資直接投資の規制緩和が進んでおり，現在では中国資本が株式保有率の51％を下回る場合であっても情報産業省に登録すれば事業が実施できる。

(5)　韓　国

新興宇宙活動国　●　韓国は独自の人工衛星打上げ能力獲得のため，ロシアからの技術導入によってロケットの開発を続け，2013年に羅老（ナロ）3号機にて，初打上げに成功した。同打上げに備えて同国では21世紀初頭から宇宙関連法の立法が始められ，2005年に宇宙活動に対する許認可制度を盛り込んだ宇宙開発振興法を，2007年に第三者損害賠償に関する宇宙損害賠償法を制定した。韓国の管轄権の及ぶ領域または構造物から宇宙物体の打上げを行う場合，韓国および自国民が所有するロケットおよびペイロードを韓国の管轄権が及ぶ領域の外で打ち上げる場合に許可が必要となる。許可申請は国家宇宙委員会（大統領直属。委員長は科学技術情報通信部長官）に対し，安全性分析報告書，ペイロード運用計画書，損害賠償責任負担計画書等の大統領令で定める発射計画書とともに提出することとされている。許可要件としては，発射体の使用目的の適正性，発射に使用される発射体等に対する安全管理の適正性，事故発生時の損害賠償責任保険等の適正負担能力等が法定されている。なお，正当な事由なく許可した発射予定日より1年以上発射が遅滞した場合や，許可申請に虚偽があった場合等は，許可が取り消される。宇宙物体の発射や運用によって生じた第三者損害賠償については，宇宙物体の発射者に責任を集中することで，製造事業者等への責任追及を回避する制度としており，念のため製造物責任法は明確に適用が排除されている。宇宙物体の発射者は第三者損害賠償責任保険を付保する義務が法定され，責任限度額は2000億ウォン（約230億円）と規定されている。またこの限度額を超える損害については政府が補償することが法定されている。なお，2023年には宇宙航空庁設立の動きがある。

(6) ニュージーランド

世界最新の宇宙活動法 ◉　　ニュージーランドでは，2017年5月にロケットラボ社（Rocket Lab）が北東部マヒア半島に建設した射場からのエレクトロンロケットの試射に成功した。これを受けてニュージーランドは，「宇宙及び高高度活動法」を同年12月から施行し，現時点での最新の包括的な国内宇宙法制定国となった。同法は，ニュージーランド領域からの打上げまたは同領域から飛び立った飛行物体からの打上げとそれらの打上げにおけるペイロード，あるいはニュージーランド国籍者またはニュージーランド法に基づいて設立された法人の海外での打上げとそれらのペイロードを許可対象としている。加えて，ニュージーランド領域内の打上げ施設を許可対象としている。許可発給はビジネス・イノベーション・雇用大臣が担当し，航空局や海事当局，国土情報当局等の関係機関との間で航空路，海上交通路，陸路との安全性に対する調整を実施していること，打上げに係る最新の気象情報を入手していること，打ち上げる物体のペイロード許可，打ち上げる射場の射場許可を得ていること，宇宙空間と地上に対する汚染リスクを最小限に抑える措置を講じていること，ニュージーランドの国際的義務および国家安全保障上の利益に合致していること，他のニュージーランド法を遵守していること，公衆の安全を確保していること等を主な許可要件としている。加えて，適格性基準審査が導入されて，申請者の法令遵守歴や航空に関する実績等はもとより，精神疾患既往歴等，合理的に必要と考えられるあらゆる情報を収集して判断することができるようになっている。なお，第三者損害賠償責任の措置は，許可ごとに必要額が指定される形になっており，限度額を法定していない。

2　宇宙利用を中心とする宇宙活動国

　前項と対照的に，自国内の広大な大地を諸外国の宇宙活動に利用させることを主眼とした法整備を実施したオーストラリア，多くの欧州系衛星運用企業の本社を抱えるベルギーおよび英国等は，宇宙利用を中心に据えた宇宙活動国として，それぞれの政策に沿った独自の立法を行っている。これに加えて，ニュースペース（第5章Ⅰ1［207頁］参照）の動向に呼応する形で自国へのビ

ジネス招致の動きが世界中に広まっており，宇宙資源探査に特化した立法から着手したルクセンブルクを皮切りに，自国内でのニュースペースの動向に合わせた立法へ動く傾向が顕著になってきている。

(1) オーストラリア

オーストラリアは独自の人工衛星打上げ用ロケットをもたないが，広大な国土を活用した射場や帰還場を他国の宇宙活動に提供する目的で精緻な「宇宙活動及び関連の諸目的のための法律」を 1998 年に整備している。2010 年および 2020 年に帰還した小惑星探査機「はやぶさ」と「はやぶさ 2」のカプセルはオーストラリア南部のウーメラ空軍実験場に着地したが，この際にも JAXA は同法に従った許可をオーストラリア政府から受けて帰還を実施した。サブオービタル飛行を中心に宇宙産業振興を加速させるため，2018 年には産業・科学・資源省の下にオーストラリア宇宙庁（ASA）を設立し，新たに「宇宙（打上げ及び帰還）法」を成立させた。

打上げ手段をもたない国の包括的宇宙活動法 ◉ 許可の対象は，①オーストラリアでの打上げ，②オーストラリア国民による海外での打上げ，③オーストラリア国民が打ち上げた宇宙物体のオーストラリアへの帰還，④海外で打ち上げた宇宙物体のオーストラリアへの帰還，⑤オーストラリア内での打上げ施設の運用に分類している。オーストラリア国内の打上げ施設には打上げ施設免許（launch facility license）を，打上げを行う者に対しては国内打上げ許可（Australian launch permit）を付与するしくみを採用した。許認可の申請は ASA に対して行う。オーストラリアでは，打上げや帰還の基準として海抜 100km を超える空間へ打ち上げる意図をもってまたは同空間からの帰還活動を対象とするという空間的基準を用いている。この点，宇宙空間と空域の境界の定義について宇宙諸条約の策定以来，世界的な論争が続けられていることに対して，同法の制定をもってオーストラリアが宇宙空間を海抜 100km 以上の空間と認定したとする見解もある。たしかに，他国の宇宙活動法が宇宙空間の定義を確定するかのような規定ぶりを避けるために距離による基準設定を避ける傾向にあるのに対して同法の定義ぶりは特徴的であるが，あくまで法の適用範囲としての打上げおよび帰還の行為を便宜的に定義したにすぎず，宇宙空間そのものを地上から 100km を超える範囲と定義することを

宣言したものではないという政府公式見解が出ている（宇宙空間の境界画定については第 ▌ 章Ⅳ［14頁］参照）。

宇宙免許の許可要件 ◉ 打上げ施設免許の主な許可要件としては，資金的・技術的健全性，公衆衛生および公共の安全に対して損害を及ぼす蓋然性の低さ，国家安全保障および外交的観点での安全性等が考慮され，最長20年間の免許が発給される。国内打上げ許可は，公衆衛生および公共の安全に対して損害を及ぼす蓋然性の低さ，ペイロードに大量破壊兵器を含まないこと，国家安全保障および外交的観点での安全性，第三者損害賠償責任に関する強制保険の付保を条件に個別のまたは一連の打上げに付与される。なお，強制保険は1億豪州ドル（約100億円）が包括的な上限額として法定されているが，具体的な上限額は個別の打上げまたは帰還ごとに算定される。オーストラリア国民が海外で打上げを行う場合には，海外打上げ許可（overseas payload permit）を取得する必要がある。同許可は，第三者損害賠償責任のための保険または資力ならびに技術的安全性の証明，国家安全保障および外交的観点での安全性が，国内打上げ許可と同等の水準で確保されることが要求される。オーストラリアの領域内への帰還許可（return authorization）については，第三者損害賠償責任のための保険または資力ならびに技術的安全性の証明，大量破壊兵器を搭載していないこと，国家安全保障および外交的観点での安全性が確保されることを要件として許可される。

(2) ベルギー

「欧州の首都」 ◉ ベルギーには，特に欧州に本拠地を置く通信衛星や放送衛星の運用企業が本社機能を置く傾向にあり，ベルギーはその観点からの宇宙関連法の立法に関心を示してきた。2005年には「宇宙物体の打上げ及び運用並びに誘導に関する法律」が制定され，ベルギーの管轄権が及ぶ領域における打上げおよび宇宙物体の運用を行おうとする者と場所を問わずこれらを実施しようとするベルギー国民に対して，許可の取得を要求している。許可申請は宇宙担当大臣に対して行われ，ベルギー科学政策局（Belspo）が申請を支援することとなっている。許可要件としては人命と財産の安全，環境保護および大気圏と宇宙空間の最適な利用，ベルギー政府の経済的・財政的損失や安全保障上の損失とならないこと等が規定される。ベル

ギーは独自の打上げ手段をもたないため，実質的にはベルギー領域内からの打上げは行われず，抽象的な規定ぶりにとどまっていたが，商業宇宙活動の活発化を受けて，2022年に施行規則を改正して手続を明確化した。

　第三者損害賠償責任については，一義的には当該宇宙物体の運用者が負うが，請求する賠償金額を制限する権限をベルギー政府（国王）に与えているほか，被害者の早期救済のため，試算された損害額の半額までを政府が暫定的に運用者に請求することができることや，事業者保護の観点から，ベルギー政府が賠償金を支払う場合には賠償金額全額の支払義務がベルギー国に移ること等が規定されている。ただし，損害賠償責任の上限金額や強制保険等の規定はない。

(3)　英　国

**古くて新しい
英国宇宙活動**

英国は1971年に世界で6番目の人工衛星打上げ用ロケット「ブラックアロー」のウーメラ実験場（現オーストラリア）からの打上げに成功したが，その後自主打上げ路線から転換し，現在では独自の打上げ手段はもたない。しかし，商業通信衛星や軍民共用衛星をはじめとする多くの衛星を運用する企業が存在するほか，タックスヘイブンで有名なマン島やチャネル諸島にも多くの宇宙関係企業の本社が所在するため，それらに対する潜在的な影響力も考慮した立法がなされている。

　英国における宇宙関連法は，1986年に制定された「この国と関連する者による宇宙物体の打上げ，運用および宇宙空間におけるその他の活動の実施に関して連合王国の国際的な義務への適合を確保するため免許交付その他の権限を国務大臣に与える法律」（英国宇宙法）であったが，自国での宇宙港建設の機運の高まり等を受けて，2018年に宇宙産業法を制定し，包括的な宇宙活動法の整備に至った。また，同国は2010年に従来の英国国立宇宙センター（BNSC：British National Space Centre）を改組して英国宇宙庁（UKSA：United Kingdom Space Agency）を設立し，政府が実施する宇宙政策を一元的に遂行する体制を整えた。英国の宇宙開発への関与は，ESAのプロジェクトを通じたものが多く，UKSAが直接担当する開発プロジェクトはないが，欧州でも有数の人工衛星の設計製造を行う産業界を擁しており，産学官連携や許認可手続の一元的窓口等

の役割を担っている。

経済法としての英国宇宙法 ⊛ 宇宙産業法の制定を受けて，英国宇宙法は，英国の管轄領域外にて英国市民によって実施される該当行為を適用対象とし，宇宙産業法は英国領域内の行為を適用対象とすることとなった。また緊急勅令によってマン島やチャネル諸島等の王室属領にも拡大適用できるほか，20世紀末の改正によって属領でありタックスヘイブンで知られるケイマン諸島やジブラルタルにも適用されるようになった。許可が必要な行為は，両法ともに宇宙物体の打上げまたは打上げ委託，宇宙物体の運用，および宇宙空間における活動とされ，許可は宇宙担当大臣が発行し，実際の事務は運輸省民間航空局が担当している。許可要件は，公衆衛生および人もしくは財産の安全，英国の国際的義務および安全保障，宇宙空間の汚染および地球環境の悪化防止，宇宙空間における他者の活動への干渉回避，第三者損害賠償責任に関する保険付保，宇宙活動終了時の適切な処分および同政府への報告が法定されている。第三者損害賠償責任に関する保険付保の上限額は許可ごとに決定されることになっており，基準は公表されていないが，2022年時点では6000万ポンド（約110億円）程度とされており，引下げの議論が進行中である。また，衛星の軌道上運用に対しても同様のしくみがとられている。

(4) ルクセンブルク

宇宙資源探査に特化した宇宙法 ⊛ 探査した宇宙資源に対する使用・収益・処分の権利を発掘した個人に保障する立法を最初に制定したのはアメリカの2015年宇宙打上げ競争力法だが，2017年にはルクセンブルクが類似の法律を制定して注目を集めている。実はルクセンブルクは小国ながら宇宙活動と無縁なわけではない。現在は欧州最大で世界第2位の通信衛星運用事業者となったSES社は1980年代にルクセンブルク政府の支援を受けて同国に設立され，成長してきた。ルクセンブルク政府は現在でもSESの主要株主の座を維持しており，いまや同国のGDPの1.8%はそうした政府の支援により成長した企業からの収益といわれている。ルクセンブルク政府は，加熱する宇宙資源探査の分野でもそうしたビジネスチャンスを見出し，ドーダン元ESA長官（Jean-Jacques Dordain）やウォーデン元NASA

エイムズ研究センター長（Simon Peter Worden）らを政府顧問に迎えて宇宙政策の強化を図った。「宇宙資源探査利用法」では，宇宙資源の所有は国際法上合法であることを前提に，宇宙資源の探査および利用には経済大臣の認可を要する旨が明記され，同認可の対象者は，ルクセンブルク法に基づいて同国内に設立された法人と本拠地を同国に置く EU 法上の欧州企業に限定されている。認可の対象は商業目的の宇宙資源探査および利用のミッションとされているが，詳細な技術的要求はなく，ミッション遂行におけるリスクを担保するために必要な内部統制の体制等を主たる審査項目とする投資協定のような独特な立法になっている。なお，米国もルクセンブルクもこれらの法律は国内法であるため，外国法人への宇宙資源の販売に際しての有効性については争いがある。宇宙資源を私人が所有することが国際法上合法か否かが不明確な現在では，これを違法とする国内法が第三国で制定される可能性もあり，米国やルクセンブルクで資源を合法的に取得しても，このような第三国では取引できないことになる。

　ルクセンブルクはこれに続いて 2020 年に宇宙活動法を制定し，同国領域内から行われる宇宙活動と，同国国籍者による領域外での宇宙活動に対する許認可制を確立した。これによって同国は宇宙資源探査利用のみならず，同探査機を天体へ送り出す活動についての法整備も完了したことになる。

3 リモートセンシング関連法制

安全保障と自由な宇宙利用のバランス　リモートセンシングに関する事業を実施するにあたっては，各国での安全保障上の目的から，主として高解像度画像の撮像や配布の規制を中心に立法がなされていることから，これらの法律をもつ主要国における法制度を解説する。第 **2** 章 Ⅳ 2［72 頁］で触れたとおり，リモートセンシング画像については国際的には自由かつ公平なアクセスの原則が求められているため，それを一部制限する法律を有しているのは，自国内での高解像度なリモートセンシング衛星による活動が想定されている少数の国に限られる。現在では米国，カナダ，ドイツ，フランス，ロシアがこのような法律を有している。わが国でも，2016 年に衛星リモートセンシング法が成立し，2017 年から施行されている（Ⅰ **6**［181頁］参照）。

米国の規制 ◉ 米国では，1992年の陸域リモートセンシング衛星政策法（51 USC §601）に基づいて，属人主義に基づく管轄権が及ぶ米国市民，米国内でリモートセンシング衛星を運用するすべての者，米国と実質的関連性をもつ外国人運用者，民間リモートセンシング活動を支援する米国法人から実質的利益を得る外国人運用者は，連邦海洋大気庁（NOAA）長官に対してリモートセンシング衛星事業免許を取得する義務がある。この適用範囲はきわめて広範で，たとえば，衛星の追跡管制局は米国領域内にあるが，データの送受信はすべて米国外で行う場合であっても，「実質的利益を得る」の範囲に該当する。

　免許の要件として，国家安全保障を確保すること，米国内での定常運用管理が維持できること，運用記録の保持と当局検査の受入れ，国家安全保障上の要求等によるデータ収集・配布制限の実施，海外提供先との契約の米国政府への通知，一定データの商業条件での提供，政府の要求による全データ目録の提供，合理的条件でのデータの内務省への提供，データ廃棄に際し，国家陸域リモートセンシング衛星データ記録保管所への実費でのデータ提供，被撮像国政府の求めに応じ，安全保障上問題ない範囲でのデータ提供，運用計画の変更についての報告，事前承認に基づく衛星の運用終了後の適切な処理，データ秘匿性保全計画の策定が法定されている。また，運用についてはデータを政府が確認するための規則が細部にわたって定められているほか，イスラエル国内と米軍関連施設は原則として撮像禁止とされている。こうした許認可制度に基づいて，米国では高解像度のリモートセンシング衛星事業はデジタルグローブ社やジオアイ社等の民間企業（現在はデジタルグローブ社に統合された）によって実施されるようになったが，これらの民間事業者の最大顧客は米国政府，特に情報関係部門であり，こうした政府の長期購入契約（アンカーテナンシー）政策による下支えが不可欠となっている。なお，産業界からの批判をふまえて2020年に同規制の再整理が行われ，海外事業者から入手できるものと同等の能力を有するものを第1階層（Tier 1），すでに存在する米国事業者と同等の能力を有するものを第2階層（Tier 2），それ以上の高度な能力を有するものを第3階層（Tier 3）に分類し，第3階層に対する審査を重点的に実施する体制に移行されている。

カナダの規制 ◉ カナダは2000年に米国技術を一部活用した高解像度リモートセンシング衛星であるレーダーサット2

の開発に関して米国と協定を締結したが，これを機に，同衛星による高解像度データの撮像，配布に関する規制を敷くため，2005年に「リモートセンシング宇宙システム法」および関連政令を制定した。またレーダーサット2は，官民パートナーシップ（PPP）による開発が計画されていたために，許認可制度を整備する必要により一層迫られていた。同法の規制対象は，リモートセンシング衛星への指令内容，同衛星からの生データの受信，同データの保存，処理または配布，衛星との通信に際しての暗号の使用または情報保全措置とされている。許認可の主たる担当大臣は外務大臣となり，申請は関係大臣によって構成される委員会によって審査される。許可を受けない限りはいかなる形態のリモートセンシング宇宙システムの運用も実施できない。また，カナダ国外の活動についても属人主義による規制に加えて，当該システムに関してカナダと実質的な関連を有する何らかの部分を構成する者も含むとする米国同様の包括的な適用範囲を規定している。許可の要件としては，リモートセンシング宇宙システム全体を統制しており，合理的な時間内にカナダ政府に生データが提供可能なこと，配布可能な者以外への情報遮断が適切にされていることが規定されている。なお，契約当事者以外の第三者に対してデータを提供することは禁止されている。ちなみに，カナダには法律上の外資規制は存在しないが，レーダーサット2衛星の主開発企業であり，ISSへのカナダ貢献部分であるロボットアーム「カナダアーム」の開発企業でもあるマクドナルド・デトワイラー社を2008年に米国企業が買収しようとした際には，宇宙技術の流出を懸念して政府が買収を承認しなかったことがある。

ドイツの規制 　ドイツは，2007年に分解能1mの能力を有するTerraSAR-Xを打ち上げた際，同様に高分解能のリモートセンシングデータに対する規制法として「高性能地球リモートセンシングデータの配布によるドイツ連邦共和国に対する安全保障上の危険に対する保護を付与する法（リモートセンシングデータ安全保障法）」を立法した。同法では，ドイツ国民，ドイツ法人および本部がドイツ国内にある外国法人が規制対象となっており，米加の法律に比べて対象範囲は狭いが，許可の発給を高度リモートセンシングシステム運用者とデータ配布者の2種類に対して行うことで補っている。また撮像データを，施行規則にて事業者が自ら機微性を判断できる客観的な指標をフロー図の形で制定し，機微性の有無を事業者が迅速に確

認できるしくみを作った。なお，許可発給者は連邦経済輸出管理庁（安全審査は連邦経済技術省）であるが，審査は外務省，防衛省等の関係省庁が参加して実施している。これにより，機微性を有するデータは関係省庁における審査プロセスを経て許可，不許可が判断されるが，機微性を有しないものは自動的に許可されたものとして運用されている。実際には機微性ありとして審査プロセスを経るのは全体の2〜3割程度といわれており，審査の効率性に寄与している。

2種類の許可要件としては，運用者の信頼性，情報保全能力，運用施設の保安能力，関係者の人的なセキュリティの確保がそれぞれに規定されている。また，システム運用者においてはこれに加えて，安全に衛星運用が行える技術力も要件とされている。外資規制も導入されており，システム買収，合併等にあっては，外資は25％未満でなければならず，また，事前届出から30日以内に当該買収を禁止することも可能とされている。

フランスの規制 ⊛ フランスにおいては，政令2009-640号において，リモートセンシング衛星の光学センサー，赤外線センサーおよびレーダーセンサーによる「宇宙データ」について，国防・国家安全保障事務総局長に対して，開発開始の2カ月前までに届け出たのち，同事務総局長の決定によって，データ受信の部分的または完全な停止，画像生成の一定期間の延期，データの技術的性能の制限，撮像ゾーンの地理的制限等が課せられることがあると定めている。すなわち撮像や画像配布の制限は国防・国家安全保障事務総局長の専権事項となっている。

ロシアの規制 ⊛ ロシアにおいては，「地理空間情報の収集，利用及び配布に関する規則に関する連邦政府決議」によって，特定規制エリアを除くロシア全土の高解像度リモートセンシング画像データの配布および他国のリモートセンシング衛星への自由なアクセスを許可する一方で，解像度が2mより高性能のリモートセンシング画像の配布を許可制にしている。同規則では，リモートセンシング事業者はその実施活動およびロシア国内外を問わず提供したデータのすべてを政府に登録する義務があると規定している。

4 世界最古の北欧諸国の宇宙法

　北欧諸国は独自に人工衛星を打ち上げる能力を有さないが，旧来から科学研究目的での弾道観測ロケットの打上げが盛んな地域である。また，北極圏に近いという地理的特性から，極軌道衛星（地球の南北を周回する衛星）の受信局を置くのに適しており（地球の自転を利用して全球をカバーできる極軌道衛星は，北極圏または南極圏に通信局を置くと高頻度で通信できる），衛星運用のための送受信アンテナを専門に運用する企業が事業展開する等の宇宙産業が盛んである。

　実は世界初の宇宙活動法は，宇宙条約が国連総会で採択された直後の 1969 年に立法されたノルウェー宇宙打上げ法である（組織法は除く）。属地主義および属人主義に基づく管轄権をカバーする適用範囲の規定と，許可なく打ち上げてはならないと規定するのみの 3 カ条から成るきわめてシンプルなこの法律は，宇宙条約が加盟国に求める国内法の要素を過不足なく反映しており，現在でも利用されている。

　1982 年に立法されたスウェーデン宇宙活動法も 6 カ条のみの法律だが，宇宙空間にある物体から信号を受信することおよびゾンデロケット（いわゆる弾道観測ロケット）の打上げは宇宙活動とはみなさない規定を置いた。その一方で，宇宙物体の打上げ，操作または宇宙物体へ影響を及ぼす措置はすべて宇宙活動として国家宇宙活動委員会からの免許を要求している。なお，スウェーデンは宇宙観光の国際的な潮流に乗ることを目指して，ヴァージン・ギャラクティック社と共同で宇宙港（Spaceport Sweden）を建設する計画を 2007 年に発表しているが，宇宙観光に利用するサブオービタル機が同宇宙活動法によって規制を受けるか否かは未知数である。少なくとも欧州全域の航空管制規則を統括する欧州航空安全機関（EASA）が表明している，「通常の航空機が航行する飛行空域を飛行するフェイズでは，飛行安全の観点から航空機と同様の規則を適用するべき」とする見解に従う必要が生じるため，今後より精査が必要となろう。

CHAPTER 5

宇宙ビジネスのルール

I 民間宇宙活動の基本枠組み

1 様々な宇宙ビジネス

　宇宙を舞台にしたビジネスとして，現在までに産業として確立しているのは，衛星通信・衛星放送事業と地球観測（リモートセンシング）衛星によるデータ販売・解析事業である。そして，これらの事業に使用する衛星をロケットで軌道まで運ぶ打上げサービスの提供も，営利事業として行われている。

　これらの宇宙ビジネスが立ち上がったのは，1980年代のことである。米国で，電気通信事業の規制緩和が進められたことを反映して，パンナムサット社のように，それまでの国際組織（インテルサットなど）とは独立の衛星通信事業者が出現し，適法なビジネスとして認められた。欧州でも，ルクセンブルク政府が優先株式を出資するSES社が設立され，近隣諸国に向けた衛星テレビ放送を普及させていった。こうした動きがインテルサットをはじめとする国際組織の民営化をもたらし，21世紀に入ると，かつての国際組織自身が民間企業として衛星運用事業を営むようになった。その結果，衛星通信ビジネスは，現在のところ，宇宙の商業化が最も進んだ市場となっている。

地球観測衛星の商業化は，背景がやや異なり，政府による衛星の製造・運用の資金を捻出するために，商業活動を取り入れた結果として進んできた［269頁］。そうした背景もあってか，商業化したといっても，顧客の大半は政府（運用国以外の政府を含む）だといわれていた。しかし近年は，金融業界が経済の動向を把握するために衛星データを活用するなど，民間での利用も活発になってきた。

　さらに，2010年代に入ると，従来とは大きく傾向が異なる宇宙ビジネスが様々に提案され，「ニュースペース（New Space）」と総称されるようになった。そのなかには，ロケットを宇宙機関との共同開発ではなく，独自に技術開発して打上げサービスを提供する事業者，低軌道に小型衛星を多数配置し，一体的に運用するという衛星群（コンステレーション）の構想を提案する事業者，月や小惑星等から資源を採掘し，利活用することを目指す事業者などがある。こうした「ニュースペース」の事業者の多くはIT企業とのつながりが深く，重厚長大産業と考えられてきた宇宙産業に，IT産業との融合を通じた構造転換をもたらしている。

　これらの宇宙ビジネスは，一般的な産業に比べて，宇宙条約をはじめとする国際的なルールや，電波利用，安全保障などにかかわる国内法によって制約される程度が非常に大きい。また，衛星の打上げが日常的になったといっても，技術的なリスクもいまだに大きく，必要とされる費用も相当に大きな金額である。そうしたなかで事業者が直面する法律問題には，各種の宇宙ビジネスに共通したものと，それぞれの業態に応じたものとがある。本章では，各種の宇宙ビジネスに共通する問題をまず取り上げてから（Ⅰ），業態ごとの法律問題をみていくことにしよう（Ⅱ［244頁］）。

2 衛星の調達とファイナンス

（1）　衛星の調達

衛星の購入契約　　🔘　　衛星通信サービスを提供するためには，衛星を調達しなければならない。そのための方法としては，自社で衛星を購入して運用するか，自ら衛星を所有するのではなく，衛星オペレーターが運用する衛星の全部または一部を使用する権利を取得してサービス

を提供するか，という2つの方法が考えられる。どちらの方法による場合も，法律的には私人間の契約であるが，宇宙活動に関する国際法・国内法の規制が適用される点に注意が必要である。

　衛星を購入する場合には，メーカーに対して，衛星の製造を発注する契約を締結する。この契約の性質は，売主であるメーカーが材料や人員，設備を調達して完成品を製造し，引き渡す義務を負うから，通常は製作物供給契約となる。メーカーの主要な義務は，衛星の設計，製造，試験・検証および引渡しであり，発注者の主要な義務は代金の支払である。

　引渡しの方法については，実務上，打上げ前に射場などで発注者に引き渡す地上引渡し（delivery on ground）と，打上げ後，軌道上での動作確認を終えた後に引き渡す軌道上引渡し（delivery on orbit）の2種類が行われている。実質的に最も大きな違いは，軌道上引渡しの場合には，打上げサービスまでメーカーが手配するという点にある。打上げ事業者との接点が少ない途上国の発注者は，軌道上引渡しを望むケースが多い。

　一般の売買契約と同様に，引渡しに際しては，メーカーと発注者の双方が立ち会って検証が行われる（商法526条が定める「検査」に該当する。法律的には買主の義務であるが，通常は，売主・買主双方が立ち会って実施する）。地上引渡しの契約では，検証も地上で行うことになるから，打上げ後，軌道上であらためて動作確認を行った際に不具合が発見され，うまく修正できないという可能性もあるが，検証の上で受け入れてしまっている以上は，メーカーの責任は追及できないという契約条項になっているようである。その場合には，発注者は，保険金の支払を請求して損害をカバーする。もっとも，メーカーがその欠陥（瑕疵）について知っていたと認められれば，責任追及を排除することはできないであろう（商法526条3項。フランスの判例には，メーカーである売主は当然に欠陥を知っていたとみなすかのようなものもある。CA Paris 15 juin 1988, Revue française de droit aérien et spatiale 1988, p.201）。

(2)　衛星オペレーター向けの貸付け

**各種のファイナンス
手法**　◉

衛星オペレーターが衛星を購入し，打ち上げるためには，静止衛星の場合，数百億円の資金が必要になる。その資金をどのように調達するかは，衛星ビジ

ネスにとって大きな課題である。

　資金を提供する金融機関の側からみると，衛星運用ビジネスに対する貸付けには，主として，衛星運用事業が商業的に成功せず，貸付けが回収できなくなるという事業リスク，打上げの失敗や，軌道上で運用中の衛星の故障などの技術リスク，そして宇宙活動の免許（宇宙活動法をもつ国の場合）や周波数，軌道位置などの取得失敗，運用先の国による衛星事業の国有化などの政治リスクという3種類のリスクが伴う。これらのリスクを管理しつつ，低いコストで資金を調達できるように，各事業者やプロジェクトの特性に適した資金調達の方法が選択される。

　衛星オペレーターに十分な信用力があれば，事業者としての信用を引当てとした貸付け（コーポレート・ファイナンス）が行われる。世界の大手衛星オペレーターは，信用力がきわめて高いため，資本市場で頻繁に証券（社債）を発行して資金を調達している。他方，事業体のリスクを遮断する必要がある場合には，衛星事業の収益性のみを引当てとしたプロジェクト・ファイナンスの手法が用いられる。信用力が乏しい途上国などでプロジェクト・ファイナンスにより衛星を調達した実例があるほか，政府が関係する大規模なプロジェクトについて，PFI あるいは PPP［215頁参照］などと呼ばれる資金調達の手法も，プロジェクト・ファイナンスの一種である。

シンジケート・ローン ◉　いずれの方法がとられるにせよ，貸付けの金額が大きく，単独の金融機関で引き受けられる与信リスクの規模を超えてしまうため，貸付けに際しては，複数の金融機関がシンジケーション（貸付人団）を組成するシンジケート・ローンの形態がとられる。シンジケート・ローンとは，単に複数の金融機関が協調して融資を行うだけではなく，すべての金融機関が貸付け契約に同一の条件を盛り込み，債権の回収や担保管理も共同で行うというものである。ただし，貸付契約自体は，各行ごとに独立して成立する。

担　保 ◉　衛星オペレーター等に対する貸付け（シンジケート・ローン）の担保としては，衛星を中心として，関連する権利を合わせた「担保のパッケージ」がつくられる。衛星は，それだけでは，いわば金属のかたまりにすぎず，経済的な価値をもたない。そこで，金融機関は，軌道上の衛星を利用するために必要な権利すべてを合わせて担保に取

Figure**5**.1 ◉ シンジケート・ローンの契約関係

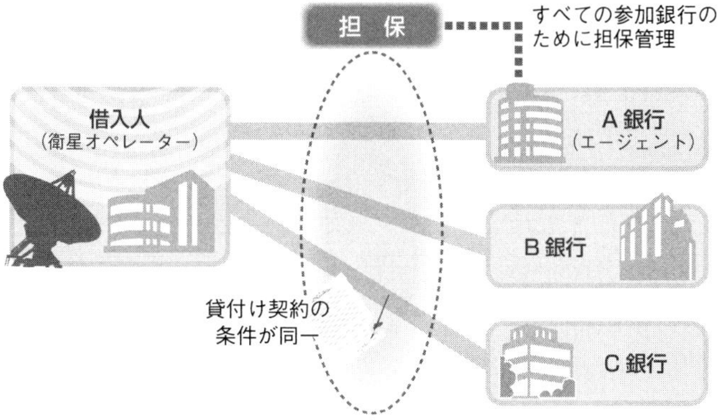

ることで，衛星がもつ経済的価値を把握しようとするのである。

　具体的には，衛星の運用に必要な知的財産権（ソフトウェアについての著作権，特許権など），地上の管制施設を使用する権利（独立の事業者に管制を委託する場合は，その委託契約上の権利），関係する政府が発行した免許や許可などが，担保のパッケージに含まれる。また，衛星を利用するユーザーとの間で長期間の利用契約が締結されていれば，その契約に基づく利用料債権も担保として取得される（一般的には，将来債権の譲渡担保の形式をとる）。免許や許可などは，日本では公法上の権利と位置づけられ，民事取引の対象とはならないとされているが，英米法では，免許や許可に対しても担保を設定できる。もちろん，担保権が実行されても，その権利の譲受人がただちに免許や許可を受けたのと同じ状態になるのではなく，免許や許可の要件を満たすかどうかについて政府による再審査が行われるが，譲受人は，競願者に優先して審査を受ける地位を取得する。

　衛星本体については，米国法では，動産一般について担保権を設定し，それを登記（ファイリング）する制度（Uniform Commercial Code, Art.9）があるので，その制度を利用して簡単に担保の設定と対抗要件の具備が実行できる。これに対して，日本法の下では，衛星は動産であり，自動車や航空機のように抵当権の設定を認める特別法（自動車抵当法3条，航空機抵当法3条）もないから，利用できる担保権は譲渡担保に限られる。このとき，担保権の設定を第三者に対抗するための対抗要件は引渡し（民法178条）となるが，軌道上の衛星について，

211

どのようにすれば占有を移転し，引き渡したことになるのかは，これまで議論もされていないため，はっきりしない。おそらく，地上の管制施設を通じて衛星の動作をコントロールしていれば，占有（物理的には離れているが，第三者を介していないので直接占有）を保持していると評価され，占有者である衛星オペレーターが担保権者のために占有する意思を表示すれば，占有改定（民法183条）により対抗要件が具備されるといえるであろう。衛星オペレーターが実際にデフォルト（債務不履行）に陥り，担保権者が担保パッケージに含まれた管制施設を使用する権利を行使して衛星に対するコントロールを取得すれば，現実の引渡し（民法182条1項）または指図による占有移転（独立の事業者に管制を委託している場合。民法184条）にあたると思われる。

　衛星の譲渡担保については，動産・債権譲渡特例法に基づく譲渡登記が利用できないかという点も，検討する価値があるかもしれない。同法に基づく譲渡登記は，外国に所在する動産についても行うことができるが，宇宙空間も日本の領域外であるから，打ち上げられて宇宙空間に到達した衛星についても，日本の領域外に所在する動産として譲渡登記が認められるかもしれない。

輸出信用機関 輸出信用機関（Export Credit Agency：ECA）とは，自国からの輸出を支援するため，輸出先の信用リスクを担保するようなサービスを提供する特殊な金融機関である。日本の場合，特殊な銀行としての株式会社国際協力銀行と，輸出信用保険の保険者となる株式会社日本貿易保険とが存在する。米国やドイツ，フランスなど主要なメーカーを擁する国は，いずれも同様の組織をもっている。

　国際協力銀行の業務には，直接融資と融資保証がある。直接融資の場合には，国際協力銀行もシンジケート・ローンに参加することになる。融資保証の場合には，借入人（輸出先）の保証人となって，シンジケート・ローンによって貸付けを行う金融機関に対して，保証を提供する。日本貿易保険が提供する輸出信用保険とは，貸倒れリスクを補償する信用保険であり，借入人からの弁済が滞った場合に，保険金が支払われる。どちらも，対象国や対象取引の種類などに法令上の制約があり，常に利用できるわけではないが，衛星のように代金額が大きい取引には，欠かせない存在である。

(3) プロジェクト・ファイナンス

利用の背景 ◉ プロジェクト・ファイナンスは，特定の衛星を利用した事業について，その事業が生み出す収益だけを引当てとした資金調達の手法である。そのために，母体企業（スポンサー）からそのプロジェクトを分離して，融資を行う金融機関は母体企業への請求を行わず（ノン・リコース），責任財産を限定するというスキームがとられる。このようなスキームを用いる目的は，プロジェクトのリスクが母体企業に及ばないように遮断するところにあるが，逆に，母体企業の経営リスクを遮断できるという意味もある。

過去に行われた実例としては，アフリカに衛星通信サービスを提供するためのプロジェクトとして行われた New Dawn 衛星の打上げについて，プロジェクト・ファイナンスを組成したものがある。大手の衛星オペレーターであるインテルサット社がスポンサーとなり，アフリカの投資家の出資を得て設立したニュー・ドーン・サテライト・カンパニーに対し，南アフリカの銀行をアレンジャーとするシンジケート・ローンが，プロジェクト・ファイナンスのスキームで提供されたというものである（2011 年に衛星は打ち上げられたものの，残念なことに，軌道上でトラブルが発生してしまった）。

基本的なしくみ ◉ プロジェクト・ファイナンスを組成するためには，プロジェクトを実行する事業体を，母体企業から分離した特別目的会社（Special Purpose Company：SPC）として設立する。日本であれば，定款所定の目的（会社法 27 条 1 号・576 条 1 項 1 号）を特定のプロジェクトに限定した会社を設立することになる。SPC は，形式上の事業主体となるだけであり，従業員も最小限しか在籍しないが，それでも，事業活動を行う主体なので，株式会社として設立した方が便利であろう。

その上で，実質的な衛星の管制やメンテナンス，故障が発生した場合の修繕などについては，専門的な能力をもった事業者に委託することになる。この場合，SPC を設立した母体企業（スポンサー）が受託会社となることも多い。

リスクの管理 ◉ プロジェクト・ファイナンスでは，そのプロジェクトだけが貸付けの引当てになるので，様々な契約上のしくみによってリスク管理が工夫される。まず，発注した衛星の納品が遅れたり，製造途中でメーカーが倒産したりするリスクが問題となるが，これにつ

Figure**5**.2 ◉ プロジェクト・ファイナンスの契約関係

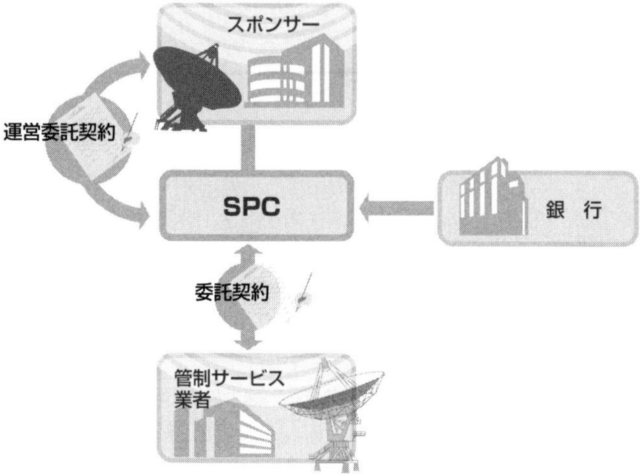

いては，増加費用の請求を認めず，一切の増加費用をメーカーの負担とする契約条項や，履行保証保険（パフォーマンス・ボンド）などの利用が有効であろう。衛星が打上げ後にトラブルを発生することもリスクであるから，納品の条件は，動作確認後の軌道上引渡しが好まれる。

　将来の収入を確保するため，ユーザーとの間で長期の利用契約をあらかじめ締結しておくことも一般的に行われている。その契約のなかでは，トランスポンダーの本数などを一定量以上使用する確約をユーザーに求め，実際の使用量がそれ以下になったとしても，確約された使用量に相当する代金を支払わせるという "take or pay" の条件が含まれている場合が多い。もっとも，そのような条件を受け入れれば，ユーザーは長期間にわたる市場リスクや価格変動リスクをすべて負担する結果となるから，合意が得られるとは限らない。交渉次第では，物価変動調整条項などが必要になるケースもありうる。

　リスク管理の手法のひとつとして，介入権（step-in right）がある。これは，SPC や業務受託会社（多くの場合は母体企業）の経営が悪化したときや，業務受託会社のサービスの質が不十分で業務委託契約の解除が求められるときに，金融機関が経営に介入し，プロジェクトの継続を図るためのしくみである。具体的には，SPC に対して，取締役の解任・選任請求権を金融機関がもつこと（た

だし，金融機関による事業会社株式の保有には制限がある），業務委託会社との関係では，委託契約の解除権，代替する業務受託会社の選定権などを金融機関に留保することが考えられる。

⑷　PFI（PPP）

PFI を必要とする理由 ◉ 　PFI（private finance initiative）とは，公共サービスの調達に際して民間部門の資金を活用するしくみのことをいい，公共調達の手法のひとつである。純粋な形態の PFI では，「性能発注」が行われる。性能発注とは，発注する公共部門（政府や地方自治体，JAXAのような宇宙機関など）が調達しようとする施設・設備の使用を具体的に指定するのではなく，必要とする公共サービスの内容や質を指定し，その実現方法については，民間事業者の選択に委ねるという発注形態である。これによって，民間部門の創意工夫が取り入れられ，予算を抑えて品質の高いサービスが調達できると期待される。

　PFI のしくみは英国で発達し，次第に各国に広がっていった。英国では，宇宙部門でも，軍事通信衛星 Skynet-5 を PFI によって調達した事例がある。従来の軍事通信衛星システム Skynet-4 に代わるシステムを 2 機の衛星と地上システムによって提供するというスキームであったが，受注した民間事業者の工夫によって，4 機の衛星を打ち上げることが可能になったといわれている。

　日本でも，PFI 法（民間資金等の活用による公共施設等の整備等の促進に関する法律）が平成 23 年に改正され，人工衛星の調達も PFI のしくみによって実現できるようになった（同法 2 条 1 項 5 号）。そして，それを利用して防衛省が X バンド衛星通信を調達し，平成 25 年 1 月に契約締結に至った。その後，準天頂衛星システム［259 頁］の運用事業も PFI 法に基づいて調達されている。日本の場合，予算の支出は会計年度主義が原則であり，最大でも 5 年までの契約しかできないため（財政法 14 条の 2 第 2 項），より長期間にわたる宇宙プロジェクトに適合した調達を行うという点でも，PFI 法を利用することにはメリットがある（PFI 法に基づく事業では，30 年以内で債務負担の年限を設定できる。PFI 法 68 条）。

　なお，公共部門と民間部門が連携・協力する事業形態について，PPP（public-private partnership; 官民連携）という言葉もよく使われる。PFI は PPP の一類型であるとはいえるが，「連携」という概念は様々な内容を含むので，PFI 以

外の形で民間部門が関与する様々なスキームも，PPP と呼ぶことが可能である。このように，概念の内容を厳密に確定することができないので，本章では，PPP という言葉は使用しない。

事業契約 ◉ PFI のスキームでは，官民のリスク分担を明確にする必要があるため，プロジェクト・ファイナンスのしくみが利用される。公共部門による発注を実質的に受注した事業者（複数の場合も多い）が母体企業（スポンサー）となって SPC を設立し，SPC と発注元との間で事業契約が締結される。その事業を実施する資金につき，金融機関は SPC に対して貸付けを行う。

　PFI によって調達される施設，設備の所有権については，施設の完成時にいったん発注者に引き渡した上で SPC があらためて使用権を取得し，運営を行うパターン（BTO 型；build, transfer and operate），SPC が所有権をもったまま運営を行って，事業契約期間が満了し，資金を回収し終えた時点で所有権を発注者に引き渡すパターン（BOT 型；build, operate and transfer），施設の所有権は最後まで移転せず，事業契約期間の満了後は SPC またはその母体企業が自由に利用するパターン（BOO 型；build, own and operate）などの類型がある。防衛省が発注した X バンド衛星通信は BTO 型，準天頂衛星システムの運用は BOO 型であった。

　事業契約は SPC が収益を上げる基礎となる契約であるから，金融機関は，その内容に大きな利害をもつ。とりわけ，事業契約が簡単に解除されず，当初に予定した期間内はサービスが継続されることが望ましい。しかし，発注した政府の側では，事業の開始が大きく遅延したり，提供されるサービスの品質が著しく低かったりしたときには，契約を解除できるようにしておきたいと考える。また，事業者としても，発注者である政府等が料金の支払を遅滞したときには契約を解除する権利を留保しようとするであろう。これらをふまえて，契約が解除される事由をどのように定めるかは，事業契約の当事者ではない金融機関とも必要に応じて協議しながら，決定されることになる。

　事業契約が解除された後も，公共サービスは継続して提供しなければならない。したがって，BOT 型や BOO 型で，施設，設備の所有権が期間満了前には発注者に移転しない形態の契約であっても，契約解除の際には発注者が施設，設備を買い取る必要がある。そのような売渡請求権についても，事業契約のな

Figure**5**.3 ◉ PFI の契約関係

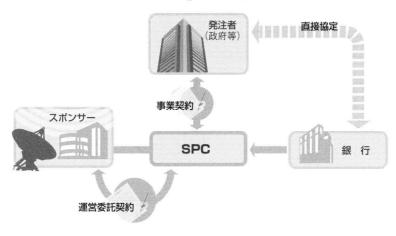

かで規定される。

行政財産 ◉ PFI のスキームは公共サービスを提供するためのものであるが，そのために使用する財産は行政財産とされ，原則として貸付けや私権の設定ができない（国有財産について，国有財産法 18 条 1 項）。すると，たとえば，国が土地を提供し，その上に SPC が所有する関連施設を建設することは，国有財産法 18 条 2 項の要件を満たさない限り，許されない。これでは PFI の制約となるため，PFI 法では，選定事業の用に供するためであれば土地の貸付けも許されると定めている（PFI 法 69 条）。

なお，国有財産法の適用対象に衛星は含まれていないので，PFI によって調達された衛星に持込みペイロード［258 頁］を設置することは，そもそも禁止されていない。防衛省による X バンド衛星通信の PFI スキームでも，入札に付された仕様書のなかで，商用のペイロードを持込みペイロードとして設置してよいものとされていた。

直接協定 ◉ 発注者である公的主体と金融機関は，SPC の経営が困難になった場合などには，利害が対立する可能性がある。発注者は，低い料金で公共サービスの提供が継続されることを希望するが，金融機関は，プロジェクトの収益性が回復する見通しをつけるか（そのためには料金の引上げなどが必要であろう），そうでなければ，事業を打ち切ったり，事業者を交代させたりして，債権の保全，回収を図りたいからである。

そこで，PFI スキームを組成する時点で，あらかじめ SPC が債務不履行（デフォルト）に陥ったり経営困難に直面したりする場合の対応について，発注者と金融機関の間で合意しておくことが考えられる。これを，実務上は「直接協定」と称する。直接協定の具体的な内容は，ケースバイケースの交渉によって決まるものであるが，一般的には，債務不履行等の発生を発注者が知ったときは速やかに金融機関に通知する義務，両者が協議し，また協力して事態に対処する義務，協議が継続している間は事業契約を解除しない義務，金融機関が担保権を実行する際の手続，さらには代替事業者の選定の手続などが含まれる。

(5) 衛星オペレーターの企業買収（LBO）

衛星オペレーターの LBO ブーム　LBO（leveraged buy out）とは，借入れ資金によって企業買収を行うスキームのことをいう。買収される対象会社からみても，買収によって新たな出資者（株主）が出現するのであるから，資金調達の方法のひとつであるといえる。

世界の大手衛星オペレーターは，2000 年代の前半に相次いで LBO を経験した。国際機関から民営化されたインテルサット社は，以下で詳しく述べるように，2005 年に LBO を経験し，直後に LBO の手法を用いてパンナムサット社を買収した上で，2013 年に再上場を果たした。同じくかつての国際機関が民営化したインマルサット社は 2003 年に，また欧州の国際機関が民営化されたユーテルサット社は 2005 年に，それぞれ LBO を経験し，いずれも，2005 年に再上場された。インテルサット社の子会社であったオランダのニュースカイズ社は，2004 年に LBO の対象となった後，ルクセンブルクに所在する最大手の衛星オペレーターである SES 社に買収されている。

LBO の対象として最も適しているのは，キャッシュフローが安定的で，かつ成長性が小さい成熟した会社であるといわれる（そのような会社を，「キャッシュフローが搾れる乳牛」という意味で cash cow と呼ぶ）。借入れによって買収資金を調達するので，年々の収益が安定的で予測可能でなければ，弁済の見通しが立たない。他方で，成長性が高く，投資機会が豊富に存在する会社であれば，買収のために借り入れた資金を弁済するよりも，新規の投資を行う方が効率的である。つまり，LBO の経済的な意義は，投資先が乏しくなった会社のキャッシュフローを買収の対価として株主に還元させ，非効率な事業などに使わない

ように，経営者を規律するところにある。

　国際機関の民営化が一段落した 2000 年代の衛星オペレーターは，事業モデルが固定され，新規の成長の余地は乏しくなっていた。衛星の製造や打上げに伴う技術リスクは依然として大きいが，ひとたび軌道上で衛星の運用が開始されれば，事業リスクは限られている。しかも，かつての国際機関として築いた市場での地位があるため，収益性は高い（経済学的にいえば規制のレントである）。そのような意味で，この時期の衛星オペレーターは，教科書に書いたような LBO の対象だったのである。

LBO のスキーム　⊙　LBO を実行するためには，買収会社が特別目的会社（SPC）を設立し，その SPC に対して貸付けが行われる。これは，貸し付けた資金が買収目的に限定して使用されるようにするためであり，したがって，この貸付けは買収会社に対しては請求することができないノン・リコースのものである。SPC に対しては，買収会社とともに，投資家が出資して LBO ファンドを通じて出資する。LBO ファンドに出資する投資家もまた，プライベート・エクイティ・ファンドなどの投資ファンドである場合が多い。

　SPC による借入れは，優先順位をつけて，シニア・メザニン・ジュニアを区分し，それぞれに異なるグループから調達する。最も優先順位が高いシニアの借入れは金融機関から貸付けを受け，中間のメザニンの借入れは政府系の金融機関や保険会社からの貸付けで調達することが一般的である。弁済の順位が劣後するジュニアの借入れは高金利を付した社債を発行し，富裕層などの投資家に販売するといわれる。なお，株式と違い，債権の優先順位は法制度によって定められたものではなく，債権者間の合意である。

インテルサットの LBO　⊙　事例として，インテルサットの LBO について，開示資料に基づいて，やや詳細にみてみよう。インテルサットは，当初，暫定的なジョイント・ベンチャーとして 1964 年に設立され，1973 年に正式な国際組織となった。このインテルサットが，2001 年に民営化されると，従来の国際組織は，ITSO と呼ばれる監督機関になり，衛星通信事業の資産と負債は，英領バミューダに設立された Intelsat Ltd という会社（インテルサット社）に移転された。民営化により，インテルサットが国際組織であった当時のインテルサット協定の当事国に対し

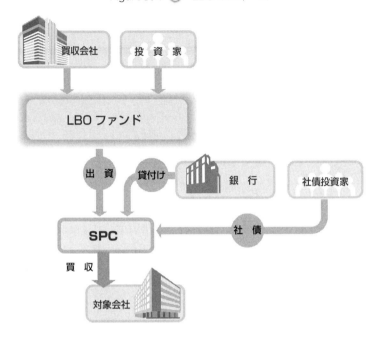

Figure**5**.4 ● LBO のスキーム

て，新会社の株式が分配された。

　そのようにして事業を開始したインテルサット社が LBO の対象となったの
は，2005 年 1 月のことである。著名な買収ファンド 4 者が投資家グループを
結成し，インテルサット社を現金対価合併によって買収した。インテルサット
社の株主に対して支払われた対価の総額は 30 億ドルであった。この買収のた
めに投資家グループが設立した SPC は，子会社を通じて 25 億ドルの社債を発
行したほか，リボルビング・ローンの借入枠を 3 億ドルとターム・ローンの借
入枠を 3.5 億ドル設定した。それらの借入れは，買収前のインテルサット社が
発行していた社債の償還に用いられた。買収前の数年間，インテルサット社の
金利・税・償却前利益（EBITDA）は，6 〜 7 億ドルであったから，この LBO は，
5 倍以上のレバレッジ（利益に対する借入金額の割合）をかけた買収であった。

　インテルサット社自身の LBO が完了したところで，同社は，同業のパンナ
ムサット社を LBO により買収するディールに取りかかった。パンナムサット
社は，国際組織が支配していた市場に民間企業として風穴を開けた存在であり

（パンナムサット社の参入が，インテルサットをはじめとする国際組織が民営化される
きっかけとなった），米国の衛星テレビ放送会社の子会社となっていたが，2004
年に投資家グループによって買収され，翌2005年に半数近くの株式を公開し
て再上場したばかりであった。インテルサット社は，このパンナムサット社に
対して1株当たり25ドル，総額32億ドルの現金を対価として支払うととも
に，既存の社債および借入れ合計32億ドルを引き受けるという条件で合併を
実施した。パンナムサット社は米国の会社であったから，運用中の衛星につい
て，周波数免許や軌道位置を米国から英国に承継する必要があったが，それも
すべて承認され，買収が完了した。

投資家のイグジット
（投資回収）
LBOファンドに出資する投資家はエクイティ・
ファンドが多いので，将来収益の不確実性の問題も
あり，短期間（4〜5年）で投資を回収しようとする。
投資回収の方法（イグジット＝出口）としては，再上場（IPO）するか，他の投
資家に株式を売り渡すか，が考えられる。パンナムサット社のように他社に再
度買収される（バイアウト）というのも，他の投資家に売り渡す方法のひとつ
である。

　インテルサット社の場合，2000年代後半に世界金融危機が発生して株式の
再上場が望めない状況になったこともあり，2008年には，当初とは別の投資
ファンド2者が新たな投資家グループを結成して，総額50億ドルで一部の株
式を譲り受けた（その後の2009年に，インテルサット社は本社を英領バミューダか
らルクセンブルクに移転している）。そして，2013年4月に，ようやく再上場が
実施され，総額3億2880万ドルで株式が売り出された。その後，5月になって，
20億ドルの社債発行を行い，その資金によって既存の債務を弁済したと伝え
られる。

(6) アセットベースト・ファイナンス（資産担保金融）

アセットベースト・
ファイナンスの可能
性
特定の資産を購入するための資金を調達するために，
その資産の収益性を引当てにして組成される金融取
引のスキームをアセットベースト・ファイナンス
（資産担保金融）と呼ぶ。プロジェクト・ファイナンスと同様に，借入人の事業
者としての信用を引当てとしない資金調達方法のひとつであるが，プロジェク

ト・ファイナンスでは，プロジェクトのなかで資産をどのように使用するかが重要視されるのに対して，アセットベースト・ファイナンスは，資産に一定の汎用性があり，誰がその資産を利用しても同じような収益が期待されるという場合に適している。

　アセットベースト・ファイナンスが最もよく利用されている取引のひとつは，航空機ファイナンスである。航空機は，機種（大きさと座席数）が決まれば収益額について見込みが立つので，市場で中古機の売買やリース取引が活発に行われている。そうした市場の実態を背景に，国際的なアセットベースト・ファイナンス取引のルールとして，ケープタウン条約（本体条約および航空機議定書）が作成され，80カ国以上の批准を得て，国際的な共通ルールとなっている。2000年代のはじめに，衛星についても同じようなアセットベースト・ファイナンスの取引を確立することが考えられ，同条約の宇宙資産議定書を作成する作業が開始された。宇宙資産議定書は2012年に採択されたが，その間に，衛星オペレーターのLBOが流行するなどの事情があったため，衛星のアセットベースト・ファイナンスを実現する試みは下火になり，議定書の批准国も皆無のままである。

アセットベースト・
ファイナンスの手法 ◉ 　アセットベースト・ファイナンスという言葉は取引の経済的な機能に着目した表現であり，法的には様々なしくみが考えられる。航空機ファイナンスの場合，代表的な取引形態には，担保付貸付け，割賦販売（メーカー金融），リースの3通りがある。衛星についてアセットベースト・ファイナンスが行われる場合にも，同様の取引が想定される。

　第一の担保付貸付けは，衛星を購入する需要者（衛星オペレーター）を借入人として金融機関がノン・リコースの貸付けを行い，衛星に担保権を設定するという取引である。航空機ファイナンスの場合，航空機は動産であるが，特別法によって抵当権の設定が認められている（航空機抵当法3条）。しかし，日本をはじめとする多くの国では，衛星には抵当権の設定を認める特別法がない[211頁参照]。

　第二の割賦販売は，メーカー（またはメーカーの関連会社）が与信者となる取引である。販売代金を，衛星の引渡し後にわたる分割払いにするとともに，代金が完済されるまでの間は衛星の所有権をメーカーが留保する。代金の支払が

Figure**5**.5 ◉ アセットベースト・ファイナンス（担保付貸付け）

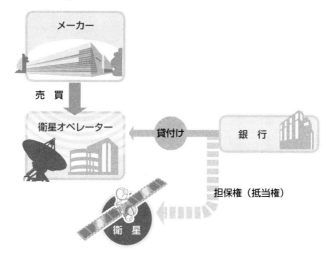

Figure**5**.6 ◉ アセットベースト・ファイナンス（割賦販売）

滞れば，売買契約を解約して，衛星の引揚げが行われることもある。

　第三の取引形態はリース取引である。衛星の所有権はリース会社（レッサー）に属し，衛星を利用するオペレーターはリース契約に基づいてレッシーとなって使用権を取得する。リース取引のなかには，実質的には金融取引であって，衛星の代金をリース期間中に配分し，中途解約を禁止する（解約しても精算金として残リース料の支払いが求められる）というファイナンス・リース取引と，リー

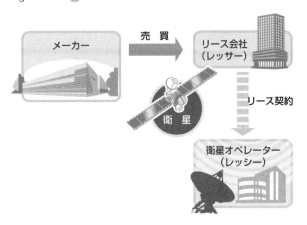

Figure**5**.7 ● アセットベースト・ファイナンス（リース取引）

メーカー

売買

リース会社
（レッサー）

衛星

リース契約

衛星オペレーター
（レッシー）

ス期間中に衛星を使用することを目的とし，リース料は衛星の購入代金とは独立に決定されるというオペレーティング・リース取引とがある。航空機ファイナンスのようにリース取引が発達していれば，オペレーティング・リースのリース料は市場によって決まることになる。

　航空機ファイナンスの分野ではこれらの取引類型が確立しているため，ケープタウン条約では，この3種類の取引における与信者の権利（航空機抵当に相当する抵当権，売主に留保された所有権，リース契約におけるレッサーの権利）が「国際担保権」とされている。ケープタウン条約は，本体条約と，それと一体をなす各議定書とからなるので，本体条約に定められたルールは，宇宙資産議定書が対象とする衛星のアセットベースト・ファイナンス取引にも共通に適用される。

　ケープタウン条約 ●　ケープタウン条約は，航空機ファイナンス取引を念頭に置いて，アセットベースト・ファイナンスに適した法制度を確立する目的で作られた条約である。本体条約と航空機議定書は，2001 年に，ケープタウンで開催された外交会議において採択された（そのためにケープタウン条約の名称がある）。条約の作成に際して実質的な事務局を務めたのはユニドロワ（私法統一国際協会）であり，条約の批准書もユニドロワに寄託することになっている（本体条約 62 条）。その後，ルクセンブルク鉄道議定書が 2006 年に採択され，2012 年に採択された宇宙資産議定書が 3 番目の議定書

となった。

　ケープタウン条約の基本的な内容は，3つの原則にまとめられる。第一に，国際担保権をめぐる権利関係を明確にするため，国際的な登録機関を設立して登録情報を一元的に管理する（本体条約16条）。そして，国際担保権の優先順位は，登録機関への登録の順序によって定められる。つまり，登録機関に先に登録された国際担保権は，後から登録された国際担保権および未登録の権利に優先する（本体条約29条）。登録の具体的な手続等は，宇宙資産議定書の採択後に作成された登録規則で定められている。なお，この登録は民事の権利関係を明らかにするためのものであるから，宇宙物体登録条約に基づく宇宙物体の登録とは独立の制度である。

　第二に，債務者による弁済が滞った際の国際担保権の迅速な実行を確保する。そのために，あらかじめ契約（貸付契約，割賦販売契約またはリース契約）のなかで，債務の不履行が発生したときは合理的な方法で国際担保権を実行する旨を合意することができる。そのような合意がある限り，国際担保権の権利者は，裁判所の決定を経ることなく，直接に国際担保権を実行してよい（本体条約8条・10条）。

　第三に，債務者が倒産手続を申し立てた場合に，その倒産手続が再生型の手続（日本法でいえば民事再生手続や会社更生手続）であっても，国際担保権の実行手続は停止されず，また権利の効力や内容が変更されることもないという制度を用意した（宇宙資産議定書21条選択肢A）。宇宙資産議定書にはこれと違った内容の制度もあり（同条選択肢B），議定書を批准する国がどちらの制度を選択するかを決定するしくみになっているが，選択肢Aを選択しなければ，アセットベースト・ファイナンスの実行は阻害されると考えられており，航空機議定書の場合には大半の批准国が選択肢Aを選択している。

　これらの原則のうち，登録機関による権利関係の明確化が取引の効率を高めることは明らかである。また，国際担保権の私的実行は，日本法の下でも，銀行取引約定書をはじめ，各種のリース契約書などの契約条項には通常定められており，その効力は，一般的に有効と考えられている。これに対して，倒産手続のなかで担保権が制約を受けないという考え方は，日本法と大きく異なっている。日本では，担保権の行使を制約し，更生担保権として更生手続のなかに取り込む会社更生法（会社更生法50条・168条1項1号。なお，同法104条参照）

はもとより，民事再生法も，裁判所による裁量的な担保権の実行手続の中止命令や担保権消滅請求などによって担保権の実行が制約される可能性があるからである（民事再生法31条・148条）。また，国際的にも，倒産法のルールとしては，特定の債権者による権利行使を制限して，倒産債務者の再生を促す考え方が一般的である。しかし，アセットベースト・ファイナンスという特殊なファイナンス取引においては，引当てとなる資産以外の財産に対して債権者が権利を行使できないので，この資産に対する権利を強く保障しなければ，金利などの取引条件が資金を調達する側にとって非常に不利なものになってしまう。そうした特殊性を反映して，ケープタウン条約は，倒産手続のなかでも権利の行使が保障されるというユニークな制度を採用している。

宇宙資産議定書の特殊性 ◉ 航空機ファイナンスを念頭に置いて作られたケープタウン条約の制度を衛星ファイナンスにも適合させるために，宇宙資産議定書はいくつかの点で工夫を設けている。

　まず，国際担保権の対象となる衛星について，軌道上に所在する状態では担保としての価値を十分に発揮できないという問題を解決する必要があった。そこで，軌道上の衛星がもつ価値を実現させるための様々な権利を付随的な担保とする制度が導入された。それらの権利は，（資金調達契約の）債務者が権利者となる権利であるため，「債務者の権利」と呼ばれる（宇宙資産議定書1条2項a号）。債務者の権利は，国際担保権に付随するものとして担保権者に譲渡することができ（同議定書10条1項），その権利譲渡は国際担保権の登録の付帯情報として登録機関に記録することができる（同議定書12条1項）。登録機関に記録された「債務者の権利」の権利譲渡は，他の譲受人に対する債権譲渡に優先する（同議定書13条）。その結果，いったん権利譲渡が記録されると，その権利を独立に債権譲渡することは無意味になる。そして，債務者が弁済を怠って債務不履行に陥ったときは，国際担保権者は，譲り受けている「債務者の権利」も自由に行使することができる（同議定書18条）。

　「債務者の権利」には，独立の管制業者による管制を受ける権利や衛星に不具合が発生した場合に保険金の支払を受ける権利などが含まれるので，これらの権利の譲渡を受けた国際担保権者は，国際担保権を実行するとともに「債務者の権利」を行使して，衛星を自ら運用することができる。衛星のユーザーと

の契約に基づいて利用料の支払を受ける権利も「債務者の権利」であるから，これを行使すれば，利用料請求権に物上代位したのと同じ結果になる。このようにして，国際担保権者は，軌道上にある衛星から経済的な利益を実現することが可能になる。

　次に問題となった点は，国際担保権が設定された衛星を用いて公共サービスが提供されているときに，国際担保権の実行によって公共サービスが中断されるという事態を回避するしくみがなくてよいかということである。この種の問題は，PFIであれば金融機関と発注者の直接協定によって解決されるが［217頁］，アセットベースト・ファイナンスは，資産（衛星）を利用するプロジェクトの内容ではなく，資産自体の価値を引当てとする資金調達であるから，そうした考慮を入れる必要はないとも考えられる（現に，ケープタウン条約の航空機議定書は，公共サービスに使用される航空機を適用対象から除外することで，こうした問題を回避している）。しかし，衛星は，ほとんどの場合に何らかの形で公共サービスの提供に利用されているので，調整規定が必要であると考えられ，あらかじめ「公共サービスに利用されているという告知」が登録された衛星については，国際担保権の実行に際して所定の待機期間を置かなければならないという制度が設けられた（宇宙資産議定書27条。待機期間の長さは，3〜6カ月の範囲で各締約国が指定する）。待機期間内に，国際担保権者と債務者（衛星オペレーター），公共サービスの提供を受ける国とが，サービスの再開方法など善後策を協議することになるであろう。

　持込みペイロード［258頁］が衛星のバス上に設置されているときに，その持込みペイロードを対象としたアセットベースト・ファイナンスを実行するニーズも想定されたため，宇宙資産議定書の下では，「宇宙機の一部」も宇宙資産と位置づけられ，国際担保権の設定対象となりうる。ただし，現実に国際担保権が設定できるのは，登録機関の規則において，登録が受理されるタイプの宇宙資産として指定された「宇宙機の一部」に限られる（宇宙資産議定書1条2項(k)号。小さなネジの1本1本にまで国際担保権が設定できることになっては収拾がつかないからである）。衛星を対象とするアセットベースト・ファイナンスそのものが，まだ現実に行われる段階に至っていないので，持込みペイロードなど「宇宙機（衛星）の一部」を対象としたアセットベースト・ファイナンスは，実現するとしても，やや先のことになるであろう。

3 宇宙保険

宇宙保険の種類 宇宙活動には大きなリスクが伴うが，リスクが現実
化しても予算によってカバーできる国家機関とは違
い，民間事業者による宇宙ビジネスでは，このリスクを事前に管理しなければ
ならない。そのための手段が，宇宙保険である。

　宇宙保険のなかでは，衛星保険と責任保険が区別される。衛星保険はいわゆ
る物保険であり，衛星に発生する不具合や衝突などによる損傷から生ずる損害
を塡補するため，主として衛星の所有者が契約する保険である。損害が発生
する時期に応じて，打上げ前保険，打上げ保険，および軌道上保険（寿命保険）
の3種類がある。責任保険は，宇宙活動に際して打上げ事業者や衛星運用者が
第三者に損害を発生させ，損害賠償責任を負担した場合に，その責任を塡補す
るための保険である。

　歴史的には，1965年にインテルサットが打上げ前保険を契約したのが最初
の宇宙保険だったといわれている。その後，宇宙活動の発展に応じて宇宙保険
の市場も発達してきたが，リスクの大きさや専門性の高さから，引受けを行う
保険会社は世界でも限られている。大規模な企業リスクの保険であり，1件ご
とに個性があるため，ブローカー（保険仲立人〔保険業法286条以下〕）を通じて
オーダーメイドで組成される。

衛星保険 衛星保険のうち，打上げ前保険は，ロケットまたは
衛星の製造，保管（打上げの順番待ち期間を含む），射
場までの運搬・射場への搬入，および打上げ準備の過程において，ロケットま
たは衛星が減失・損傷するリスクを担保する保険である。この保険による保障
は，打上げ（ロケットへの点火）により終了する。

　打上げ保険は，打上げの失敗時または打上げから1年間の期間に衛星が減
失・損傷するリスクを保障する。保険金額は，衛星の再調達（再度の製造および
試験・検証）に必要な費用，打上げを再度行う費用（ロケットの再調達代金），お
よび諸経費から算定される。保険期間はロケットの点火時に開始し，衛星の分
離，軌道上での検証，または打上げから一定期間（1年というものが多い）経過
後のいずれかの時点で終了する。

　軌道上保険（寿命保険）による保障の対象は，打ち上げられて軌道上に所在

する衛星に発生するリスクである。リスクの具体的な内容としては，スペース・デブリなどとの衝突による衛星の破壊，衛星の機能低下，衛星寿命の短縮などが考えられる。保険期間は通常1年であり，毎年更新される。大規模な衛星オペレーターは，自社で保有する数十機の衛星を一括して，フリートとして保険を契約している。

サルベージ　　衛星保険は損害保険だから，実際に発生した損害を査定し，その損害額を塡補する金額の保険金が支払われる（保険法18条）。しかし，特に軌道上保険の場合には，衛星が宇宙空間にあるため，損害を物理的に査定することは非常に困難である。そこで，燃料や電力，ミッション機器の機能などを指標化し，その指標によって損害額を算出するという方法が，一般的な契約条件として用いられる。

　その結果，契約条件に基づくと全損（衛星の機能が完全に失われた状態）となるにもかかわらず，現実には衛星が機能しているという状況が発生することもある。この場合，契約条件では全損であるから，保険金は全額が支払われるが，それと引換えに，衛星に残された機能に対する権利を保険者に与えるという扱いがとられる。これを実務上，「サルベージ」と呼んでいる。一般的な損害保険の残存物代位（保険法24条）に似ているが，保険の目的物が全部滅失になっているわけではないので，残存物代位そのものではなく，保険契約の条件によって定められた保険者の権利と考えられる。

　サルベージのなかには，所有権サルベージと収益サルベージがある。所有権サルベージは，全損として保険金が支払われた衛星の所有権を文字どおり保険者が取得する権利をいう。1995年に打ち上げられた韓国のKoreasat 1（ムグンファ1号）の事案では，打上げに際して，補助ロケットが分離されず，衛星が静止軌道まで到達できなかった。その後，衛星に搭載した燃料を使用して静止軌道まで衛星を移動させることに成功したが，このために大量の燃料を使用してしまい，衛星の寿命がほぼ半減してしまった。保険契約の条件では，衛星の機能が50％を下回ったときには全損とみなすと定められていたようであり，この条件が満たされたかどうかをめぐって衛星の所有者（被保険者）と保険者の間で交渉が行われたが，結局，全損として処理した上で，所有権サルベージを実行し，保険者が衛星の所有権を取得した。もちろん，保険者自身は衛星の運用能力をもっていないので，この衛星を買い取って運用する主体を探すこと

になり，もともとの衛星所有者であった Korea Telecom が買い戻して運用した。

　収益サルベージは，現実に衛星の所有権を保険者が取得するのではなく，衛星に残された機能から生み出される収益の一部について保険者が権利を取得するというものである。所有権サルベージを実行しても，結局は元の所有者が買い戻すのであれば，所有権の移転を経由せず，端的に収益の一部を保険者に移転するという扱いが簡便であるため，このような契約条件が発達したと考えられる。

　なお，サルベージが実行される場合に，衛星の調達に対して融資を行った金融機関が衛星の上に担保権を取得していると，問題が複雑になる。衛星の機能低下などの条件から全損としてみなされるのは保険契約上の取扱いにすぎないのに対して，担保権は物権であって，現実に残存する衛星の上に存続するからである。所有権サルベージの実行に際して，支払われる保険金に金融機関が代位することと引換えに担保権を放棄するという合意が成立すれば，問題は解決するが，そのような結果になるかどうかは，保険者・被保険者（衛星所有者）・金融機関の間の交渉しだいであろう。

第三者賠償責任保険 　宇宙ビジネスによって他人に損害を発生したときには，打上げ国に宇宙条約上の責任（国際責任）が発生するほか，事業者も民事法上の責任（民法などに基づく不法行為責任，またはその特則としての宇宙活動法に基づく責任）を負担する。前者の責任についても，打上げ国は，原因を作った事業者に対して求償することになるであろう。これらの責任を負担するリスクに対して保障を提供する保険が，第三者賠償責任保険（Third Party Legal Liability（TPL）Insurance）である。打上げの際には，特に危険が大きいので，ほとんどの国では第三者賠償責任保険の手配が義務づけられている（宇宙活動法 9 条参照）。打上げ後，軌道上で衛星を運用する際にも損害賠償責任が発生する可能性はあるが，打上げ国の責任が過失責任とされている（宇宙損害責任条約 3 条）ため，日本を含め，多くの国は，必ずしも保険を義務づけていない。

　打上げ時の第三者賠償責任保険についてみると，被保険者は，すべての打上げ関係者であり，打上げ事業者，衛星所有者やその被用者・履行補助者のみならず，関係国も含む。商用打上げサービスの場合にどの国が「打上げ国」になるかについて，国際法上の解釈は確立していないが，関係国を広く被保険者に

含めることで，実質的な問題は解消されている。

　対象となる保険事故は，一般的には，打上げの関係者から関係者以外の当事者（たとえば，ロケットの破片が落下して損害を受けた地上の第三者）に対する損害賠償責任の発生である。打上げ関係者間では，通常は相互に損害賠償請求権の放棄（クロス・ウェーバー）が合意されているため［246頁］，関係者間で発生する責任は保険事故から除外されている。

　保険期間は，打上げの時点に開始し，打上げ後一定の期間（1年など）が経過した日に終了する。この間にロケットの上段がすべて落下してこないときは，スペース・デブリとして宇宙空間を浮遊し続け，他の宇宙物体に損害を与える可能性もあるので，そうした事態に備えて契約を更新する事業者もある。補償の対象は，保険契約の条件のなかで，保険期間内に発生した損害賠償責任として定められている（発生ベースの保障）。

4　宇宙空間と知的財産

宇宙空間での発明　　宇宙機のなかで発明が行われれば，特許権による保護が問題になる。サブオービタル飛行［253頁参照］に際しても，宇宙観光を目的とした乗客を乗せるほかに，機内で微小重力を利用した実験を行う計画もあるといわれている。また，観測衛星から撮影した画像等のデータについては，著作権の問題が発生する［274頁］。

　しかし，大半のケースでは，知的財産法が宇宙空間に適用されるかどうかは，重要にならない。知的財産の保護は，基本的には，侵害行為が行われる国の法律を適用する属地主義がとられているので，発明や創作行為が宇宙空間で行われたことは，特に大きな問題をもたらさないからである。ただし，米国では，永らく先発明主義がとられてきたため，宇宙空間での発明行為が「米国内」の発明といえるかという点が問題となった。当時，具体的に想定されたのは国際宇宙ステーション上での発明であり，国際宇宙ステーションに関する国際協定は，各飛行要素で行われた行為は，その登録国の領域内で行われたものとみなすと定めている（国際宇宙ステーション協定21条2項）。そこで，1990年に米国の特許法が改正され，「米国の管轄権または管理の下にある宇宙物体またはその構成部分」に適用範囲が拡大された（35 USC §105）。この改正は，米国に登

録された国際宇宙ステーションの飛行要素で発明行為が行われた場合に，米国内の発明として米国の特許法を適用するという意図をもったものであった。現在では，2011年の改正により，米国の特許法も先願主義に移行したので，発明が宇宙空間で行われたものであっても，保護を必要とする国で出願すれば足りることとなった。

宇宙空間での侵害行為 ◉ 　宇宙物体上で侵害行為が行われる場合には，宇宙空間に対する知的財産法の適用の有無が問題となる。属地主義の下では，どこの国の領域にも属さない宇宙空間で行われた行為に対して知的財産法が適用できなければ，侵害行為の責任を問うことはできない。宇宙物体の登録は物体に国籍を付与するものではないと解されているため，登録国の知的財産法が適用されると簡単にいってしまうわけにはいかない。

　米国の判例は，1990年の特許法改正以前の行為について，米国に登録された衛星であっても，特許法の適用は及ばないと判断している（Hughes Aircraft Co. v. United States, 29 Fed. Cl. 197 (1993)）。この事案は，米国の衛星メーカーであるヒューズ社が，NASAが製造し，打ち上げた衛星に自社の特許技術が使われているとして特許権侵害を申し立てたというものであるが，軌道上で衛星が特許技術を用いて動作しているというだけでは侵害にならないとして，米国内で製造された衛星についてのみ，製造行為が特許権の侵害にあたるとした。

　知的財産法の適用範囲を明文によって宇宙物体上にまで拡大すれば，この問題は解決する。フランスでは，宇宙活動法の制定時（2008年）に知的財産法典も改正され，特許権に関する規定は宇宙空間における発明または発明の実施に適用することとされた。ここにいう宇宙空間には，宇宙条約8条に基づいてフランスの管轄権が及ぶ宇宙物体が含まれる（L611-1条4項）。特別法により，自国に登録された宇宙物体上の行為については自国の知的財産法が適用されると定めた例としては，ドイツが，1990年に国際宇宙ステーション協定の施行法を制定し，知的財産法（工業所有権法および著作権法）の適用に関しては，欧州宇宙機関（ESA）に登録された国際宇宙ステーションの飛行要素における行為をドイツ領域内での行為とみなす，としている。EUにおける共同体特許草案の検討過程でも，2000年頃の草案では，EU加盟国の管轄権および管理の下にある宇宙物体上の発明行為および実施行為に対しては，同草案の規定を適用すると規定されていた（3.2条。ただし，2012年に採択された欧州単一効特許規則

〔Regulation（EU）No 1257/2012〕には，宇宙空間への適用に関する規定は置かれていない）。

　米国の特許法と違い，EU の共同体特許草案では，管轄権「または」管理ではなく，管轄権「および」管理が及ぶことが要件となっていた。宇宙条約 8 条は，宇宙物体の登録国がその宇宙物体上に管轄権および管理を行使すると定めているから，共同体特許草案の方が宇宙条約に忠実であるといえ，米国特許法に対しては，適用範囲の過剰な拡大であるという批判が当初から向けられていた。もっとも，米国法のような文言の規定を置けば，米国企業が形式的な子会社などを通じて他国で登録した宇宙物体にも米国法を適用する可能性があると考えられる。知的財産法の適用は，もっぱら侵害行為の責任を問う局面で問題になるので，そのような形で脱法を防ぐ方が立法政策としては適切だという政策判断も成り立つであろう。

　日本は，米国やドイツとは異なり，国際宇宙ステーションに参加した際にも，特許法の適用範囲を拡大する立法を行わなかった。これについては，特許法 26 条によって国際条約が優先適用されるから問題はないと説明されることもある。しかし，特許法 26 条にいう「条約」は，工業所有権に関するパリ条約や TRIPs 協定のように，私人の権利義務を直接規定する条約を指すと解釈されている。国際宇宙ステーション協定は，参加各国の政府および宇宙機関を当事者とする協定であり，それが私人の権利義務を直接的に規定する効果をもつとはいえないのではないかという疑問も提起されている。

　一般的にいえば，知的財産法の適用を自国に登録された宇宙物体上に拡大する立法がない国では，その国の登録をもつ宇宙物体が知的財産権侵害を許す場として利用される可能性がある。今後，低軌道（LEO）の宇宙活動が企業によるビジネス利用を中心としたものになっていくと，そのような宇宙空間での「海賊版天国」が問題化する時代が来ないとも限らない。

射場への持込みと特許権侵害　宇宙物体が，ある国で製造された後に，打上げのため別の国の射場に持ち込まれた場合，射場が存在する国では特許権侵害が成立するかという点も議論されている。日本の特許法では，一時的に通過する船舶や航空機，それらに使用する機械・器具・装置その他の物については，日本法の下で成立した特許権の効力が及ばない（特許法 69 条 2 項 1 号）。船舶，航空機，陸上車両という国際的

な交通手段については，特許侵害の主張によって交通を止めることは避けるべきであるという政策判断に基づいて規定されたパリ条約5条の3を国内法化したものである（日本では，国際的な陸上交通手段はありえないと考えられて，陸上車両は条文化されなかった）。

　この規定は限定列挙であると考えられており，宇宙機に対して類推適用することには否定的な見解が強い。そこで，国際宇宙ステーション協定は，地上と国際宇宙ステーションの間を移動中の構成部分が一時的に所在するだけでは知的財産権侵害の根拠とはならないという明文の規定を置いた（同協定21条6項）。フランスの知的財産法典は宇宙空間への打上げのため国内に持ち込まれた物には特許権が及ばないと明示しており（L613-5条e)），米国法にも，打上げを予定した宇宙物体は「車両」に含まれないと定める同趣旨の規定がある（51 USC §20135(j)）。ロケットや宇宙往還機などの宇宙機が，いわゆる二地点間（P2P）移動に広く利用され，「交通手段」として船舶や航空機と同じ程度に重要性をもつと認められる時代になれば，より一般的な法改正が各国で必要になるであろう。

領有禁止原則との関係 ◉　宇宙空間は，国による領有が禁止された自由な空間であるが（宇宙条約2条），だからといって，宇宙空間で知的財産権が保護されなくともよいという主張は，現在では聞かれない。国際宇宙ステーション協定などが先例となって，知的財産権には，宇宙物体に対する財産権（宇宙条約8条）と同じような地位が認められているといえる。

　しかし，例外的には，特定の知的財産権の主張を認めると，結果として，宇宙空間の一部についての独占権を認めることに等しくなるという状況は，ありえなくはない。知的財産権は，特定の技術などについて独占権を認める制度であるため，その行使と競争政策の関係が常に問題となるが，宇宙空間の場合には，領有禁止の原則があるため，独占を認めることの弊害は，より強く意識する必要がある。

　このような問題が議論されたのは，特定の軌道上の衛星配置に関する特許権をめぐって，1996年に発生した紛争である。紛争の発端は，中軌道（MEO）を利用する移動体通信事業を計画していたTRW社が，「5600～10000kmの軌道上に配置された通信衛星群（コンステレーション）」を含む移動体通信システムについての特許権を米国で取得したことであった。同社は，同じような事業を

実施しようとした ICO Global Communications 社の行為がこの特許権の侵害にあたると主張し，ICO 社が発注していた衛星について，打上げの差止めを求めて提訴した。訴訟の提起が ICO 社の信用を失わせた結果，ICO 社は倒産してしまった。訴訟自体は和解によって終了したが，この特許権は競業者による事業活動を排除し，対象となった中軌道について，一事業者による独占を認める効果をもつものだった疑いがある。そうだとすると，領有禁止原則に照らして，特許権の効力範囲を限定的に解釈したり，権利の行使を制限したりする余地があったとも考えられる。

5 宇宙ビジネスと規制

(1) 宇宙物体の登録手続

日本の人工衛星登録簿 ◉ 宇宙条約の下では，宇宙物体が打ち上げられると，登録されなければならないことになっている（宇宙条約 8 条）。この登録は，打上げ国が国内に登録簿を設置して登録するものであるが（宇宙物体登録条約 2 条），登録を行った国は，国連に対して登録内容を情報提供する（同 4 条）。国連には，国際的な宇宙物体の登録簿があり，情報提供された内容はこの登録簿に記録される（同 3 条）。実務上は，国連の宇宙部が国際的な登録簿の管理を行っている。国連に提供される情報については，2007年の国連総会決議「宇宙物体の登録方法に関する勧告」［80 頁参照］が採択されて以降，統一的な書式が利用されるようになった。

　そこで，日本の事業者が宇宙活動を行うために宇宙物体を打ち上げたときにも，登録と国連への情報提供を行わなければならない。昭和 58 年以降，関係省庁間の「申し合わせ」に基づき，宇宙物体の打上げが行われると，当時の科学技術庁・文部省・運輸省・郵政省が共同して人工衛星登録簿を作成し，登録簿に記入された事項について外務省に通報する運用が行われた。宇宙活動法の下では，人工衛星等の打上げの許可および人工衛星の管理の許可を申請する者が内閣府に対して必要な情報を提出し（宇宙物体登録に係る届出マニュアル），それに基づいて国内登録と国連への情報提供が行われている。人工衛星登録簿は内閣府が保管し，国連に対する情報提供は外務省が通報された内容に基づいて行う。

(2)　スペース・デブリの発生抑止に関する規制

IADC スペース・デブ　⦿
リ低減ガイドライン

宇宙物体の打上げは，宇宙空間に，本来は存在しなかった人工物を持ち込むことでもある。現に機能している衛星などはともかくとして，ロケットに衛星を留めていた金具・バネなどや，衛星を覆っていたフェアリング，寿命が尽きた衛星など，何の機能ももたない人工物は，「宇宙のゴミ」（スペース・デブリ）でしかない。空気抵抗がない宇宙空間では，そうしたコントロールされていない物体が高速で飛び回り，衛星や宇宙ステーションなどに衝突して損害を与える危険性がある。スペース・デブリの中でも非常に小さなものは，そもそも衝突のインパクトが限られており，また，10cm 程度の大きさがあれば地上からも観測可能なため，衝突される側で回避することができる。その中間に属する 1〜10cm のスペース・デブリが，最も厄介だといわれている。

スペース・デブリの問題は，宇宙の環境問題などといわれるが，物理的な衝突の危険を伴うという意味では，宇宙の安全問題でもある。そこで，日米欧をはじめとする各国の宇宙機関が，宇宙機関間デブリ調整委員会（The Inter-Agency Space Debris Coordination Committee：IADC）という国際的な協議の場を設け，できるだけスペース・デブリを発生させないようにするための技術基準として「IADC スペース・デブリ低減ガイドライン」を作成した。そのなかでは，宇宙空間に分離放出される物品の制限や，運用後の衛星を衝突のリスクが少ない軌道（墓場軌道）に移動する能力の確保などが要請されている。「IADC ガイドライン」は，条約ではないにもかかわらず，国際的に遵守されているソフトローと認められてきた。

日本における対応　⦿

日本では，宇宙活動法に基づく打上げ許可および人工衛星管理許可の条件として，適切なスペース・デブリの発生抑止措置が要求される（宇宙活動法 6 条 1 号・22 条 2 号 4 号，同法施行規則 7 条 6 号 7 号・22 条 1 号 3 号・24 条）。また，JAXA は「スペースデブリ発生防止標準」を定めており（NASDA の「安全基準」［66 頁］を改訂したもの），JAXA のプロジェクトとして開発された衛星はもとより，JAXA のロケットによって打ち上げられる衛星は，大学で開発した小型衛星なども含め，これに準拠することが求められる。

(3) 安全保障輸出管理

外国為替及び外国貿易法による輸出管理 ◉ 　宇宙活動に関わる技術には，軍事的に転用可能なものが少なくない。ロケット技術はミサイル技術と共通する面が大きいし，衛星にも機微な技術が数多く含まれている。そのため，これらの技術を国外に移転することは，機微技術の輸出として規制される。一般的な貿易管理と区別して，この規制を「安全保障貿易管理」と呼ぶ。

　たとえば，日本国内で組み立てたロケットを海外の射場から打ち上げることは，ロケットの輸出にあたり，輸出規制の対象となる。また，ロケットに関する技術情報を海外の技術者に対して伝えたり，ウェブサイト上のブログや SNS などで公開したりすることも，技術の輸出として同じように規制に服する。ロケットを日本の射場から打ち上げる場合でも，外国の衛星の打上げを引き受けるときには，インターフェイスに関する情報を含めて情報のやり取りに細心の注意を払わなければならない。打上げを遂行するために必要な情報交換であっても，規制の対象となる機微技術が含まれていれば，法令の違反であることに変わりはない。

　もちろん，衛星を海外に対して輸出する場合には，輸出管理に関する法令にしたがう必要がある。海外のロケットで衛星を打ち上げることも，その国に対する輸出にあたり，日本のロケットで海外の衛星を打ち上げる場合と同じように，インターフェイスに関する情報の交換が規制の違反とならないように注意が要求される。

　機微技術の移転に関する国際的な枠組みとして，ワッセナー協定とミサイル技術管理レジーム（Missile Technology Control Regime：MTCR）が存在する。日本は，どちらの枠組みにも当事国として参加している。ワッセナー協定は，冷戦時代の対共産圏輸出規制（COCOM）を引き継ぐものであるが，旧ソ連圏の諸国をも取り込んで，軍事技術の拡散を防止するための体制として機能している。参加国は，協定の下で定められたリストに基づく輸出管理のしくみを構築し，軍事技術の拡散を防止するための実効的な体制を維持しなければならない。MTCR は，冷戦期の 1987 年に起源をもち，ミサイル技術，ロケット技術，無人飛行機技術およびそれらの関連技術の拡散を防止するための体制である。参加国は「ミサイル関連機微技術の移転に関するガイドライン」を遵守し，その付表

237

にカテゴリーⅠ（輸出禁止の推定を受ける製品等）とカテゴリーⅡ（その他の製品）に分けて列挙された製品や技術の移転を規制する。ワッセナー協定もMTCRも，査察のような強制力をもった措置は予定しておらず，参加国の自発的な遵守に信頼した枠組みである。

　これらの枠組みを実施するため，日本法では，「外国為替及び外国貿易法」25条・48条により，機微技術の輸出について経済産業大臣の許可を受けなければならないこととしている。具体的には，輸出貿易管理令別表第1に個別的に列挙された製品または外国為替令別表に個別的に列挙された技術については，軍事転用の可能性が特に高いとされ，輸出先・技術移転先がどこの国であるかを問わず，経済産業大臣の許可が必要になる（リスト規制。ロケットや衛星はここに含まれる）。さらに，リスト規制の対象に含まれない製品や技術についても，大量破壊兵器の開発，製造，使用，貯蔵に用いられるおそれがあるとき，もしくは通常兵器の開発，製造，使用に用いられるおそれがあるとき，またはそれらのおそれがあるとして経済産業大臣から通知を受けたときには，同じく経済産業大臣に対して許可申請をしなければならない（キャッチオール規制）。

米国の武器取引規則（ITAR）　　米国は，国際的な軍事技術管理の枠組みとは別に，武器取引規則（International Trafficking in Arms Regulations：ITAR）と呼ばれる独自の規制を設けている（22 CFR Parts 120-130）。これは，武器輸出管理法（Arms Export Control Act）を実施するための規則であるが，1999年以来，衛星技術にも適用されてきた。ITARを衛星技術に適用する目的は，もっぱら中国に対する技術移転を規制するところにあった。この規制によって，米国の衛星メーカーは，中国のロケットを利用して衛星を打ち上げる顧客に衛星を販売することが大きく制約され，現在に至るまで，競争上，不利益を蒙ってきた。また，ITARは，米国で製造された部品を組み込んだ製品に対しても適用されるため，部品の輸出という面でも，米国の衛星関連メーカーにとってハンディとなっている。

　米国では，武器にあたらない物品の輸出について許可を発行する権限は商務省にある。商務省では，安全保障，外交政策および物資不足に対応するための輸出管理枠組みを定めた輸出管理改革法（Export Control Reform Act）と輸出管理規則（Export Administration Regulations：EAR, 15 CFR §§730.1-774.1）によって規制が行われる。そこで，衛星技術をはじめとする宇宙技術にはITAR

とEARのどちらが適用されるかという点が問題となるのである。1996年に通信衛星がITARからEARの対象に移管されたものの，1999年の国防権限法（Strom-Thurmond National Defense Authorization Act for Fiscal Year 1999）は，通信衛星技術の移転に関する許可の権限を国防総省に戻し，再びITARを適用することとした。その後，2014年に再度の見直しが行われ，現在では，商用通信衛星と一部の地球観測衛星がEARの対象として商務省の輸出許可に服している。

ITARもEARも，製品の製造地が米国内であるか否かを問わず，米国からのすべての製品輸出に対して適用される。また，米国から輸出された製品をさらに第三国に輸出することも，規制の対象である。したがって，日本のメーカーが米国製の部品を組み込んだ製品を日本国外に輸出する際には，ITARに基づく米国国務省の許可を取得しなければならず，違反すると米国政府によって刑事罰を科せられる。

米国で製造された機器を用いて取得されたデータに対しても，ITARの規制は適用される。そのため，米国製の部品や機器を搭載した地球観測衛星を運用する事業者がデータを国外の顧客に販売する際には，ITARの適用を受ける。分解能の高い地球観測衛星を運用する事業者が存在するドイツやカナダは，地球観測活動に関する国内法を制定し，ITARの遵守を確保している［273頁参照］。

中国による打上げ失敗の原因究明と輸出管理 1999年に衛星技術の輸出許可権限が国務省に移管されるきっかけとなった事件が，打上げ失敗の原因究明を通じて機微技術が中国に流出したと疑われた事件であった。

中国長城工業集団有限公司（Great Wall Industry Corp.）は，1985年から打上げサービスを商業的に提供しており，その長征ロケットは軍事技術を元に開発されたといわれている。しかし，同社による打上げは，1990年代の半ばまで，失敗が多かった。1995年にはヒューズ社が製造した衛星の打上げがロケットの爆発により失敗し，翌1996年には，ロラール社が製造したインテルサット衛星の打上げが，やはりロケットの爆発によって失敗した。この96年の打上げ失敗について，保険会社の強い要請により，中国以外の専門家による原因の確認が求められたため，ロラール社の副社長が座長となって，中国側による事故原因調査を再検討する委員会が設けられた。この過程で，ロラール社および委員会にメンバーとして参加したヒューズ社が，輸出管理規制に違反して，ロ

ケットに関する重要な技術を中国側に移転したという疑いが持たれ，司法省による調査が開始された。

　ロラール社は，中国側による原因究明の結論を再検討（レビュー）しただけであって独自に原因調査を行ったわけではなく，また委員会の目的も中国側に助言を行うことではなかったと主張した。しかし，委員会が，国務省に対して許可の要否を確認する前に，中国側に報告書を開示したことは事実であり，また国防総省の機密報告書では，ロラール社およびヒューズ社が中国の弾道ミサイルの誘導，制御技術を格段に向上させる知見を中国に移転したという結論が書かれているといわれる。実際にも，96 年以降，長城工業公司による打上げの成功率は大きく向上した。

　2002 年になって，ロラール社は違反の有無について肯定も否定もしないまま，国務省に対して 1400 万ドルを支払い，かつ輸出管理規制に関するコンプライアンスに 600 万ドル以上を支出するという条件で和解に応じ，起訴は取り下げられた。

　1995 年の打上げ失敗についても，同様にヒューズ社が中心となって失敗の原因究明が行われた。原因究明の結果は，96 年当時の規制の下で，商務省の許可を得て中国側に開示されたが，後に国防総省は，この過程で中国のミサイル開発にとって有益なノウハウが流出したとする報告書をまとめた。ヒューズ社に対しても司法省の調査が開始され，ロラール社の事案と同様に和解で終了した模様である。

　こうして，法的な手続は，輸出管理規制の違反を確認することなく終結したが，これと並行して議会が行った調査では，衛星の打上げ委託を含む様々な活動のなかで，米国の核兵器関連技術が中国に流出したと断定された。下院に設けられた特別委員会（委員長の名前をとって Cox 委員会と呼ばれた）が 1999 年に採択した報告書によれば，過去 20 年にわたって流出した技術は，中国の弾道ミサイルを改良するために用いられ，米国の安全保障を脅かす結果をもたらしたとされている。このような認識から，議会は，衛星技術の輸出許可権限を商務省から国防総省に再移管したのである。

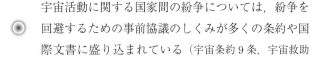

6 宇宙ビジネスの紛争解決

宇宙活動に関する
国家間の紛争解決

宇宙活動に関する国家間の紛争については，紛争を回避するための事前協議のしくみが多くの条約や国際文書に盛り込まれている（宇宙条約9条，宇宙救助返還協定2条など）。また，宇宙損害責任条約に基づく責任については，外交交渉による決着に至らないときは請求委員会を設置して紛争の解決を図るものとされている（宇宙損害責任条約14条以下）。

衛星通信の分野では，従来から民間事業者が関与してきたことなどが背景となって，国家間の紛争についても仲裁による解決が指定されている場合が多い。民営化後のインテルサットを監督する機関についての国際電気通信衛星機構（ITSO）協定，インマルサットの監督機関に関する国際移動通信衛星機構（IMSO）条約，ユーテルサットの監督機関に係る欧州通信衛星機構設立条約などである。

民間事業者による
仲裁の利用

宇宙活動をビジネスとして行う事業者の間では，紛争解決の手段として仲裁の利用が好まれてきた。ここにいう仲裁は，民間事業者間の紛争解決であれば（国際）商事仲裁であり，関係国政府の許認可や政策の適用をめぐる紛争であれば，政府・企業間の投資紛争仲裁である。これらの仲裁は，仲裁地の国内法（日本であれば仲裁法）にしたがって行われる。なお，仲裁地（place of arbitration）とは，弁論や証拠調べが現実に行われる物理的な場所（location）ではなく，仲裁法の適用関係を定めるための抽象的な「場所」である（仲裁付託合意のなかで指定される）。

仲裁法の内容については，国連国際商取引法委員会（UNCITRAL）が作成した仲裁モデル法が広く受容されており，日本の仲裁法も，このモデル法にほぼ準拠している。UNCITRAL モデル法に基づく仲裁法では，仲裁判断には確定判決と同じ効力が認められる（仲裁法45条1項）。そして，仲裁判断に対しては，上訴にあたる見直しの手続がなく，裁判所が仲裁判断を取り消すことができる場合は，仲裁合意の無効や手続保障の欠如の場合，仲裁判断の内容が公序に反する場合などに限定されている（仲裁法44条）。また，確定した仲裁判断を仲裁地以外の国で承認，執行する手続については，1958年のニューヨーク条約

が広く受け入れられている（2023年末の当事国は172カ国）。ニューヨーク条約は，仲裁合意無効や手続保障の欠如の場合，仲裁判断の承認・執行が公序に反する場合などを除いて，他の当事国を仲裁地とする仲裁判断を承認，執行しなければならないと定める。UNCITRALの仲裁モデル法による仲裁法制の事実上の統一とニューヨーク条約によって，仲裁（国際商事仲裁および投資紛争仲裁）は，世界に共通する自己完結した紛争解決手段になっているといえる。

仲裁手続と仲裁判断の基準 ◉　　仲裁人の選任や弁論の提出方法，証拠調べの方法などについては，仲裁手続において定められる。ロンドン国際仲裁裁判所やアメリカ仲裁協会，国際商業会議所（ICC）の仲裁などを利用した機関仲裁であれば，それぞれの機関に独自の仲裁手続が定められている。もっとも，近年ではUNCITRALが作成したモデル仲裁規則の利用が広まっており，機関仲裁においても選択的に利用できるようになってきた。

　仲裁判断は，原則として法律の適用による紛争解決であり，その事案に適用される準拠法にしたがって判断が行われる（仲裁法36条1項）。準拠法については，取引時の契約のなかで特定の国の法律が指定されている場合も多い（法適用通則法7条）。また，紛争の発生後に，当事者間で準拠法に関する合意をすることもできる（同法9条）。

　このとき，どちらかの当事者の国の法律を準拠法とすると，相手方当事者が不満をもつ可能性もある。そのような場合には，国家法ではない中立的なルール（いわゆる商人法〔lex mercatoria〕）を仲裁の準拠法として指定する余地がある。実際にも，衛星の軌道位置をめぐる企業間の紛争が，ユニドロワ（私法統一国際協会）［13頁］が作成した国際商事契約原則を適用して解決に至ったという事例が報告されている（ローザンヌ商工会議所による2002年および2003年の仲裁判断）。この事例では，主たる争点が事実関係であったため，準拠法の問題を争点から外すことが紛争解決にとって効果的であったようである。

　なお，商事仲裁の当事者は，法によらず「衡平と善」によって（ex aequo et bono）判断を下すことを求めてもよい。このような仲裁を友誼的仲裁（amiable compositor）と呼ぶ。もっとも，宇宙ビジネスのように大きな金額が問題となる紛争について，法的な解決をわざわざ避けて「衡平と善」による判断を求める実益は，あまり考えられないであろう。

**常設仲裁裁判所の宇宙
活動紛争仲裁規則** ⊛ ハーグに所在する常設国際仲裁裁判所（PCA）は，1899 年に設立された仲裁機関であるが，商事仲裁ではなく，国家間の仲裁のための組織である。しかし，現在では，その設立根拠条約を広く解釈して，投資紛争仲裁のような国家と私人の間の紛争解決も管轄に含まれるとされている。常設仲裁裁判所には裁判官名簿が常備され，事務局が置かれているが，裁判官名簿に登載されていない仲裁人を指名することも認められているので，実態としては，事務局機能の方が大きな意味をもっている。

　常設仲裁裁判所は，2011 年に「宇宙活動紛争に関する仲裁規則」を策定した。その内容は，UNCITRAL モデル仲裁規則をベースにして，宇宙活動の特徴を反映させたものである。とりわけ注目される点は，当事者となった国が同規則の適用に同意すると主権免除を放棄したものとして扱われること（同規則 1 条 2 項）と，当事者が準拠法を指定しない場合には仲裁廷が適当と認める国内法および／または国際法を適用するものとされていること（同規則 35 条 1 項）である。国際法が準拠法に含まれると，宇宙条約等を事案に適用する余地が生まれると考えられる。そのほか，提出される証拠について仲裁廷が秘密保持を命じられること（同規則 17 条 6 項～8 項），技術に関する解決文書の提出命令を仲裁廷が発令できること（同規則 27 条 4 項），専門家証人を委嘱するための候補者リストを事務局長が用意すること（同規則 29 条 7 項）など，宇宙活動紛争に即した技術的な規定が定められている。宇宙ビジネスのなかには，官民が連携，共同して行うプロジェクトや途上国向けのプロジェクトなども増えてきているので，将来的には，投資紛争仲裁などの政府・企業間の仲裁において，常設仲裁裁判所を利用する動きがみられるかもしれない。

調停の利用 ⊛ 裁判外紛争解決手続（ADR）のなかには，日本の民事調停のように，裁判所を利用したものもある。平成 11 年に当時の宇宙開発事業団（NASDA）が H-Ⅱロケット 8 号機の打上げに失敗した際には，民事調停によって紛争が解決された。この紛争は，H-Ⅱロケット 8 号機によって打ち上げられるはずであった衛星が，運輸省（航空局・気象庁）の運輸多目的衛星であったため，運輸省が，打上げ契約［245 頁］の不履行を理由として，未払いの打上げ代金について，支払を拒絶したことから発生したものである。東京地裁による民事調停の結果，打上げ契約に定められた

宇宙開発事業団の債務をロケット製造業務と打上げ業務に分け，不履行が発生したのは打上げ業務の部分のみであるという整理の下に，ロケット製造業務に対応する代金を国土交通省（調停成立時までに省庁再編が実施され，運輸省を承継した）が支払うこととなった（平成13年3月21日付NASDA報道発表）。

II 各種の宇宙ビジネス

1 打上げビジネス

商用打上げサービスの市場 ◉ 宇宙活動を行うためには，宇宙物体や宇宙飛行士を宇宙空間に送り出さなければならないため，「打上げ」という行為自体は，宇宙活動が始まると同時に行われていた。しかし，他人のために打上げ機（ロケット）を提供して，衛星や旅客を宇宙まで運ぶことを引き受けるというビジネスが本格化したのは，比較的最近になってからである。

　まず，1980年代に，商用衛星を打ち上げるというサービスが普及した。これは，法律的にいえば，衛星などのペイロード（打ち上げられる機材）を地上で受け取って宇宙空間まで移動させるという物品運送契約である。日本法の下では，商法569条以下の規定が運送契約を規律しているが，これは定義上，陸上運送，海上運送，航空運送に限定されているため，宇宙空間に達する運送には適用されない。とはいえ，「宇宙運送契約」としての打上げ契約についても，商法569条以下に規定された運送法の規定を，必要に応じて修正しながら参照することは有益であろう。

　静止軌道には，毎年10〜20機の商用衛星が打ち上げられてきた。この市場ではフランスのアリアンスペース社が永らくマーケットリーダーと目されてきたが，2010年代の後半から，米国のスペースX社が低価格を武器に参入してたちまち受注を増加させ，市場を一変させた。同じ時期に地球低軌道では商用衛星のコンステレーション構築が相次ぎ，毎年数百機の打上げが続いている。商用打上げサービスの市場は大きな変革期を迎えたといってよい。

打上げ契約の内容 ◉

打上げ契約は，打上げ事業者と打上げ委託者の間で締結される運送契約である。その内容は，打上げ事業者がペイロードを宇宙空間に到達させて軌道上で打上げ委託者に引き渡す義務を引き受け，これに対して打上げ委託者は対価を支払う義務を負うという有償双務契約である。

打上げ事業者の具体的な義務には，ペイロードの引渡しを実現するために必要となる様々な行為が含まれる。まず，運送手段であるロケットを，みずから製造するか，そうでなければ製造者から購入しなければならない。ロケットは，航空機のような汎用品ではないから，打上げ専業の事業者も，実はロケットメーカーが出資する関連企業の場合がほとんどである。

実際の契約書では，打上げ事業者による債務の履行は「打上げ作業が不可逆になった時点」で完了すると定められている。不可逆，すなわち後戻りできない状態とは，（ロケットの構造によって違ってくるが）一般的には，メインエンジンに点火した上で，補助ロケットにも点火した状態を指す。その瞬間には，まだロケットは地表を離れてもいないので，衛星を引き渡す時点から考えるとかなり早い時点で債務の履行が完了してしまうことになる。このような契約は，補助ロケットへの点火後は，物理的な法則にしたがってロケットが飛んでいくだけであり，打上げ事業者としてできることはすべて行ったという考え方に基づいていると思われる。

打上げ契約のなかで最も重要な内容は，リスクの分配である。伝統的に，宇宙業界では，自損自弁の原則（knock for knock; K for K）がとられてきた。これは，打上げが失敗に終わり，契約の目的が達せられなかったときにも，どちらに帰責事由があったかをいちいち追及せず，自社の側の損失（物損，人損）は自ら負担するというルールである。自損自弁の原則が一般化しているのは宇宙業界だけではなく，油田開発などの大規模リスクを伴う業界でもこのような慣行がしばしばみられる。多数の当事者が関与する複雑なプロジェクトで，いったん失敗すると損害が巨額になりかねないという性質をもつ事業では，責任の期待値（責任を負う確率とその場合に相手方が蒙ると予想される損害額の積）よりも損害の期待値（事故が発生する確率とその場合に自分の側に発生すると予想される損害額の積）の方が計算しやすい。したがって，相互に責任を追及しないことにした上で，自分の側について保険を手配してリスクに備えるというルールが，結局

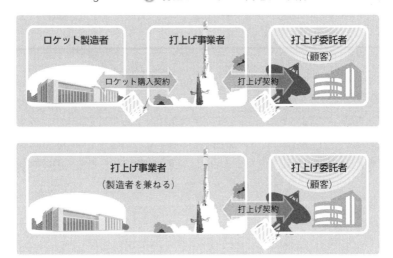

Figure**5**.8 ◉ 打上げビジネスと関連する契約

は，お互いにとってのコストを安くすると考えられているのである。

　自損自弁の原則を貫徹するために，契約書には，責任追及権の相互放棄（クロス・ウェーバー）条項が置かれる。その結果，打上げ事業者の過失が原因で打上げが失敗しても，打上げ委託者は，損害賠償を求めることができない。打上げ委託者としては，失われた衛星に代わる新たな衛星を購入しなければならなくなり，その製造を待つ間に得られたはずの収益も得られなくなってしまう。こうした事態に備えて，打上げ委託者は，代わりの衛星を調達する費用や逸失利益を補償するための打上げ保険を契約しておくことが一般的である［228頁参照］。

　このようなクロス・ウェーバー条項が，裁判で争われても完全に有効といえるかという問題については，米国の判例がある。この事案では，打上げ契約のなかに，クロス・ウェーバー条項と，打上げ事業者が「最善の努力（ベスト・エフォート）」を尽くす義務を定める条項とが併存していたが，裁判所は，最善の努力を尽くしたことがクロス・ウェーバー条項に基づく免責を有効に認めるための条件になるという解釈を示した（Martin Marietta Corp. v. Intelsat, 763 F. Supp. 1327（D. Md. 1991), rev'd in part, 991 F.2d 94（4th Cir. 1992))。これは，契約書は全体として解釈されるので，クロス・ウェーバー条項だけを取り出して有効

Figure**5**.9　◉　クロス・ウェーバー（賠償請求権の放棄）

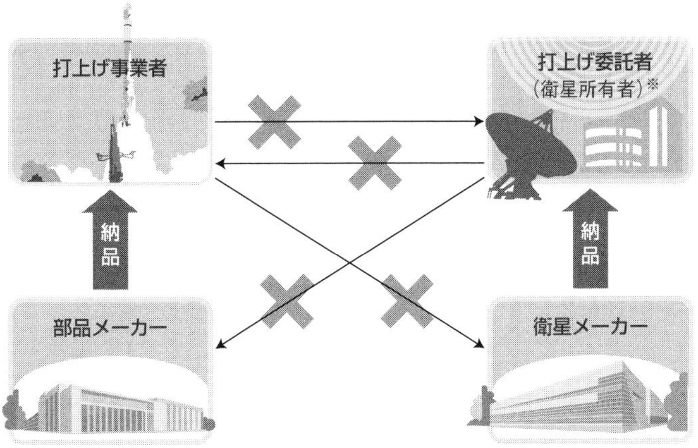

※ 衛星を軌道上で引き渡す場合は，衛星メーカーが「打上げ委託者」になる。

性を議論しても意味はないという点を指摘した判決だと理解することができる。

　クロス・ウェーバー条項は，損害賠償責任の追及をいっさい排除するための条項なので，打上げ事業者と打上げ委託者が相互に責任追及権を放棄するだけではなく，それぞれの履行補助者に対する責任追及権も併せて放棄すると定められる。たとえば，ロケットの部品が打上げ失敗の原因であったと特定されても，打上げ委託者は，その部品の製造者に対して不法行為責任や製造物責任を追及しない。このように，契約当事者以外の第三者の免責を定めることについて，米国の判例は，有効であるとしている（Appalachian Insurance Co. v. McDonnell Douglas Corp., 262 Cal. Rptr. 716 (Sup. Ct. Orange C'ty, 1989)）。このような履行補助者の免責条項は，運送契約などには頻繁に用いられているもので，日本法でも，第三者のためにする契約（民法 537 条）として有効性が認められるであろう（商法 588 条，国際海上物品運送法 16 条 3 項参照）。

特殊な打上げ契約　◉　ロケット 1 機にペイロードを 1 機だけ搭載したのでは，スペースが空いてもったいないこともある。打上げ委託者の側としても，打上げの費用が相当に高額なため，他のペイロードを空きスペースに搭載して同時に打ち上げ，費用の一部を分担してもらった方が経済的に有利である。このような思惑から，相乗り打上げ（shared launch）

という実務が発達し，それを仲介する事業者も生まれている。

このとき，理論的にはすべてのペイロードをまったく対等に扱ってもよいが，多くの場合には，主たるペイロード（主ミッション）と副次的なペイロード（副ミッション）という差がつけられている。両者の違いは，打上げのスケジュールが主ミッションの事情によって決められ，副ミッションはそれに合わせなければならないという点にある。主ミッションの衛星の完成が遅れると，副ミッションの衛星は完成していても打上げの延期を甘受しなければならず，逆に，副ミッションの衛星が期日に間に合わないと，副ミッションを搭載しないまま，打上げが進められてしまう。これらの内容は，副ミッションの側の打上げ契約に条件として記載されている。その反面で，副ミッションの打上げ費用は，全体のごく一部でしかなく，相当に安上がりな打上げを享受できることになっている。日本では，JAXA 衛星を打ち上げるロケットの副ミッションとして，学生団体などが作る小型衛星や超小型衛星を打ち上げることが多い。

2 宇宙観光ビジネス

⑴ 宇宙旅行

宇宙旅行ビジネス ◉　宇宙飛行士ではない一般人をロケットに搭乗させて打ち上げるというビジネスは，ロシアが，21 世紀に入った頃から本格的に開始した。国際宇宙ステーション（高度 400km）へ宇宙飛行士や物資を輸送するソユーズロケットに「宇宙旅行」の希望者を同乗させ，国際宇宙ステーションに約 1 週間滞在させた後に，またソユーズロケットで地上に帰還させるというサービスである。2000 年頃のロシアは，市場経済への移行がスムーズに進まず，経済の不振と財政難に苦しんでいた。そこで，国際宇宙ステーションに対してロシアがもつ利用権を活用し，このようなサービスを実施したのである。

もっと手ごろな宇宙飛行として，地球の重力を脱して周回できる高度よりも少し低い地上 100km 前後の高度まで到達して，しばらく無重力状態を楽しんだ後に落下してくるという弾道飛行（サブオービタル飛行）を行う「宇宙観光」の事業化も進められている [2 頁]。最も先行するヴァージン・ギャラクティック社は，英国で音楽事業や航空会社を運営するヴァージン・グループが，地上

100kmへの試験飛行に成功した機体のライセンスを受けて宇宙旅行事業を実施するため，米国に設立した会社である。同社は，米国のニューメキシコ州に建設された宇宙港「スペースポート・アメリカ」を拠点として2023年に初の商業飛行を実施し，以後，着々と実績を積み重ねている。また，アマゾンの共同創業者ジェフ・ベゾス氏が設立した米国のブルーオリジン社も，2021年に有人サブオービタル飛行を成功させ，宇宙旅行サービスの提供を開始した。

宇宙旅客運送契約 ◉ 一般人に宇宙旅行をさせる取引は，法律的にみれば，宇宙空間までの空間的な移動を引き受ける旅客運送契約と共通する性質をもつ（ただし，前述［244頁］のとおり日本の商法569条にいう「運送契約」の定義には該当しない）。サブオービタル飛行の場合には，数十分のうちに落下して，出発地点と同じ地点に戻るという飛行なので，「運送」という言葉がもつ典型的なイメージとは違うかもしれないが，乗客を空間移動させるサービスに変わりはなく，やはり旅客運送契約の一種とする見方が世界では一般的である。

旅客運送契約の下で，運送人は，旅客と手荷物を安全に移動させる義務を負う。ところが，宇宙空間への飛行は，そもそも性質上，大きな危険を伴っている上に，技術の水準も，100％の安全性を保障できるまでにはなっていない。宇宙飛行には，墜落や飛行の失敗などの危険のほか，宇宙空間で強い放射線にさらされる危険や，地上とは違った環境に滞在したために精神的なストレスがかかって飛行後にも精神的な変調が残るといった危険もあり，そのなかには科学的にも十分に解明されていないものもある。そこで，ロケットやサブオービタル機の運航者（法律的には「運送人」）は，乗客に対して安全性を保障せず，また万一，事故や身体の変調などがあっても運航者は責任を負わないという免責文書を作成して，契約の締結時に，乗客に署名させている。

このような運送人としての責任を免除する合意は，仮に日本で一般人を対象とした宇宙飛行が行われるとすれば，完全に有効とは認められない可能性が高い。宇宙飛行の乗客は「事業として又は事業のために」契約する個人ではないから「消費者」にあたり（消費者契約法2条1項），宇宙飛行契約には消費者契約法が適用される。すると，事業者であるロケットやサブオービタル機の運航者の責任を完全に免除する合意は無効となる（同法8条1項1号・3号）。完全な免責ではなく，運航者が一定の限度額までは責任を負うとした上で，それを超

えては責任を負担しないという、いわゆる責任制限の合意であったとしても、運航者やその被用者等に故意または重大な過失がある場合には、やはり効力が認められない（同法8条1項2号・4号）。

　サブオービタル機による宇宙観光が最も実現に近づいている米国でも、そうした免責合意について、各州の判例法のもとで「公序」（public policy）に反し、無効となるのではないかという問題が提起された。多くの州では、日本法と同様に、完全な免責は有効と認められないと考えられている。そこで、宇宙観光の拠点となることを目指す州の間で、①宇宙飛行に伴う危険を事前に開示することを条件として、②重大な過失や意図的な安全の無視、意図的な加害行為等の場合を除き、宇宙旅行サービスを提供する運航者の責任を免除する合意は有効とする、という内容の法律を制定する動きが広がった。この考え方は、先端的な医療を行う場合に、リスクを開示した上で患者の同意を得て医療行為を実施するという「インフォームド・コンセント」の考え方を応用したものである。現在、宇宙旅行サービスについてそのような「インフォームド・コンセント法」を制定している州は、カリフォルニア州、コロラド州、フロリダ州、ニューメキシコ州、オクラホマ州、テキサス州、ヴァージニア州の7州である。

インフォームド・コンセントと輸出管理規制 ◉ 　インフォームド・コンセントの考え方では、宇宙旅行を行う乗客が事前に危険性を理解した上で同意することが、運航者の免責の前提条件となる。ところが、ロケットの技術は、軍事的に転用される可能性から、輸出管理の対象となっている［237頁］。そのため、乗客が外国人であるときは、危険性の説明が十分にできないのではないかという問題が発生する。

　米国では、商業打上げに関する法律によって、乗客（法律上は「宇宙飛行参加者」）を搭乗させた打上げを行う場合には、乗客に対して、①打上げおよび再突入の危険性について開示し、かつ、②ロケット、サブオービタル機または宇宙往還機（法律上は、「打上げ機」〔前2者の総称〕と「再突入機」）について米国政府は安全性を承認していないことを説明しなければならない（51 USC §50905 (b)(5)）。①の危険性の説明については、具体的な項目がFAAの規則によって定められており、(a) すでに知られている危険、(b) 未知の危険が存在すること、(c) 死亡、重傷、または心身の機能喪失の可能性があること、を開示するほか、乗客からの質問に対して答えなければならないものとされている（14

CFR §460.45)。その結果，質問のなかで，ロケットの構造などについて説明を求められると，安全性に関する説明の一環として，技術的な情報を明らかにしなければならない状況も想定される。しかし，外国人の乗客に対してそのような技術情報を開示すれば，今度は，輸出管理規制に抵触する可能性が生ずるため，運航者は2つの法令に基づく義務の板挟みになると指摘された。この問題を解決するためには，輸出管理規制の適用について個別的な適用免除を受けるか，商業打上げ法に基づく説明義務の内容として，機微にわたる宇宙機の構造の詳細までを説明する義務はないことを確認するか，いずれかの方法がとられなければならないであろう。

日本でも，宇宙機の構造について旅客に詳細な説明をすれば，旅客が海外から訪れた場合には，あらかじめ外国為替及び外国貿易法25条に基づく許可を申請しなければならない。日本国内にいる居住者であっても，外国政府や外国法人などの強い影響を受けている者は非居住者と同じように扱われ，輸出管理の対象となる（いわゆる役務通達の令和4年改正）。これは，とても現実的ではないであろう。

ビジネスを展開する立場からいえば，個々の宇宙旅行者について個別的な事情を精査することは，負担が大きく，実行可能とはいえない。そうであれば，インフォームド・コンセントといっても運航者は宇宙機の構造の詳細までを説明する義務を負わないという取扱いが，最も妥当な解決であろう。乗客が宇宙旅行の危険性を理解し，契約を締結するかどうかを判断するために必要な情報は何かという問題について，国際的な議論にも目配りしながら，日本の政府として明確な見解を示すことが期待される。

救助返還義務 ❂ 宇宙活動の草創期に成立した宇宙条約は，宇宙飛行士を「宇宙空間への人類の使節」と位置づけて，事故，遭難および緊急着陸の場合には，各国が援助を与えた上で，宇宙機の登録国に，安全かつ迅速に送還しなければならないと定めている（宇宙条約5条1項）。そして，宇宙飛行士同士も，宇宙空間での活動中，お互いにすべての可能な援助を与える義務を負っている（同条2項）。また，宇宙物体が地上に落下し，登録国以外の国で発見されたときは，登録国に返還されなければならない（同条約8条第3文）。

宇宙条約に定められたこれらの義務を具体化したのが，翌年に成立した宇宙

救助返還協定である。そのなかでは，宇宙機の乗員の事故や遭難，緊急着陸，意図せざる着陸の情報，あるいは宇宙物体の落下の情報を入手した国は「打上げ機関」に対して通報する義務を負うことが定められた（同協定1条・5条）。その上で，事故や遭難にあった乗員を救助し，援助を与える義務（同協定2条・3条），救助された乗員を「打上げ機関」に引き渡す義務（同協定4条），発見された宇宙物体を回収し，打上げ機関に引き渡す義務（同協定5条）などが規定されている。

　宇宙旅行のための宇宙機が遭難した場合にも，これらの救助，返還等の義務が適用されるのかという点は，議論の対象になっている。宇宙旅行を楽しむ乗客は「宇宙空間への人類の使節」とはいえないであろうし，そのために用いられる宇宙機も，営利目的で運行される乗り物にすぎない。宇宙飛行士の救助や宇宙物体の返還が宇宙活動の国際的な公共性に基づいて認められていたのだとすれば，宇宙旅行を目的とする飛行には適用がないとも考えられる。しかし，遭難した宇宙旅行の乗客を，家族や関係者が救出するまで放置しておくことも，人道的な見地から問題であるとして，少なくとも宇宙救助返還協定の基本的な考え方は，宇宙旅行サービスの乗務員や乗客の救助，宇宙旅行に用いられる宇宙機の返還などについても適用されると考える学説が多い（参考になる先例として，民間企業の宇宙物体であるデルタIIロケットの破片が2000年にアルゼンチンで発見された際に通報，返還が行われ，2004年に南アフリカで同じデルタIIロケットの破片が発見された際も同様の対応がとられた）。さらにいえば，乗客の側でも，飛行中に他の宇宙飛行士が遭難していることに気づいたらすぐに通報するなど，専門的な宇宙飛行士と同じレベルではないとしても，お互いに援助する義務の適用を受けるべきではないかと指摘する学説もある。

宇宙旅行の販売　⬤　宇宙旅行の参加者を募集するマーケティングは，旅行代理店などに委託して行われることも多い。ロシアのソユーズロケットによる宇宙旅行ビジネスの場合には，ロシア宇宙庁が個人と直接契約する権限をもたないため，米国のスペース・アドベンチャーズ社が代理店として，旅行者に対する直接の契約相手となっている。サブオービタル飛行を計画する事業者も，契約の締結（チケットの販売）を直接行うほかに，各国の旅行代理店を通じた販売も行っている。

　このうち，ロシアの宇宙旅行契約の法律関係は，代理店の名義で契約が締結

されるものの，実質的な履行の主体は背後のロシア宇宙庁であるというものであり，日本の法律用語でいえば，取次ぎ（商法559条）にあたるといえよう。それに対して，サブオービタル飛行の契約を旅行代理店が販売するケースでは，契約の媒介（商法543条）が行われているものと思われる。宇宙旅行契約が運送契約であるとすると，運送サービスの提供に関して契約の代理，媒介または取次ぎを行う行為は，日本法では旅行業となり（旅行業法2条1項），旅行業法の適用を受けると考えられる。とはいえ，旅行業およびその関連法令には，宇宙旅行を前提とした規定はないので，このようなビジネスが活発になってくれば，現状のままでよいかについて検討する必要性が生ずるかもしれない。

(2)　サブオービタル飛行

航空機と宇宙機の区別 ◉ 　サブオービタル飛行による宇宙観光の場合には，宇宙旅行契約の一般的な問題に加えて，航空関係の法令の適用も問題となっている。たしかに，サブオービタル飛行の軌道では，高度100km前後といわれる空域と宇宙の境界を越えている時間は短く，飛行の大半は空域内の上昇と下降に費やされる。その点をとらえれば，むしろ特殊な航空運送ではないかという見方があっても不思議ではない。

　そもそも，航空機と宇宙機はどのような基準で区別されるのかについて，見解が完全に一致しているわけではない。ひとつの有力な見解は，空気の反作用（揚力）によって空中に浮揚する機体が航空機で，エンジンの推進力によって上昇する機体が宇宙機だというものである。これは，国際民間航空条約（シカゴ条約）の第7附属書「航空機の国籍と登録番号」に示された考え方と合致している。同附属書が定める航空機の定義は，「航空機とは，大気中における支持力を…空気の反作用から得ることができる一切の製品をいう」というものである。米国法は，この見解を採用して，「『サブオービタルロケット』とは，サブオービタル軌道を飛行することを意図した，全部または一部がロケット推進式の機体をいい，ロケット動力による上昇の大部分について，揚力よりも推力が上回ることをいう」という定義規定を置いた（51 USC §50902⑳）。

　ところが，日本の航空法は，「航空機」を「人が乗つて航空の用に供することができる飛行機，回転翼航空機，滑空機及び飛行船」と定義する（そして，「飛行機」の定義はない）。つまり，航空機は有人飛行の可能性がある機体に限ると

いうだけで，そのなかでどの範囲のものが航空機にあたるのかについて，まったく手がかりがない。シカゴ条約第7附属書と同様に，推進力を利用して宇宙空間を飛行する機体は「飛行機」ではなく，したがって「航空機」にあたらないという解釈がとられるのではないかとも思われるが，これまで，日本では有人の宇宙機を運航した例がないため，この解釈が正しいのかどうかも明らかではない。

　航空機と宇宙機とでは，法律上の取扱いが大きく異なる。航空機は登録によって日本国籍を取得し（航空法3条の2），登録記号が付与されて，それを打刻しなければならない（同法8条の3）。また，その所有権の取得と喪失は，航空機登録原簿への登録が対抗要件となる（同法3条の3）。さらに，抵当権を設定することが可能になり（航空機抵当法3条），その取得，喪失もまた登録しなければ第三者に対抗することができない（同法5条）。これに対して，宇宙機の国籍については法制度上に根拠がなく，国連の登録簿に登録されると，登録国が管轄権および管理の権限をもつとしか書かれていない（宇宙条約8条第1文。事実上，登録国の国籍が付与されるとはいえそうである）。そして，宇宙空間に出ても所有権は影響を受けないが（同第2文），その対抗要件については特別の規定がないから，日本法の下では，動産物権変動の一般原則にしたがって引渡しが対抗要件となる（民法178条）。これだけ大きな違いがあるにもかかわらず，航空機と宇宙機の区別の基準がはっきりしないということは望ましくないので，法改正なり解釈指針の提示なりによって明確化する必要がある。

耐空証明の不存在 ◉ 航空機については，政府が耐空証明を行うという制度があり（航空法10条），耐空証明を受けていない航空機は飛行させてはならない（同法11条）。これは，機体が安全に飛行できるものであることを政府が保障するという制度である。許可を受けて試験飛行を行うことは可能であるが，試験飛行である以上は，有償の輸送は認められない。

　他方，これに相当する制度は，宇宙機にはない。打上げに際しては，安全審査が綿密に行われるが，それは，墜落して地上の第三者や搭乗者に被害を生じないことの確認である。耐空証明のように機体が飛行を完遂できるものであることを政府が保障するわけではない。

　サブオービタル機が航空機であると分類されると，耐空証明を受ける義務が

発生する。しかし，現在の技術は，航空機と同じような意味で，宇宙空間における安全性を100％保障できるような段階にはない。また，そもそも耐空証明の取得は非常に面倒な手続であって，これと同レベルの検査が行われると，大半の宇宙事業者は負担に耐えられないといわれる。このような背景から，業界からは，サブオービタル機を航空機に分類するのではなく宇宙機として位置づけて，宇宙法を適用するべきであるという意見も聞かれる。

　米国法は，このような考え方に立って，サブオービタル飛行をも宇宙機の「打上げ」と整理している。そして，打上げ免許を発行するための要件として，宇宙観光を行う乗客に対し，米国政府が機体を安全と認めていない旨を書面によって通知することを打上げ事業者に義務づけた［250頁参照］。さらに，打上げを実際に行う際には，運航者と乗客の間で交わされる賠償請求権の相互放棄（クロス・ウェーバー）の合意とは別に，米国政府と乗客との間でも賠償請求権の相互放棄について合意するものとしている（51 USC §50914(b)）。これは，乗客が，米国政府，政府機関および政府の下請け事業者に対して，安全性が確認されていないサブオービタル機を飛行させたことについての責任（日本法でいう国家賠償責任に相当する責任）を追及する権利を放棄するものである。このように，米国では，耐空証明によって政府が機体の安全性を保障する制度とはまったく異なる法制度をサブオービタル飛行について作り出したといえる。

　これに対して，欧州では，サブオービタル飛行の法制度が議論され始めた頃には，サブオービタル機にも耐空証明の制度を適用すべきだという声が強かった。このような考え方をとった方が，一般消費者に近い立場の乗客の保護と，未成熟の技術を利用してサブオービタル飛行に挑戦する事業者の利益のバランスを図ることができると考えられたのであろう。しかし最近では，サブオービタル飛行を高度空域活動（Higher Airspace Operations：HAO）の一種と位置づけ，その性質に適合した制度のあり方を考えるべきだという考え方に転換してきているようである。

空港の使用　　サブオービタル機のなかには，航空機と似た外形を持ち，地上を滑走してから上昇を開始するもの（スペースプレーン）もある。そのような機体については，「打上げ」といっても，実際には航空機の離陸と同じような形態になるので，既存の空港を利用することが検討されている。

ところが，この関係では，サブオービタル機を航空機ではなく宇宙機であると整理すると，空港を使用する法令上の根拠がないという事態に直面する。日本法で説明すると，空港の使用に関する規則は，空港管理規則（国管理空港の場合）や空港管理条例（地方管理空港の場合）に定められているが，航空機の離発着以外の用途に空港を利用する手続としては，空港事務所長の許可を受けて制限区域に立ち入る方法しか予定されていない。この手続は，写真撮影などの目的で立ち入るような場合を想定したものであり，定期的な宇宙旅行ビジネスを行うためには不便であることが明らかである。

　航空法に基づく耐空証明制度の適用については航空機ではないと整理しながら，空港法の適用においては航空機とみなすという解釈は，あまりにも便宜的で，受け入れられないであろう。したがって，日本で宇宙旅行ビジネスが本格化する際には，（一定の形態の）サブオービタル機の発着は航空機の発着と同様に位置づけて空港の使用を認めるような制度改正が必要になると考えられる。

3　衛星通信ビジネス

**衛星通信サービスの
商業化** 　通信衛星を用いた通信・放送などのサービスは，1960〜70年代には，インテルサット（国際電気通信衛星機構），インマルサット（国際海事衛星機構）および社会主義諸国を中心としたインタースプートニク（宇宙通信国際機構）という国際組織によって独占的に提供されていた。しかし，次第に，地域的な国際組織によるサービスの提供が並行して行われるようになり，次いで1980年代には，民間事業者による衛星通信サービスが認められた。そのような情勢の変化に対応して，インテルサットやインマルサット自身も2000年頃に民営化し，商業的な衛星通信サービスの事業主体へと変貌を遂げる。こうして，この分野には，宇宙関連ビジネスのなかでも最も商業化の進んだ市場が出現した。

　人工衛星は本来の性質上，地上との間で通信を行うものであり，それ自体には周波数の利用の規制（日本では電波法）以外の法制度の適用はない。しかし，利用者に対する通信サービスの提供は，各国で事業規制の対象となる。日本でいえば，人工衛星という電気通信設備を用いて他人の通信の媒介を行うこと，あるいはそれを他人の通信の用に供することは「電気通信役務」となり，他

人の需要に応ずるために提供すれば電気通信事業として規律される（電気通信事業法2条3号・4号）。衛星通信と原理が共通する衛星放送について日本法は，基幹放送と一般放送を区別し，基幹放送（BS放送と東経110度CS放送）の衛星の運用者は「基幹放送局提供事業者」と位置づけて所定の技術基準を要求する（放送法121条）。東経124/128度CS放送は一般放送とされ，そのための衛星運用は電気通信事業としての規制のみを受ける。

衛星利用契約 ◉ 自社で通信衛星を所有するのではなく，オペレーターが運用する衛星を利用して通信・放送などのサービスを行うためには，オペレーターとの間で，衛星を利用するための契約を締結しなければならない。実務上，行われている契約には，衛星使用権契約と，トランスポンダー利用契約とがある。

衛星使用権契約は，衛星オペレーターが通信機能を提供し，それに対してユーザーが対価（料金）を支払うという内容のサービス契約であり，日本の民法でいえば委任契約にあたる。衛星使用権の賃貸借（rental of capacity）などと呼ばれることもあるが，有体物としての衛星の賃貸借契約ではないと考えられる。なぜなら，賃貸借契約であれば，賃貸人の主たる義務は目的物を使用させる義務であるが，衛星オペレーターは，ユーザーによる利用の前提として衛星の管制を実行するなどのサービスを提供しているからである。また，契約のなかでは，衛星全体のメンテナンスやデブリの回避など運用上の都合によってユーザーの使用権が制約を受けることが，あらかじめ規定されていることが多い点も，賃貸借契約とは違う。

通信機能を提供するサービス契約であると考えれば，通信速度や障害の復旧に要する平均時間といった「サービスの品質」が問題となる。こうした指標を数値化して通信サービスの品質を管理する契約条項は，IT業界では従来広く用いられているが，衛星使用権契約にも取り入れられるようになってきた。具体的には，サービスを提供する衛星オペレーターが数値基準によって一定の品質を約束し，それが実現できなければ損害賠償金（ペナルティ）を支払う義務を負うというものである。品質の未達の程度が著しい場合には，ユーザーに契約を解除する権利が発生すると定めておくべきであろう。

トランスポンダー利用契約の方は，衛星に設置された特定のトランスポンダーについて，ユーザーに使用権を設定する契約である。この契約も，実務上

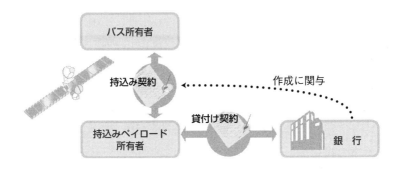

Figure**5**.10 ◉ 持込みペイロードに関連する契約

は「（トランスポンダーの）リース契約」と呼ばれているが，いわゆるリース取引ではなく，使用権（capacity）の取引とみられる。ただし，特定のトランスポンダーについての使用権であるから，そのトランスポンダーが機能を停止した場合に代替するトランスポンダーが提供されるのか，機能が低下した場合には使用料が減額されるのか等の取決めをあらかじめ契約のなかで明確にしておく必要がある。

持込みペイロード ◉ 衛星は，電力供給，姿勢制御などの共通機能部分（バス）と，そこに搭載されたトランスポンダーなどの固有機能部分（ミッション）から構成されているが，近年，複数の事業体がバスを共有し，そこに各自のミッション機器を搭載するという利用形態が広まってきた。ミッション機器のことをペイロードとも呼ぶため，このような利用形態を持込みペイロード（hosted payload）という。

ペイロードの利用権を確保するためであれば，トランスポンダーについての利用契約［257頁参照］を締結してもよいが，利用契約の場合は，通常，一定の期間を定めて更新していくことになる。これに対して，持込みペイロードの形をとると，ペイロードは持ち込んだ事業者の所有物として留保されるので，管理や処分が容易にできるという利点がある。他方で，他の事業者が所有するバスにペイロードを搭載し，運用するのであるから，その利用関係について契約（いわば「持込み契約」である）で条件を定めなければならない。

持込みペイロードの所有者も，金融機関からの融資を必要とする可能性があ

るが，持込みペイロードは，打上げ契約についても軌道上での運用についてもバスの所有者に依存するため，金融機関にとっては，貸付けをどのように担保するかという問題に直面する。そこで，金融機関は，持込み契約の作成段階から関与し，そのなかで，持込みペイロードの所有者がもつ権利を確保するように努めることになる。特に問題となる条項は，バスの機能が低下したときに持込みペイロードの利用条件や料金はどのように改定されるのか，持込み契約には解約事由が定められているのか，定められている場合には，どちらの当事者がどのような条件で解約できるのか，などである。

4 測位ビジネス

測位衛星の原理 ◉ 測位衛星システムとは，衛星との距離を測定することにより位置を特定するシステムである。日本では，「位置を測定する」という原理から「測位衛星」と呼ばれているが，機能としては交通の航法支援や時刻の計測にも利用できるため，海外では，PNT（Positioning, Navigation and Timing）システムと呼ぶことも多い。国際機関では，GNSS（Global Navigation Satellite System）という呼称が定着しつつある（日本の準天頂衛星システムなどは全世界をカバーするわけではないので，正確には，RNSS（〔Regional Navigation Satellite System〕である）。

　衛星を利用した測位の原理は，複数の衛星からの距離が測定できれば，観測者の現在位置が確定できるというものである（Figure **5**.11）。3 次元の世界では，3 地点からの距離がわかれば，原理的には，位置が特定できるが，測位衛星の場合は，電波が到達するために要した時間から距離を測定するので，時刻情報も変数に組み込むため，4 機以上の衛星を観測する必要がある。

　測位衛星システムは，従来，高度約 20000km の中軌道に打ち上げられ，12 時間で地球を 1 周する衛星を 20 〜 30 機打ち上げて運用するものであった（GPS，GLONASS）。これらの衛星は，狂いが少ない原子時計を搭載して，時刻情報を含む信号を発信するほか，補正信号をあわせて送信することで，測位を可能にしている。しかし最近では，高度約 35000km の同期軌道に打ち上げられ，24 時間で地球を 1 周する衛星や静止衛星を組み合わせたシステム（BeiDou，準天頂衛星システム）が現れ，測位の方法なども多様化しつつある。

Figure**5**.11　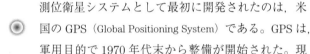 衛星測位の原理

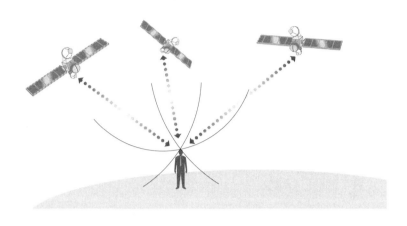

各国の測位衛星
システム　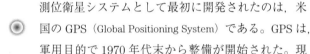 測位衛星システムとして最初に開発されたのは，米国の GPS（Global Positioning System）である。GPS は，軍用目的で 1970 年代末から整備が開始された。現在では，予備機を含めて 30 機程度の衛星によって全世界を常時カバーしている。

　軍用目的の通信システムとして出発したインターネットを商用に開放し，様々なビジネスのプラットフォームとして活用する可能性を開いた米国は，GPS も民間利用のため開放することを決定した。その結果，GPS の信号は，現在，軍民を問わず誰でも受信できるようになっている。GPS の利用に関する米国政府の方針は，PNT EXECOM（PNT Execution Committee）で決定される。この会合は，GPS が軍民の共用システムとなったことを反映して，国防総省と運輸省の副長官が共同議長となっている。

　冷戦期に米国と軍事的な覇権を競ったソ連は，GPS に対抗して，GLONASS と呼ばれる測位システムを構築した。システムが完成した直後にソ連の体制が崩壊したため，一時期は GLONASS システムも縮小されたが，現在は，二十数機の衛星から構成される全世界的な測位システムとなった。衛星はロシア政府が所有し，国防省が運用を行っている。

　米国の GPS システムは，信号を一般に開放しているため，軍事作戦に際して，相手方にも利用されてしまう危険がある。そこで，1990 年代半ばのユー

ゴスラビア紛争時に，米国は欧州地域における GPS 信号の精度を落として運用した。このときに様々な不都合を経験した欧州では，独自の測位衛星システムをもつ必要性が認識され，EU のプロジェクトとして 30 機の測位衛星からなる Galileo システムの構築が計画された（欧州の宇宙活動プロジェクトとして，ESA ではなく EU が主体となった本格的なプロジェクトはこれが初めてである）。現在まで 20 機以上が軌道上で稼動している。Galileo システムは，EU という組織の性格から，軍事利用の目的を排除し，民生用のみのシステムとして構想された。Galileo の運用体制は，現在，EU 規則 1285/2013 号で定められている。それによれば，EU が衛星を含むシステムを所有し，欧州委員会が，ESA の技術的支援を受けつつ，運用の全般的な責任を負う。しかし，欧州委員会は，EU の機関として設立された欧州 GNSS 監督庁（European GNSS Agency：GSA）に対して，協定により運用責任を移管することができる。この移管は，2017 年の 7 月に実現した。

　独自の測位衛星システムを整備する動きは，他の宇宙活動国にも広がりつつある。中国は北斗（BeiDou）システムと称する測位衛星システムを計画し，2012 年に運用を開始した。現在では衛星の数も 40 機を超え，GPS 衛星よりも多くの衛星が観測できる地点も少なくない。北斗システムは中国衛星導航系統委員会の決定にもとづいて運用されている。日本も，太平洋地域に限定した準天頂衛星システム（Quasi-Zenith Satellite System：QZSS）を構築することとして，現在，4 機を運用中である。2023 年の「宇宙基本計画」では，着実に 7 機体制を構築した後，11 機体制を目指す方針が明記された。日本の準天頂衛星システムは，GPS と対抗するのではなく，その精度を高めるなど補完的なシステムを意図している点に特徴がある。このほかにもインドが地域的測位衛星システム NavIC を運用しているほか，将来的には，小型衛星を用いた測位衛星サービスの提供計画を公表した民間企業 Xona Space Systems 社などもあり，多数のシステムが競合する可能性も想定される状況になっている。

受信システム　　測位衛星システムを用いて位置を特定するためには，送信される信号に適合した受信機を利用者がもっていなければならない。複数の測位システムが競合する状況が現実化するなかで，それぞれのシステムに対応した受信機の互換性が意識されるようになった。受信機が互換性をもつようになれば，他の測位衛星システムに属する衛星からの

信号を併用したり，補完情報として用いたりすることも考えられる。

　そこで，国連に設置された GNSS 国際委員会（International Committee on GNSS：ICG）において，受信装置の共通化が取り上げられ，調整が行われてきた。共通の受信機が本格的に普及すれば，複数の測位衛星システムが接続された「測位衛星システムのネットワーク」が利用される状況が実現し，多数の通信ネットワークが相互接続された「ネットワークのネットワーク」であるインターネットにますます類似するといえよう。

**航法支援システム
としての利用**

現在，測位衛星システムの利用方法として最もよく普及しているのは，自動車の航法支援（カーナビゲーション）であるが，原理的には，同じしくみによって，航空機の航法支援も実施できると考えられる。国際民間航空機関（ICAO）では，早くから衛星を用いた航空交通管理（air traffic management：ATM）の可能性に着目し，1991 年には，衛星の利用によって通信（communication）・航法（navigation）・監視（surveillance）を高度化する CNS/ATM の構想を打ち出した。そこで，民間航空条約（シカゴ条約）との関係を整理する必要性が認められ，国際民間航空機関において法律面の検討が行われた。

　それにもかかわらず，航空機の航法支援に関して測位衛星システムが本格的に利用される段階には，まだ至っていない。その理由は，システムから発信される情報の異常をただちに検知して知らせるという「完全性（インテグリティ）」の機能が，これまでの測位衛星システムでは不十分だったためである。実際に，GPS 衛星に搭載された原子時計の不具合などによって信号異常が発生する事態はこれまでも発生しており，そのときは，フラグを立てて，その信号を信頼しないように警告を発するという取扱いがなされている。しかし，GPS ではフラグを立てるまでに，ある程度の時間がかかるため，航空保安施設に要求される「完全性（インテグリティ）」の水準を満たすとはいえない。

　そこで，静止衛星を利用して「完全性（インテグリティ）」に関する情報を提供する補強システム（Satellite Based Augmentation System：SBAS）が併用されるようになった。現在，米国の WAAS，欧州の EGNOS，インドの GAGAN などが運用されている。日本は，準天頂衛星システムを構成する「みちびき」の衛星から SBAS 信号も送信する体制である。また，離着陸に精度の高い情報が要求される空港周辺などに地上設備を置いて，そこから「完全性（インテグリ

ティ）」に関する情報を送信する補強システム（Ground Based Augmentation System：GBAS）も開発が進み，米国では，実用段階に入りつつある。なお，Galileo は，航法支援への本格的な利用を目指して，自ら「完全性（インテグリティ）」についての情報を併せて発信するサービスを一部に組み込んでいる。

時刻同期機能の利用 ◉ 測位衛星の信号は，時刻情報を含んでいるので，商取引における時刻の特定を行うために利用することもできる。たとえば，米国では，証券の高速取引を行うシステム（High Frequency Trading：HFT）が複数の取引システムのなかから最良の価格のものを選択して執行するため，価格情報の配信，証券会社からの売買情報の送信，取引システムにおける売買のマッチング等が遅延なく行われていることを監視する際に，GPS による時刻情報を利用している。船舶の運航管理に船舶自動識別システム（Automatic Identification System：AIS）を利用する際にも，通信スロットを確保する上で必要になる時刻同期に GPS が用いられており，また，送電網の安定性の監視や障害の検知にも，複数の電力事業者から電力が供給される米国などでは，GPS を利用した時刻同期が利用される。

　日本でも，文書の成立時を確定し，証拠として保全するためのタイムスタンプ事業において，時刻認証事業者（Time Authority）が，自社の原子時計と国内標準時（国立研究開発法人情報通信研究機構が管理する原子時計）との誤差を計測する手段として，GPS 上の原子時計を参照する「GPS コモンビュー」という方式を用いている。ただし，これは誤差の計測方法にすぎないので，GPS 信号に狂いが生じたとしても，時刻認証自体がただちにできなくなるわけではない。

誤った情報による責任 ◉ 測位衛星システムについてしばしば論じられる法律問題のひとつは，衛星が誤った情報を発信した場合に，それによって損害を蒙った被害者との関係で，どの主体にどのような責任が発生するのかという点である。たとえば，信号の異常が検出されてフラグが立てられるまでの間に，航空機が測位を誤って衝突事故を起こしたり，時刻同期が不正確で証券取引による損失が発生したりしたときに，衝突事故の被害者や取引で損失を被った投資家が，損害賠償を求めることは，十分に想定できる。

　このような損害も宇宙活動に基づいて地表で発生した損害には違いないが，測位衛星の打上げ国に，宇宙条約 7 条および宇宙損害責任条約が定める損害賠償責任が発生することはないと考えられる。これらの条約に基づく責任は，文

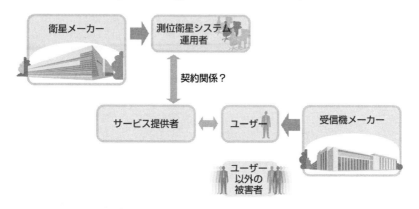

Figure**5**.12 ◉ 測位衛星をめぐる法律関係

衛星メーカー

測位衛星システム
運用者

契約関係？

サービス提供者 ← ユーザー ← 受信機メーカー

ユーザー
以外の
被害者

言上は特に限定されていないものの，宇宙物体が物理的に引き起こす損害に対する責任に限ると解釈されてきたからである。打上げ国の損害賠償責任は，宇宙活動が高度に危険な活動であることを理由として定められた制度であるが，宇宙物体を利用したサービスの提供は，宇宙物体の物理的な取扱いとは違って，特に危険性の程度が高いとは考えられない。とりわけ取引上の損失などは事業損失であり，宇宙物体を利用した事業活動の事業損失をすべて打上げ国が負担するという結論は，明らかに，条約を作成した当時の趣旨に反するであろう。

　測位衛星を利用したサービスをめぐる関係者の法律関係をあらためて考えると，多くの場合，ユーザーが直接契約関係に立つ相手方は，測位衛星システムの運用者ではなく，アプリケーションとしてのサービス（航空管制，証券価格情報表示など）の提供者であると予想される。したがって，ユーザーが被害者の場合には，そうしたサービスの提供者との関係では契約責任（不法行為責任も発生し，請求権競合関係に立つ）を，また測位衛星システム提供者との関係では不法行為責任を，追及することが考えられる。ユーザー以外の第三者に発生する被害（航空機事故の場合に地上の被害者が受ける被害など）も想定されるが，そうした被害者からは，測位衛星システムの運用者に対しても，サービス提供者に対しても，不法行為責任が主張されるであろう。さらに，異常を発生した衛星や原子時計の製造者，受信機の製造者などについて，製造物責任が追及される可能性もある。測位衛星の誤作動について，現実に問題となりうる責任は，こ

れらの国内法に基づく責任である。

測位システムを運営する政府の責任 ◉ GPS を運用する米国政府は，GPS の誤作動によって責任を追及される可能性を想定していないようである。また，一般的にも，米国政府に責任が発生することはないといわれることは多い。

その理由のひとつは，GPS がもともと軍用のサービスであり，それが民間に「開放」されたという経緯があるためである。法律的に整理していえば，商業サービスの利用者は，信号を「勝手に」受信しているだけなので，信号の提供者は，サービスの内容や品質について何の約束もしていないという考え方だと思われる。これと関連して，GPS の信号は無償で提供されているので，そこから責任が発生する余地はないといわれることもある（これと対比して Galileo の場合には，無償の信号と，より精度が高い有償の信号の両方をサービスとして予定しているので，誤作動の場合の責任について，両者の間に違いがあるかという議論がされている）。

しかし，ユーザーと運営主体である米国政府との関係は，契約関係ではなく，不法行為によって規律される。したがって，運営主体がユーザーに対してどのようなサービスを約束しているかという観点から責任の問題を論ずることは正しくない。また，信号利用の有償・無償も，有償であれば誤作動をチェックする注意義務が高いレベルで課されるとはいえるかもしれないが，無償ならば責任がないという結論にはならない。特に，測位衛星システムが広く商業利用されるようになり，その正確性に対して多くの関係者が信頼を抱いていれば，そのような状況を認識しながら，不具合を放置していたり，誤ったデータをアップロードしたりすれば，過失による不法行為責任が問われる可能性がまったくないと言い切ってしまうことはできないと思われる。

ただし，米国法の下で，連邦政府の不法行為責任に適用される法律（Federal Tort Claims Act）は，政府の裁量的な判断権の行使について責任を問うことはできないという，いわゆる裁量免責を定めている（28 USC §2680 (a)）。米国の判例によれば，この規定の適用は，担当官に選択の幅が認められているかどうか，およびその裁量権が政策判断にかかわるものであるかどうか，という二段階の審査によって判断される。そのため，GPS 衛星や地上設備の機能の選択などについて（より高機能の機器を搭載していれば異常は起こらなかったはずであると主

張して）連邦政府の責任を追及しても，裁量免責が適用され，請求は認められないという可能性が高い。したがって，GPSシステムの誤作動について米国政府の責任が認められる可能性があるとすれば，GPS衛星の運用担当者がマニュアルに定められた操作を怠ったといったケースに限られるであろう。

これは，米国の連邦不法行為法に特有の問題であるから（主権無答責といって，政府の責任はおよそ裁判所で追及できないとされていた時代の名残である），他の国の法律の下では，そのような結論にはならない。たとえば，日本の準天頂衛星は，政府が所有して運用が行われているので，衛星や地上設備が「公の営造物」に該当し，その設置または管理に瑕疵があれば，国の賠償責任が発生することは否定できないと考えられる（国家賠償法2条1項）。

情報提供者としての不法行為責任 ◉ Galileoシステムでは，前述のように欧州GNSS監督庁（GSA）が運営主体となっている。準天頂衛星についても，地上設備の運用と商用サービスの提供は，民間事業者（準天頂衛星システムサービス株式会社）に運用が委ねられている。このような場合には，誤作動によって損害が発生すると，被害者は運営主体に対して不法行為（日本法であれば民法709条）を根拠とする責任を追及するであろう。

測位衛星システムの誤作動について不法行為の成否が問われる際に，最も重要な問題は，過失の有無がどのように判断されるかである。GPSの誤作動について裁量免責が認められない場合も，不法行為の要件として，過失（ネグリジェンス）の有無が争点となる。日本法の国家賠償法2条に基づく責任であれば，「設置または管理の瑕疵」の要件が，「通常有すべき安全性」を備えているかどうかという形で判断される（最判昭和45・8・20民集24巻9号1268頁）。

「過失」という要件は，それだけでは抽象度が非常に高いので，測位衛星システムの誤作動という状況に即して，その内容を具体化しなければならない。これは，地理空間情報（Geographic Information）が誤っていた場合に，誰がどのような責任を負うのかという問題の一環であり，もう少し一般的にいえば，情報の生産・提供行為に関与する主体が負う注意義務の問題である。残念ながら，これについては，日本でも海外でも，判例や学説は少ないが，情報の「完全性」と「可用性」の両面から考えることが有用であろう。情報の完全性に関しては，測位信号に異常が発生したという（メタ）情報が正しく提供されること〔267頁〕

が必要とされ，異常が検出されたにもかかわらず，フラグを立てて警告するなど所定の手順にしたがった対応がとられなかったときには，責任が発生する可能性が高い。

**測位結果の補正
システム** 　他方，情報の可用性の側面からは，測位信号に異常が発生したときに他の情報源に切り替え，正確な情報の利用を継続することが要求される。実際，測位衛星による位置情報や時刻情報は，それが単独で利用されるしくみにはなっていない場合も多い。そもそも，衛星による測位の精度は，あまり高いものではなく，衛星だけに依存すると，10ｍから数十ｍの誤差が発生するといわれる。これは，電波が地上に到達するまでの間に通過する電離層や大気の影響などが原因である。そこで，この誤差を改善するための補正システムが開発され，測位衛星と併用されている。具体的には，位置が特定されている別の地点（参照地点）で同じ衛星からの信号を受信した結果と，位置を測定したい地点での受信の結果とを比較し，電離層や大気の影響は両地点で同じであると想定して，誤差を解消するというディファレンシャルGNSS（DGNSS。GPSの場合にはDGPS）の手法が用いられている。この手法では，測位に際して参照地点との間で情報のやりとりが行われて，受信機の側で誤差を差し引くという演算が実行される。

「完全性（インテグリティ）」を補強するためのSBASやGBAS［262頁］も，DGNSSによる誤差の補正を行う補強システムとして機能する。さらにいえば，航空管制システムにおいて，GNSSを伝統的な目視や地上のレーダーなどと併用したり，日本の時刻認証事業者が通信回線を通じた国内標準時との誤差を確認するためにGPSからの情報を用いるなど，衛星によらない手法を併用する利用方法は，現実には少なくない。このように，他の手法によって取得された情報と併用されるときには，法律的に評価すると，測位衛星の誤作動と損害の間の因果関係は中断され，結果として損害賠償責任が成立しないという可能性も高いと思われる。

**サービス提供契約と
利用契約** 　GPSの信号は，受信機さえあれば自由に受信できる。信号の利用に関して，システムの運営主体である米国政府が何らかの主体との間で契約関係をもつことは，予定されていない。そのため，利用関係に由来する責任は，つねに不

法行為の問題として現れる。

　これに対して，測位衛星からの信号に暗号（スクランブル）をかけ，暗号を解除する鍵をもつ相手方にのみ利用を認める場合には，その相手方との間に契約関係が発生する。Galileo では，一部の信号について，そのような提供方法が予定されている。また，自由に受信できる信号であっても，特定のアプリケーション提供者との間では，信号の利用に関して契約をすることも考えられる。

　そのような契約関係にある相手方との間では，責任についても，契約で限定したり，免責事由などを定めたりすることができる。また，末端の利用者に対しては，測位衛星システムの運用者は直接の契約関係に立たないが，間に入る事業者（アプリケーションの提供者）と末端の利用者との間に契約があり，そのなかで，測位衛星システムの運用者の責任について，限定，免除などを定めることも考えられよう。

衛星メーカー・受信機メーカーの製造物責任 ◉　測位衛星の信号に誤作動が発生した場合に，責任を追及される主体は，測位衛星システムの運用者だけではない。誤作動の原因が衛星や搭載された原子時計にあれば，それらのメーカーに対して，製造物責任が追及される可能性がある。

　製造物責任が成立するための要件は，日本法であれば，製造物（衛星など）に「欠陥」が存在することである（製造物責任法3条）。「欠陥」とは，その製造物が通常有すべき安全性を欠いていることをいう（同法2条2項）。したがって，測位衛星の一般的な利用形態に照らして許容される範囲の不具合などは，欠陥とは評価されない。同じシステムに属する他の測位衛星によって情報の誤りを検知し，補正するしくみがあらかじめ組み込まれているときには，一定の確率で不具合が発生するとしても，欠陥にはあたらないと認められる可能性が高い。測位衛星システム間で互換性が広がれば，補正は一層容易になるであろうから，製造物責任が認められる余地は小さくなるかもしれない。

5　地球観測（リモートセンシング）ビジネス

地球観測衛星の商業化 ◉　地球観測衛星は，高度 600〜900km の低軌道から地表を観測する衛星である。100 分程度で地球を 1 周し，数日に 1 回の頻度で，同じ地点の上空を通過する。観測を行うためのセンサーには，主として，写真撮影による観測を行う光学系のものと，合成開口レーダー（SAR）による観測を行うタイプのものがある。合成開口レーダーは，解析に高度な技術を要するが，地表の天候に左右されずに観測を行えるという利点がある。最近では，人工知能（AI）を用いてデータを解析し，変化を発見することが一般的になっている。

　地表の観測（リモートセンシング＝遠隔探査）を軍事目的で行えば，その衛星は偵察衛星ということになるが，観測の目的はそれだけではない。地球観測衛星からのデータには，災害後の状況把握や事前の対策のため中央・地方の政府に利用されたり，大規模な農業者による農地の管理，漁船が魚群の所在を探るための海洋面の観察といった産業において利用されたりなど，様々な用途が開発されている。その結果，データを有償で販売するというビジネスが成り立つようになった。

　そのような地球観測衛星の商業的利用は，1980 年代に開始された。先陣を切ったのはフランスである。フランスは，偵察衛星を開発する予算の不足を補うため，政府の出資によって SPOT Image 社（現在は Airbus Defence and Space 社の一部門）を設立し，地球観測衛星 SPOT の画像を商業的に販売するしくみを確立した。これに対して，米国は，1984 年に陸域リモートセンシング商業化法（Land Remote Sensing Commercialization Act）を制定して，米国政府が運用するランドサット衛星からの画像販売を商業化するという計画を立てた。しかし，米国政府による財政支援の不足や安全保障上の制約などが足枷となってこの目論見は失敗し，ランドサット衛星自体の完全な商業化は撤回されて，米国政府の所有・運用に戻された。これに代えて，1992 年の陸域リモートセンシング衛星政策法は，民間の事業者（衛星オペレーター）によるデータ販売事業について許可制を導入し，現在，マクサー・テクノロジーズ社傘下のデジタル・グローブ社や，プラネット・ラボ社などの事業者が営業を行っている。

　米国のランドサット衛星と並んで高い分解能を持つ地球観測衛星を早い時

期に保有した国には，カナダとドイツがある。カナダは，地球観測衛星レーダーサット2を民間事業者の所有および運用に委ねる計画がきっかけとなって，2000年に米国と商用リモートセンシング衛星の運用に関する協定を結び，それをふまえてリモートセンシング法を2005年に制定した。ドイツでは，官民連携プロジェクトとして，2007年のTerraSAR-X衛星をはじめいくつかの地球観測衛星が打ち上げられた。そのデータは，科学目的の使用についてドイツの宇宙機関であるDLRが権利をもつものの，商業目的の販売については，プロジェクトに民間側で参加したAstrium社の子会社Infoterra社（現在はAirbus Defence and Space社の一部門）に販売権が与えられた。ドイツも2007年にリモートセンシング法を制定した。

国連リモートセンシング原則 ◉ 地球観測衛星の運用に関しては，宇宙条約等には直接的な規定がない。そうしたなかで，1986年に国連総会決議が「リモートセンシング原則」を採択した［72頁参照］。これは，リモートセンシング活動に関する国際的なルールとして，一般に認められているといわれるが，民間事業者による地球観測衛星の運用に対して，国連リモートセンシング原則がどのように適用されるかについて，文面上，はっきりしない点が多い。特に，被探査国がリモートセンシング活動によって取得されたデータにアクセスする権利をもつと定める第12原則が，民間事業者によって収集され，販売されるデータに対しても認められるのかどうかという点は，国際的にも議論の対象となっている。また，収集されたデータ上に知的財産権が成立するのか，成立するとした場合にはその権利の保護とアクセス権との関係はどのように整理されるのか，といった点もあいまいなままである。

地球観測データの商品化 ◉ 地球観測衛星の商業化とは，衛星によって取得されたデータを販売することだと理解されている。しかし，衛星上のセンサーから送信されるデータは，そのままでは，ほとんど意味をもたず，処理・加工されて初めて商品価値をもつ。実際に取引の対象となるのは，そのように処理・加工されたデータである。

　衛星により取得されたデータは，バイナリデータとして地上に送信される。この時点では，人が知覚できる情報は作り出されていない。送信されてきたデータは，処理されて画像に変換されることもある。その過程で，歪みなど

を補正し，場合によっては，地上基準点や高さデータなどの別途入手したデータを参照して，より付加価値の高いデータが作られていく。そうして得られたデータに対して，さらに，利用の目的に合わせた加工が行われる。衛星からの画像に等高線を重ね合わせたり，植生に応じて色分けをしたりといった様々なアプリケーションが加えられ，ユーザーのニーズに合った形で提供されるのである。

　国連リモートセンシング原則は，地球観測データがこうした様々な段階を経て利用可能な状態になるという事実をふまえ，「一次データ」(primary data)，「処理済みデータ」(processed data)，「解析された情報」(analyzed information) を区別して定義している（第 1 原則 (b), (c), (d)）。米国やカナダの国内法では，「付加価値のあるデータ」(enhanced data) と「付加価値のないデータ」(unenhanced data) という概念が用いられているが，それも，データ処理の段階に応じて規制の内容を調整するという立法趣旨を示すものといえる。もっとも，それぞれが具体的にどの段階を指しているのかは，厳密には書かれていない。国連リモートセンシング原則にいう「一次データ」は，電磁信号の形などによる生データをいうと定義されているので，衛星から送信されてくるバイナリデータのことだと解釈してよいであろう。「処理済みデータ」は，一次データを利用できるようにするために処理したものとされており，人が知覚できるような画像にした上で補正を加えた状態などをいうと考えられる。他の情報と重ね合わせるなど，ユーザーのために加工を加えたものは，「解析された情報」ないし「付加価値のあるデータ」にあたると解される。

データ販売取引の法律関係 ⊛　地球観測衛星によって取得されたデータの提供は，「画像の販売」と表現されることもある。しかし，有体物としての写真が取引されるわけではないので，法律的には，電子データの使用許諾（ライセンス）契約であると解される。ライセンスの条件は地球観測衛星の所有者ないし販売者が設定するが，大別すれば，ユーザーの自己使用のみを認める標準ライセンスと，複数のユーザーによる使用を許諾するマルチライセンスとがある。

　データの使用許諾を行う事業者は，衛星を所有し，運用する企業であるとは限らない。地球観測衛星は，本体（バス）にセンサー（衛星リモートセンシング装置）を搭載した構造になっており，バスとセンサーの双方を衛星オペレー

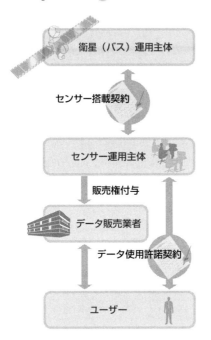

Figure**5**.13 ● データ販売取引

衛星（バス）運用主体

センサー搭載契約

センサー運用主体

販売権付与

データ販売業者

データ使用許諾契約

ユーザー

ターが所有する形態が基本であるが，他の事業者が運用するバスに搭載したセンサーだけを所有する事業者もある。後者の場合，ユーザーの注文を受けてセンサーを操作し，取得されたデータを加工して販売するのは，センサーの所有者である。このとき，センサーは一種の持込みペイロード［258頁］となっており，バスの運用主体であるオペレーターとセンサーの所有者との間には，センサーの設置，利用に関する契約が存在する。

　衛星やセンサーの運用者が直接データを販売する場合のほかに，データ販売権（ライセンス契約の締結権限）を与えられて営業活動を行う販売業者を介在させる例もある。ドイツで TerraSAR-X 衛星のデータについて，当時の Infoterra 社に販売権が与えられた事例（前出）などである。このような取引形態では，データを処理，加工する工程の一部を販売業者が行う場合もありうるであろう。

　欧米では，政府や宇宙機関が打ち上げた地球観測衛星から得られたデータについては，解像度が一定以下のものを無償で配布するという方針がとられてきた。衛星データ自体は公的セクターが公共財として提供し，民間事業者には，付加価値を付けたアプリケーション事業の拡大を期待するという政策である。そこで日本でも，JAXA が運用する衛星を含む政府衛星データをオープン＆フリーのデータとして公開することとなり，そのためのプラットフォームとして Tellus（テルース）がつくられた。Tellus 上には無償の政府衛星データのほかに商用衛星により取得された有償データも提供され，さらに解析ツールなども利用可能な環境が整えられている。データの利用条件（データポリシー）はデータごとに明示される。利用者はそれに従ってデータを利用し，アプリケーション

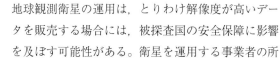

を開発することになる。

地球観測ビジネスの規制

地球観測衛星の運用は，とりわけ解像度が高いデータを販売する場合には，被探査国の安全保障に影響を及ぼす可能性がある。衛星を運用する事業者の所在国自身が安全を脅かされることも問題であるが，被探査国が事業者の所在国以外であると，外交問題を惹き起こすことも考えられよう。そこで，高分解能の地球観測衛星を保有する各国は，地球観測ビジネスを規制する法律を定めている。特に，地球観測衛星に米国製の部品を使用する際には，安全保障上の規制がその国に存在していなければ，米国の輸出管理規制 [237 頁] に基づく審査を通らないため，このような法律の制定は，地球観測ビジネスを実施するためには，事実上，不可欠である。

各国の法律のうち，米国法（USC Title 51, Subtitle VI）とカナダ法（Remote Sensing Space Systems Act, S.C.2005, c.45）は，リモートセンシングシステムの運用について，政府の許可を義務づける。日本の衛星リモセン法は，衛星リモセン装置（ミッション装置）を規制の対象とするが（第**4**章 I **6** [181 頁]），米国やカナダでは衛星と地上施設を含むシステムの総体が規制対象である。他方で米国は 2020 年に規則を改正して大幅な規制緩和を実現した際に，データの頒布（取引）に関する規制を撤廃した（カナダ法の下では，現在も許可に付した条件によって生データ・製品の頒布が制限される〔8 条(6)・(7)〕）。フランス法のリモートセンシング活動規制（宇宙活動法第 7 編）も，構造としてはこれらに近く，リモートセンシングデータの第一次的な運用者は，政府に対して届出を義務づけられ（23 条），当局は届け出られた運用者の活動に対して制限措置を定めることができる（24 条）。制限措置のなかには，データ取引に関する機微性の基準が含まれるようである。許可制ではなく届出制がとられている点で，米国やカナダに比べるとソフトな規制になっている。

ドイツの高解像度リモートセンシング法（SatDSiG）は，これらの国の制度と大きく構造が異なり，事業者規制と取引規制を並列的に定めている。まず，事業者規制としては，リモートセンシングシステムの運用者が認可（Genehmigung）の取得を義務づけられる（3 条）ほか，データの販売業者も許可（Zulassung）の取得を要求される（11 条）。データ取引の規制については，1 件ずつの取引について，安全保障および外交に影響を与える可能性（機微性）を審査するし

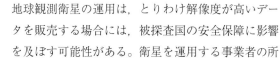
（CHAPTER 5 II 各種の宇宙ビジネス）

273

くみが導入されている（17条）。機微性の審査は，第一段階は販売業者自身によって行われ，その結果，機微性をもつと判断されたときに限って，政府による第二段階の審査が行われ，取引の承認（Erlaubnis）が与えられるか否かが決定される。なお，第一段階の審査は解像度（分解能）やデータ受領者の所在地，対象地域などを基準として機械的に行われることとなっており，データの内容自体が個別審査されるわけではない。

　日本の衛星リモセン法も，衛星リモセン装置の使用に関する許可制度と，衛星リモセン記録の提供（取引）の規制を並列的に定めており，ドイツ法と似た面がある。ただし，衛星リモセン記録の提供を個別的に審査する方法をとらず，衛星リモセン記録取扱者の認定制度を設けて，解像度（分解能）等により機微性を有すると考えられる衛星リモセン記録については認定を受けた取扱者の間でのみ流通を認めるというしくみであり，他国にないユニークな規制となっている（詳細については第**4**章Ⅰ6［181頁］参照）。

**地球観測データと
著作権**　　⦿　　地球観測衛星から得られるデータの販売がビジネスとして成立するためには，販売（使用許諾）されるデータに対して排他的な権利が存在していると有利である。そこで，地球観測データに対する著作権の成否が論じられるようになった（そのほかに，ビッグデータの一部として利用される場合には，不正競争防止法上の「限定提供データ」〔同法2条7項〕などデータ保護法制の適用も問題となりうる）。

　日本の著作権法では，著作物としての保護を受けるためには，「思想又は感情を創作的に表現したもの」であること，すなわち創作性がなければならない（著作権法2条1項1号）。そして，防犯カメラの画像など機械的な作用によって生成された写真には，創作性がないと解釈されている。したがって，地球観測データのうち，とりわけ「一次データ」については，創作性を認めることは難しい。一次データは，撮影に際してセンサーの角度などを調整しているとしても，機械的に取得されたにすぎないからである。

　これに対して，「処理済みデータ」や「解析された情報」は，著作権法による保護が与えられる可能性がある。一次データを解析してこれらの形態に変換する過程は，専門知識の裏付けをもってデータを解釈する作業であり，そこには，著作権法にいう創作性があるといえる場合がありうる。

　もっとも，元になるデータが衛星上のセンサーによって機械的に取得された

ものである以上，特に「処理済みデータ」については，表現方法の選択の幅は小さい。すると，そのような場合には著作物として保護される範囲を限定するという最近の学説にしたがうなら，「処理済みデータ」が著作権法によって保護される範囲もかなり狭く，データを盗み出して複製したり，ライセンスの条件に反して無許諾のコピーを作成したりした場合に限られるのではないかと考えられる。

　地球観測データの著作者は，著作物であるデータを創作した者であるから（著作権法2条1項2号），「一次データ」に解析，加工を行って「処理済みデータ」や「解析された情報」に変換した事業者である。

　国連リモートセンシング原則は，著作権の問題に言及していないので，その原則に書かれた内容を解釈する際に，地球観測データに著作権が成立する要件や効果を読み込んでいく必要がある。まず，「処理済みデータ」については，著作権が成立する場合には，被探査国のアクセス権行使の条件となる「合理的な価格」のなかに，その対価を含むと解釈するべきであろう。合理的かどうかの判断は，著作権のある「処理済みデータ」の一般的なライセンス料金を参照して行われることになる。次に，「解析された情報」に対する被探査国のアクセス権は，「処理済みデータ」の場合とは区別して，リモートセンシング活動を行った国が「有する」情報に対してのみ認められるとされている点が注目される。民間事業者の著作権が成立しているときは，著作権者が同意を与えない限り，国が「有する」情報とはいえず，アクセス権の対象にならないと考えるべきではないだろうか。

個人情報の保護 ◉ これまでは，リモートセンシングに関しては被探査国の主権ばかりがクローズアップされる傾向にあった。しかし，最近では，分解能が大きく向上したため，地上にいる個人の生活や行動が観察できるようになっている。すると，対象者の個人情報（プライバシー）との関係も，問題になってくると思われる。

　日本法では，個人情報とは，個人に関する情報であって特定個人を識別できるものをいう（個人情報保護法2条）。もちろん，個人情報を含む衛星データを作成することが禁じられるわけではない。しかし，個人情報取扱事業者には，利用目的を特定する義務，目的外使用の禁止，取得時に利用目的を公表または通知する義務などが課されるので，データの販売をビジネスとして展開する上

では，かなりの負担になる。航空写真は「個人に関する情報」にあたると考えられており，その前提で，他の情報との照合を含む何らかの方法で特定個人を識別されないように，他の情報との分離や解像度の調整，モザイク処理などが行われている。業界の自主的なルールとして，財団法人日本測量技術調査協会が2007年に出した「注意喚起」があり，ウェブ上に公開する航空写真は，屋上・庭先の人物が識別できないもの，自動車の車種が特定できないもの，その他個人の財産や生活状況が類推できないものとすることを求めている。地球観測衛星からのデータについても，同じように考えることができるであろう。

6 新しい宇宙ビジネス

スペース・デブリの除去

スペース・デブリ（宇宙ゴミ）の問題が深刻化するなかで（第**2**章 Ⅲ **6** [56 頁]），デブリに接近して除去する技術の開発が各国で進められている。そうした技術が実用化されると，デブリ対策は，その数を現在以上に増やさないために発生を抑制するという段階から，既存のデブリを移動させ，無害なものにするという「積極的デブリ除去（active debris removal：ADR）」の時代へと進むことが期待される。民間事業者のなかには，報酬の支払いを受けてデブリ除去活動を行い，宇宙における環境ビジネスともいうべき新たな宇宙ビジネスを実施する計画をもつものもある。

　デブリ除去は，対象となるデブリの所有者との間でデブリ除去契約を締結して実施される。デブリ除去契約のなかでは，デブリについて管轄権を行使する国の了解をデブリ所有者が取得する義務（またはすでに取得していることの保証）が規定されるであろう。デブリも宇宙条約上の宇宙物体であることは疑いがなく，ロケット上段などデブリ自体が宇宙物体として登録されているときはその登録国，人工衛星等の登録された宇宙物体の一部がデブリとなったときは元の宇宙物体の登録国が，デブリについても管轄権を行使する（宇宙条約8条）。これを無視してデブリ除去を実施すれば，その国の管轄権を侵害する行為となってしまう。デブリ除去ビジネスは，宇宙活動に対する脅威を取り除き，宇宙へのアクセスを安全にするという点で公益に寄与する活動であるが，宇宙空間の全体について管轄権を行使する主体がない以上は，公益に寄与するというだけ

で，一方的に実施するわけにはいかないのである。

軌道上サービス ⊚ デブリ除去ビジネスのように，打ち上げられた宇宙物体が軌道上で実行する活動は，一般的に，軌道上サービスと呼ばれている。他の例として，燃料が少なくなった衛星にドッキングしていわば第二の推進系（エンジン）となり，対象衛星の寿命を延長する技術がすでに実現している。ほかにも，ロボット技術を応用して，衛星に燃料補給や修理を行ったり，寿命が尽きた衛星を解体して重要な部品を取り出したりするなどの構想がある。それらの軌道上サービスを，民間事業者が報酬を得て提供すれば，新しいタイプの宇宙ビジネスとなるであろう。

これらの軌道上サービスは，打上げ後，軌道上で様々な動作を行う点に，従来の宇宙ビジネスとの相違がある。通信衛星や地球観測衛星も，軌道上で姿勢を修正したり，特定の観測対象にセンサーを向けたりすることがあるが，作業対象の宇宙物体に接近し，ロボットアームで接触するといったように，外形上は敵対的な行動と区別できないような動作が必要になる。軌道上サービスを民間事業者が実施する場合には，宇宙条約の下で関係国が許可を与え，継続的な監督を行わなければならないが（宇宙条約6条），その際には，こうした特性を十分にふまえた許可・監督が求められる。

日本の宇宙活動法の下では，軌道上サービスを提供する宇宙機も人工衛星の定義（宇宙活動法2条2号）に含まれるから，日本国内の人工衛星管理設備から管制を行って軌道上サービスを提供する民間事業者は，内閣総理大臣（内閣府）の許可を受けることとなり（同法20条1項），その許可に際して，従来型の人工衛星管理者の許可とは違った判断が必要になる。そこで，日本政府は2021年に，軌道上サービスに対して許可を出す場合の基準を具体化した「軌道上サービスに共通に適用する我が国としてのルールについて」を公表し，それに基づいて，内閣府が「軌道上サービスを実施する人工衛星の管理に係る許可に関するガイドライン」を策定した。このなかでは，技術的な基準のほかに，軌道上サービスを行う人工衛星の「利用の目的及び方法」（宇宙活動法22条1号）について，サービスを受ける人工衛星（対象物体）に係る権利侵害の防止，対象物体のサービス後における安全確保，および透明性確保のための情報開示が要求されている。

対象物体に係る権利侵害を防止するためには，対象物体の所有者などの関係

者が同意していることが必要であろう（所有者と運用者が異なる場合や，担保権者，保険者などの権利が成立している場合はすべての関係者の同意が必要になると解される）。ガイドラインは，それに加えて対象物体の登録国の規制に抵触しないこと（実質的には登録国の同意があること）も要求している。前述のとおり，サービスを受ける対象物体に対しては，登録国の管轄権が及ぶからである。古いロケットの上段など未登録の宇宙物体については，一般国際法に基づき所有者の国籍国が管轄権をもち，その規制と抵触しないことが必要であると考えられる。

　軌道上サービスを受ける対象物体は日本の宇宙活動法に基づく許可を受けているわけではないので，宇宙活動法や同法施行規則に定められた基準は，本来，適用する余地がない。しかし，たとえばデブリ除去を行おうとして失敗し，以前よりも危険な状態になってしまったら本末転倒であり，そうした軌道上サービスを許可した日本の責任も問われるであろう。そこでガイドラインでは，サービス後の対象物体の状況が法の趣旨および水準に反しないことを求めている。宇宙活動法22条2号ないし4号が定めるデブリ防止措置とまったく同一ではなくとも，それと「趣旨及び水準」が異ならない程度には安全な状況が確保されるのでなければ，そもそも軌道上サービスの実施が許可されないことになる。

　透明性の確保としては，許可された人工衛星の運用計画（軌道上サービスの内容）と，その衛星が制御を失った時など異常が発生した場合の状態について，情報の開示・提供が要求されている。軌道上サービスは複雑な動きを伴うため他の宇宙活動に対する危険も大きいこと，また外形的には敵対的な宇宙活動にも見えることなどから，透明性が強く求められている。

宇宙エンターテインメント　　軌道上サービスの一種として，宇宙空間を舞台として利用するエンターテインメント活動の可能性も構想されている。衛星から放出する物質で人工的に流れ星を作り出し，イベントなどを祝う事業は，すでに実現が近い（第**6**章 Ⅲ 2 [296頁]）。また，2015年には，テレビアニメの一場面を現実化するとして，月面のローバー（探査車）から「ロンギヌスの槍」を発射し，月に打ち込むという構想が提案され，クラウドファンディングが実施された（目標額に達しなかったため構想は中止され，全額が返金された）。

　こうした宇宙エンターテインメント活動を直接的に規律するルールは，日本

には存在しない。軌道上サービスとしての安全性の確保，とりわけ放出される物質や物体について，スペース・デブリ低減ガイドライン（第2章 IV 1(1)［65頁]）の遵守が求められるほかは，「人工衛星の利用の目的及び方法」（宇宙活動法 20 条 2 項 4 号）が個別的に判断されることになろう。これに対して，米国の商業宇宙打上げ法には，「ひどく目立つ宇宙広告（obtrusive space advertising)」を目的とした衛星の打上げには許可を発行しないという規定があり（51 USC §50911），企業名の表示など広告活動に該当する場合には米国からの打上げが制約される可能性がある。他国に例を見ない宇宙広告の規制は，観光地の景観保護を目的とした広告規制にヒントを得て立法されたようである。

　これは，宇宙空間について特定の利用がなされると多くの人々に対して事実上の影響が及ぶことをどのように考えるかという問題であり（「ロンギヌスの槍」についても，月を神聖視する信仰を持つ人の宗教感情を傷つける可能性が指摘された），宇宙にも環境法のルールが必要になることを予感させる。現在のところ，宇宙の環境問題は，デブリ問題や原子力電源の利用を除けば，ほとんど議論されていない。しかし，将来的には，宇宙活動に際して他国の対応する利益に妥当な考慮を払う義務（宇宙条約 9 条）が根拠となって，宇宙活動の自由（宇宙条約 1 条）と関係者の利益を調整するための宇宙環境法のルールが形成されていくのではないかと思われる。

宇宙資源の商業的開発・利用　月や小惑星などの天体から資源を採取し，利用する活動も，新しいタイプの宇宙活動として構想されている。採取の対象として最も注目されている資源は，水である。水は，宇宙空間では貴重な存在であり，分解してロケットエンジンの燃料などに利用できる。世界には，そうした目的のために水を月や小惑星から採取する事業の実現を目指すベンチャー企業がいくつもあり，技術開発を競い合っている。また中国は，核融合炉の燃料として利用されるヘリウム 3 を月面から採取することを検討中であるといわれる。小惑星には，地球上に存在しない貴金属が存在するのではないかともいわれるが，その採取は，仮に実現するとしても遠い将来のことであろう。

　日本のローバー（探査車），掘削機等の探査機で宇宙資源開発を行う場合，そうした探査機も「地球以外の天体上に配置して使用する人工の物体」であるから，宇宙活動法にいう「人工衛星」にあたる（同法 2 条 2 号）。したがって，そ

れを運用する事業者は人工衛星管理の許可を取得しなければならないが（同法20条），宇宙資源法が重ねて適用されるため，許可申請の際には，宇宙活動法20条2項各号所定の事項に加え，宇宙資源法3条1項各号に所定の事項も記載する必要がある。具体的にいうと，人工衛星の利用の目的および方法（宇宙活動法20条2項4号）として「宇宙資源の探査・開発」にチェックを入れる（宇宙活動法施行規則様式第一七のチェックボックス）だけではなく，宇宙資源の探査および開発に関する事業活動の期間や探査および開発を行おうとする場所など宇宙資源開発に特有の事項を自由記述により記載するのである（宇宙資源法施行規則様式第一）。このような法制度が必要になる理由は，宇宙資源開発では，探査機が様々な動作を行うこと，特に，同一の天体上の同一地点で複数の国の主体が競合して開発を行うと，相互の宇宙活動に対して有害な干渉を及ぼすおそれが認められ，関係国間における事前協議の対象となること（宇宙条約9条第3文・第4文）などから，その特性に適合した形で関係国による許可と継続的な監督（宇宙条約6条）を行わなければならないためである。

　採掘した宇宙資源は，事業者が自家消費するか，他の宇宙機関や事業者などと取引を行って利用される。これは，宇宙資源の使用ないし処分にほかならないから，宇宙資源に対する所有権の成立が前提となる。宇宙資源の採掘が日本の宇宙資源法に基づいて許可された探査・開発活動のなかで行われているかぎり，宇宙資源を採掘した事業者は，日本法上の所有権を取得する（宇宙資源法5条）。同様に米国法（51 USC §51303）とルクセンブルク法（Loi du 20 juillet 2017, art.1er）も，宇宙資源に対して私人の権利が成立するという民事法的な効果を定めている。具体的な権利の内容として，米国法は，占有，所有，輸送，使用および処分を具体的に列挙し，ルクセンブルク法は，私人が宇宙資源を取得することができるとのみ規定する。この米国法と日本の宇宙資源法を利用して，日本の株式会社 ispace は，月面への着陸時に採取する月の砂（レゴリス）を NASA に譲渡するという売買契約を 2020 年に締結した。着陸が成功していたら世界初の宇宙資源取引であった。

　天体の領有が禁止されているにもかかわらず（宇宙条約2条），天体から採取した資源については私人の所有権が成立するという内容の立法が初めて米国につくられたときは国際的に大きな反響を呼び，国連の宇宙空間平和利用委員会等で厳しく批判する国も少なくなかった。しかし，一般的に，資源開発に関す

る法制では，土地の所有権と採掘された資源の所有権は区別されるので，これらの立法が宇宙条約と両立しないという議論には説得力がないであろう。その後，宇宙資源の採取は宇宙条約2条に抵触しないと明言するアルテミス合意が成立し，30カ国以上の賛同を得たことで，宇宙資源の所有権に対する国際法上の疑問は解消したといってよい。

　とはいえ世界では，宇宙資源の開発をまったく否定するわけではないが，国際的な枠組みを作り，その下で開発を進めるべきではないかという考え方も主張されている。そうした状況をふまえ，宇宙法の研究に伝統をもつオランダのライデン大学が事務局となって，各国から産官学の代表者が参加する「ハーグ宇宙資源ガバナンス・ワーキンググループ」が立ち上げられ，この問題に関する国際的なコンセンサスを形成するためのたたき台（Building Blocks）を2019年に採択した。このたたき台は，宇宙資源を開発する技術の発展段階に応じた漸進的な規律という考え方に基づいて，宇宙資源開発が宇宙条約2条を含む国際条約と整合的に進められるための関係国や国際機関の監督責任を明示し，宇宙資源の探査の自由，探査・採掘の優先権を保障するための国際登録システム，採掘された資源を適法に保持する権利の相互承認，宇宙資源開発の有害な影響を予防的アプローチによって回避する必要性などを記述している。「ハーグ宇宙資源ガバナンス・ワーキンググループ」は民間のフォーラムであったが，その議論が完結したことで舞台は国連に移り，現在，宇宙空間平和利用委員会（COPUOS）の法律小委員会で宇宙資源開発に関する原則の議論が行われている。

CHAPTER 6

宇宙ビジネスの展望と
法的課題

本章では，今後さらに発展が期待される宇宙ビジネスの動向や今後の展望を
概括し，関連する法的課題を整理する。宇宙ビジネスには様々な種類がある。
ロケット開発などの本格的な宇宙事業から，個人でもチャレンジできる身近な
宇宙関連ビジネスまで，幅広いビジネスチャンスを紹介しよう。

宇宙ビジネスの類型 　宇宙技術は第二次世界大戦から冷戦期にかけて，米
ソを中心に国策として飛躍的に発展したが，1980
年代以降は民間への技術移転も進み，商業宇宙活動が拡大してきた。衛星の利
用が国家によるアンカーテナンシーを背景に拡大し，衛星の打上げ需要に対応
した商業打上げ市場が拡大した。近年では宇宙技術獲得に乗り出す途上国市場
を巡る国際競争も激化している。

　そうした中で，ニュースペースと呼ばれる新しい産業の潮流が，2000年代
半ばに米国で生まれ，日本やヨーロッパ，さらには新興国にも広がってきた。
数多くのベンチャー企業が宇宙ビジネスに参入し，宇宙産業の様相は一変しつ
つある。ニュースペースという言葉に厳密な定義はないが，シリコンバレーに
代表される情報通信（ICT）産業と宇宙産業が融合して，技術面やビジネス面
にイノベーションが連続して生まれていった現象を指すと考えてよい。

　シリコンバレーでペイパルを創業したイーロン・マスクがスペースXという
宇宙企業を設立して大型ロケットFalcon 9を開発し，またグローバルな通信
衛星のネットワークであるStarlinkを展開していったことは，情報通信産業と
宇宙産業の融合というニュースペースを象徴する動きである。グーグルが衛星

データ企業のスカイボックス・イメージング社を買収したり（後にプラネット・ラボ社に売却），アマゾンの共同創業者であるジェフ・ベゾスが宇宙輸送機を開発するブルーオリジン社を創設したりしたことが話題を呼んだが，それだけではなく，インターネット分野で経験を積んだベンチャーキャピタル（ベンチャー企業向けに資金を提供するファンド）が宇宙ベンチャーに対して資金を提供するようになり，米国ではシリコンバレーに宇宙ベンチャーの集積が形成されていった。

　伝統的な宇宙産業は国家を主要な顧客として発展してきたが，ニュースペース企業のなかには宇宙旅行など民間市場をターゲットとするものも現れている。また，宇宙映像を活用したコンテンツビジネスやブランドビジネスなど，製造業にとどまらない様々な宇宙関連ビジネスが広がっている。本章では，宇宙ビジネスを以下の類型に分類して，日本の企業を中心に紹介する。

①宇宙機器製造業：国のロケット・衛星等を製造する宇宙機器メーカー
②衛星利用産業：人工衛星などの宇宙インフラを利用する産業
③ニュースペース：革新的な宇宙開発利用に挑戦する新興宇宙企業
④関連ビジネス：宇宙に関連したビジネス

I　宇宙機器製造業

　ロケットや衛星等を製造する宇宙ビジネスは，国の安全保障政策とも密接に関連する。技術リスクやビジネスリスクのみならず，政治リスクもはらむため，従来は防衛産業と同様に大手メーカーが担ってきた。安全保障を意識した自律性確保のための国策産業として保護育成されるため，一般的な市場原理は働かず，国際的には供給過多の傾向となる。しかし国家予算だけで維持し続けるのは財政的な負担が大きいため，各国ともトップセールスで海外市場獲得に乗り出すことになる。

　わが国の宇宙開発利用予算は近年増加してきたとはいえ約6000億円規模であり，米国（7～8兆円）の10分の1以下，欧州の約4割程度にとどまっている。宇宙産業の従事人口も年々減少し8000～9000人であり，米国の約7分の1で

Figure**6**.1 ● わが国の宇宙機器産業および関連産業の規模（令和３年度）

● 宇宙機器・関連産業の総売上げは概ね8.7兆円
● 宇宙利用サービス関連産業は減少
● 宇宙利用サービス産業は外国製衛星に依存

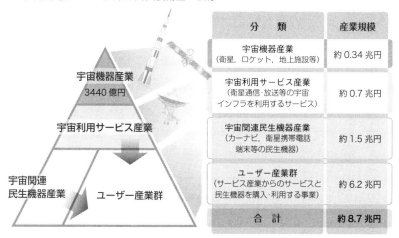

分　　類	産業規模
宇宙機器産業 （衛星，ロケット，地上施設等）	約 0.34 兆円
宇宙利用サービス産業 （衛星通信・放送等の宇宙 インフラを利用するサービス）	約 0.7 兆円
宇宙関連民生機器産業 （カーナビ，衛星携帯電話 端末等の民生機器）	約 1.5 兆円
ユーザー産業群 （サービス産業からのサービスと 民生機器を購入・利用する事業）	約 6.2 兆円
合　計	約8.7 兆円

（注）　各項目ごとの四捨五入のため，合計は一致しない。
（出典）　日本航空宇宙工業会「令和４年度宇宙産業データブック」（宇宙関連企業の約90社の
　　　　　資料提供等による）

ある。この限られた予算や人員で，液体・固体の２系統のロケットを開発・維持し，通信・放送衛星・地球観測衛星・準天頂衛星等の技術を獲得・実用化し，「はやぶさ」に代表される宇宙科学での業績や国際宇宙ステーションへの貢献等の多様なプログラムを推進し，全方位的に自律的な宇宙技術を発展維持してきたのは諸外国と比べて効率的といわれている。しかし，宇宙分野への社会的ニーズが拡大・多様化しているなかで，自律的な宇宙活動を維持するための産業規模・人材の確保は大きな課題となっている。

産業規模の維持　　●　　わが国の宇宙機器メーカーの大半は宇宙事業を専業としておらず，宇宙部門は概ね赤字不採算事業として位置づけられてきた。衛星やロケットが大変高価な代物であることからは想像し難いが，宇宙活動はリスクが高く，高度な技術や様々な試験などに相応の経費を投入する必要があるのである。また，国の予算の単年度主義の縛りがある上に，政治リスクが高く，事業の予測可能性も低い。さらに万一の事故の場

Figure**6**.2 ● 宇宙機器・利用サービス産業の状況

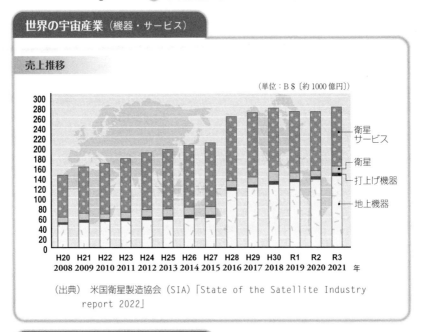

世界の宇宙産業（機器・サービス）

売上推移

（単位：B＄〔約1000億円〕）

（出典） 米国衛星製造協会（SIA）「State of the Satellite Industry report 2022」

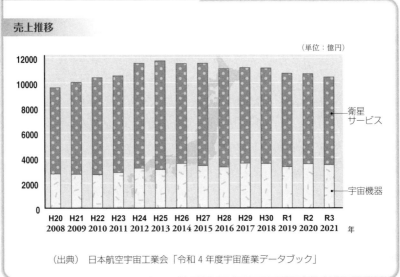

わが国の宇宙産業（機器・サービス）

売上推移

（単位：億円）

（出典） 日本航空宇宙工業会「令和4年度宇宙産業データブック」

合には大きく報道され，企業ブランドが傷つき，株価にも影響しかねない。

　そのため宇宙メーカーの経営陣にとって，宇宙部門は事業リスク，収益性，安定性等のいずれの点でも有望事業ではない。国との総合的な関係性維持，あるいは宇宙という前向きなイメージで企業ブランドやリクルーティング面でのメリットを見出し，かろうじて維持しているのが実情である。近年では株主説明責任が重視され，撤退も現実的な選択肢となっている。このような状況では社内のコスト削減プレッシャーも高く，思い切った投資は行いづらく，国からの受注で何とか製造ラインを維持している状況である。

　日本の国土は米露中などとの比較において広大とはいえず，また，光ファイバー等の地上インフラも整っているため，衛星等の宇宙インフラの国内市場は必ずしも大きくない。そのため，宇宙産業を維持し，自律的な宇宙開発利用を行うために，自国で宇宙インフラを開発運営できない新興国をはじめとする海外市場の獲得が必要となるが，近年資源外交を展開する中国の進出などに伴い国際競争が激化している。そのため，関係政府部局・宇宙機関・産業界が一丸となってトップセールスで海外市場獲得等に取り組んでいる。様々なニーズや文化をもつ国内外の顧客に対し，製品・サービスを適切にパッケージ化してワンストップで提供する必要がある。

法的な課題　宇宙機器は軍事技術に転用可能性のある機微技術である。そのため，衛星等の製品はもちろん技術情報のレベルまで，国境（国籍）を越える移動は国際的に厳しく制限されており，日本では貿易管理令に基づき経済産業省の輸出許可を得る必要がある。従来はさらに，「宇宙の平和目的」決議に伴う最終用途や汎用性の確認が別途行われていたが，宇宙基本法の制定とそれに対応したJAXA法の改正により，貿易管理令に基づく規制に一本化された（第**4**章I**4**［167頁］）。

　また，製造メーカーとしては，宇宙活動に起因する製造物責任が課題となる。2016年に制定された宇宙活動法は，打上げ時の事故に伴う損害賠償責任について，打上げ事業者に無過失責任を負わせており（35条），打上げ事業者以外は責任を負わず製造物責任法（平成6年法律85号）の規定は適用しない旨定めている（36条）。

　また，安全性や近年問題となっているスペース・デブリに関する対策についても，直接的な規制を受けるのは，ロケットの打上げや人工衛星の管理を行う

ために許可を受ける事業者であり，製造メーカーは間接的に規制を受ける立場
となる。

II 衛星利用産業

冷戦期には，安全保障に直結する技術の水準を誇示するため，人工衛星を開
発して打ち上げること自体が宇宙活動の目的でもあった。近年では様々な実用
ニーズに対応した衛星利用ビジネスが広がっている。

通信・放送・気象衛星 ◉ 通信・放送・気象衛星は他の分野に先んじて利用が
進み，現在は社会に不可欠なインフラとなっている。
特に通信・放送事業は宇宙利用産業のなかでは珍しく民需が主体で，比較的市
場原理が働く環境にある。

高品質のデジタル映像をリアルタイムで一斉配信できる衛星通信は，山間部
や離島，移動体など，地上回線での対応が難しい領域で威力を発揮し，教育・
医療・ビジネスなど幅広い分野で活用できる。また，衛星通信ネットワークは
地上回線を経由しないため災害時に強く，地方自治体などが防災・危機管理の
通信インフラとして導入もしている。日本では東日本大震災を教訓とした災害
時の通信システム整備の必要性が叫ばれており，この方面の市場拡大が期待さ
れる。

有料多チャンネル放送の「スカパー！」を運営するスカパー JSAT 株式会社
は，2008 年にスカイパーフェクト・コミュニケーションズ，JSAT，宇宙通信
が統合して設立された。同社は衛星事業と有料多チャンネル事業を両輪とする
ハイブリッド経営を強みとしている。宇宙・衛星事業では，2023 年現在，17
機の衛星を保有し，独自の衛星管制センターも複数設置している。同社は，日
本全国はもちろんアジア全域，オセアニア，北米をカバーし，中核事業の両輪
である有料多チャンネル事業が手がける「スカパー！」の番組伝送や，地上波
テレビ局への中継回線の提供などを行っている。

通信・放送ビジネスには，従来，静止衛星（地球の自転と同じ速度で地球を周
回し，地上からは一カ所に静止しているように見える衛星）が利用されてきた。ユー
ザー（視聴者）に対して途切れることなくサービスを提供するためには効率的

なためである。しかし，近年，比較的小型の衛星を低軌道に多数打ち上げ，それらを一体として運用するという衛星コンステレーションのコンセプトが生み出された。コンステレーションを構成する衛星の数が十分に大きければ，サービス対象エリアを常時カバーすることが可能になり，1機の静止衛星と同等の通信サービスを提供することができる。すでに稼働している通信衛星コンステレーションとしては，米国スペースX社のStarlink（現状で衛星数4000機以上）と英国・インドの合弁企業ワンウェブ社のOneWeb（現状で衛星数600機以上）があり，ほかにも米国・中国・欧州などに同様の大規模な衛星コンステレーション（メガコンステレーション）の計画がある。日本企業が単独で計画するメガコンステレーションは今のところ存在しないが，KDDI株式会社がStarlinkのサービスを国内向けに提供しており，またソフトバンク株式会社はOneWebの出資者となっている。

　気象情報サービスの株式会社ウェザーニューズは，日本の民間総合気象情報サービスの草分けであり，1986年の創業以来継続的に業績を伸ばし，現在世界最大の民間気象情報会社となっている。同社の情報源は人工衛星だけではないが，気象衛星からの情報をうまく組み合わせて顧客ニーズに合致したサービスを提供している。

　宇宙機器製造業では苦戦する日本であるが，衛星利用産業では世界をリードする企業も輩出している。国内の衛星製造業や衛星打上げ事業者にとって国内の衛星利用事業者は潜在顧客だが，残念なことにこれらの日本の衛星利用産業は国産衛星をあまり購入していない。

リモートセンシング・測位衛星　　リモートセンシング衛星は地球軌道を周回しながら定期的に観測を行うため，気候変動・温暖化等の経年変化の観測に優れた効果を有する。様々な機能のセンサーが存在し，広範囲を一度に観測できるため，問題のある地域の特定に威力を発揮する。反面，複数の衛星により観測頻度を高める必要があり，数機から数十機の衛星をコンステレーションとして運用することが一般的になりつつある。日本には，光学式衛星のコンステレーションを運用する株式会社アクセルスペースや，小型SAR衛星による事業化を目指す株式会社Synspective，株式会社QPS研究所などの企業がある。また，多くの場合，衛星データは地上データとの複合的な解析で確度を高める必要があるが，そうしたデータ解析

によるソリューションを提供する企業も，AIを活用する株式会社スペースシフトやJAXA認定ベンチャーの株式会社天地人など数多く生まれつつある。異なる衛星データをワンストップで利活用できるプラットフォームとしてTellusも整備されたので［272頁］，今後，衛星データビジネスには一層の成長が期待される。

　測位衛星は位置情報をリアルタイムに提供し，測位やナビゲーションのみならず，搭載されている原子時計機能が電子決済に利用されるなど，現代社会に不可欠なインフラとなっている。

　このさきがけである米国のGPS衛星群は，米国空軍が開発・運用している。無償でデータを利用できるが，有事の際の精度保障を行っていない（ただし，2007年9月18日にブッシュ大統領が今後のSA〔恣意的精度悪化〕を否定）。ここに着目し，EUは自らの安全保障や交通管制などの利用に加え，一般に有償で常時精度悪化のないサービスを提供するGalileoプロジェクトを開始した。そのほかにも，ロシアのGLONASS，中国の北斗など，先進国は安全保障目的で不可欠のインフラとして独自の測位衛星プログラムを運用している。

　日本も準天頂衛星システムをもっているが［259頁］，これは，1997年に当時の宇宙開発委員会により，米国GPSと連動した最低限の衛星数で技術試験を実施する方針が打ち出されたことから始まった（「我が国における衛星測位技術開発への取り組み方針について」）。2002年には総合科学技術会議が準天頂衛星の開発・整備を産官連携で推進する方針を示し，同年には新衛星ビジネス株式会社（ASBC）が59社の出資により設立された。しかしASBCは衛星システムの整備運営費用に見合う収益モデルを構築できず，2007年に解散する。同年に設立された財団法人衛星測位利用推進センター（SPAC）が民間の利用実証公募や，受信端末の開発・貸出しや補強情報配信などの事業を引き継ぎ，財団の合併を経て現在は一般財団法人宇宙システム開発利用推進機構がそうした事業を行っている。

法的な課題　　◉　2016年に制定された宇宙活動法により，人工衛星の管理には人工衛星ごとに内閣総理大臣による許可が必要である旨定められた。その許可条件には，スペース・デブリへの対策も含まれている。また，同時に制定された衛星リモートセンシング法では，衛星リモートセンシング装置の使用を許可制とし，配布先も限定している。また，

安全保障上の支障あるときには政府が配布を制限できるとしている。これらは，宇宙条約に定められた非政府団体の宇宙活動への許可および継続的な監督義務への対応であり，スペース・デブリ問題の深刻化や，テロの脅威などを背景としたものである。しかし，宇宙産業の発展を阻害しないために，明確な判断基準による予見可能性の確保や，迅速な許可のための簡便な手続の導入が必要であろう。

欧州諸国では，従来国が実施していた衛星の運用事業をPPP（第**5**章Ⅰ2(4)[215頁]）等の手法を用いて官民連携で実施する動きが広まっている。デュアルユース目的を含む公的ミッションの衛星を民間が運用し，公的セクターが長期的な利用を保証するアンカーテナンシーとしてビジネスリスクを軽減しつつ，民間が余剰リソースを自由な発想で活用して自己収入を得るビジネスモデルである。相互にコストをシェアすることができ，公的サイドでは民間の投資により全体コストを低減し，さらに，初期に集中する導入コストをプロジェクト期間全体で平準化できる。民間サイドも安定した収入計画により，ビジネスリスクを低減し，資金調達もしやすくなる。日本でのPPPの促進においては，単年度予算主義の国・宇宙機関でも長期的な債務保証を積極的に行える環境整備が課題である。

欧州では宇宙機関と政府の役割・費用分担も日本より明確である。たとえば欧州では宇宙インフラを「欧州全体の社会インフラ」として位置づけており，測位衛星群Galileoの初号機はESAが技術開発目的で開発・実証し，その後の運用経費をEUが負担している。日本でもビジネスの予測可能性を高めるため，官・民・宇宙機関の連携モデルの明確化が望ましい。

Ⅲ ニュースペース

1 小型衛星・小型ロケットビジネス

SSTLの成功モデル 宇宙機器業界は，技術的な難易度に加え，国策産業のため複雑かつ特殊な商環境となっている。そのため，部品供給は別として，新規参入ベンチャーが「インテグレーター」として

291

大手企業と伍して成功するのは容易ではないとされてきた。人工衛星の構造は衛星の基本的なシステムであるバスとセンサーなどの機器に大別されるが，近年は複数のセンサーを搭載することができる衛星の大型化が進み，1機あたり数百億円もする高価な衛星を購入できるのは先進国政府や一部の企業に限られていた。

　英国の実業家マーティン・スィーティング氏が創設したSSTL社はこの常識を覆し，世界に先駆けて小型衛星市場を開拓し，新興途上国の衛星市場を席巻した。宇宙新興国にとっては先進国が開発運用している衛星は価格面のハードルが高い。多少性能が劣っても低価格の衛星や人材育成に関するニーズが存在する。SSTL社はここに着目した産学連携のユニークなビジネスモデルを有する。

　同社が提携するサレー大学は，基礎研究段階の活動を実施する。大学側は研究成果を論文として発表する権利を保有しており，SSTL社との連携により，実践的な研究開発を通じて実務に通用する人材を育成できるメリットがある。SSTL社は大学の研究成果（知財）を活用し，優秀な学生をリクルートして実利用衛星を開発するため，研究開発経費や人件費を抑えることができる。さらに，サレー大学では積極的に途上国から将来国を支えるリーダーとなる留学生を多く受け入れている。そのため，SSTL社は人的コネクションも活用して効率的に途上国からの衛星受注につなげることができる。SSTL社は小型衛星事業の成功後の2009年にEADSアストリウム（現在のエアバス・ディフェンス・アンド・スペース）に買収されており，投資家利潤を得ている。まさに大学・企業・投資家がwin-winで協力するビジネスモデルである。

日本の超小型衛星ビジネス 　日本でも近年，SSTLよりさらに小型の掌にのるほどの超小型衛星（キューブサット）の開発が大学を中心に盛んである。JAXAでは，このような大学等での教育目的での小型衛星に対し，近年公募により無償の相乗り打上げやISSの日本実験棟「きぼう」からの放出の機会を提供し，後押しをしている。

　日本のキューブサット開発のパイオニアである東京大学の中須賀教授は，従来の宇宙開発手法を革新的に変革してコスト低減を狙う「ほどよし信頼性工学」を推進しており，内閣府の最先端研究開発支援プログラム（FIRST）の支援を受けた「ほどよしプロジェクト」を2010年に開始した。「ほどよし信頼

性工学」は，超小型衛星に見合う信頼性設計・管理手法の理論体系化を目指し，コストを抜本的に低減することを目指している。この理論を実践する株式会社アクセルスペースは，東京大学で超小型衛星開発を経験した中村友哉氏が 2008 年に設立した宇宙ベンチャーであり，現在ではリモートセンシング衛星の運用企業へと成長した［289 頁］。同じく東京大学発のベンチャー企業である株式会社アークエッジ・スペースも，超小型衛星の製造ビジネスを展開しており，アフリカのルワンダ政府から発注を受けて RWASAT を製造した。RWASAT は同国の農業や防災に活用されている。小型衛星の利用が拡大するとそれに用いられるコンポーネント（部品）の市場も生まれ，そこにも，水を利用した小型衛星向けエンジンを開発する株式会社 Pale Blue のようなベンチャーが参入している。

UNISEC 　　　日本での小型衛星開発の促進には，2002 年に設立された特定非営利活動法人（NPO）「大学宇宙工学コンソーシアム（UNISEC：University Space Engineering Consortium）」が大きな役割を果たした。UNISEC は，宇宙工学の分野で実践的な教育活動の実現を支援することを目的としており，2023 年現在，大学・高専等 39 校が参加し，学生会員は約 800 名となっている。

　UNISEC は 350ml 缶サイズの超小型衛星 CanSat のサブオービタル（大気圏内）打上げ実証実験を継続的に実施している。宇宙技術・産業の発展にとって人材育成は要である。UNISEC による実践的な教育機会の提供は貴重な取組みであり，参加・協賛の輪が広がっている。その活動を国際的に発展させた UNISEC-Global は，超小型衛星を利用した実践的な宇宙工学教育の国際的な普及に努め，2030 年までにすべての国・地域の大学生が実践的宇宙活動に参加できるような世界を創ろうという理念を掲げ，2023 年時点で 60 以上の連携拠点をもっている。

小型ロケット 　　　小型衛星・超小型衛星の利用が一般化すると，輸送
ベンチャー 　　　手段として小型ロケットに対する需要も大きくなってきた。世界では，ニュージーランドに拠点を置く米国企業ロケット・ラボ社が市場をリードしているが，日本にも，北海道大樹町に拠点を置くインターステラテクノロジズ株式会社，キヤノン電子・IHI エアロスペース・清水建設・日本政策投資銀行が 2018 年に設立したスペースワ

Figure**6**.3 ◎ UNISEC から生まれた小型衛星

(提供) UNISEC

ン株式会社，再使用型ロケットの開発を目的として 2022 年に設立された将来宇宙輸送システム株式会社など，小型衛星用の無人小型ロケットを開発するベンチャーが盛り上がりを見せている。

スペースポート　◉　こうしたロケットベンチャーが打上げサービスを本格的に提供するようになると，打上げのための射場も必要になる。実際に，北海道大樹町は北海道スペースポートの建設を進めており，また，前述のスペースワン株式会社は和歌山県串本町にスペースポート紀伊を保有する。周辺住民の安全確保に加えて，漁業をはじめ打上げにより影響を受ける周辺産業との調整も前提となるため，宇宙港の実現には困難も伴うこともあるが，打上げ関係者の長期滞在や関連産業の集積による経済効果に対する地元の期待も大きいものがある。

2 低軌道の商業化

ISS の利活用　◉　国際宇宙ステーション（ISS）では，宇宙の特殊環境を活用した様々な研究開発がなされている。たとえば，重力の影響をのがれた高品質の結晶を生成することができ，日本の実験棟「きぼう」で生成された高品質のタンパク質結晶の解析により，難病である筋ジストロフィーの治療薬につながる可能性のある成果が発見されている。また，微小重力環境下での骨の劣化が骨粗鬆症の予防研究に役立つといわれている。「きぼう」では無重力などの特殊環境を活用したナノやバイオ・医療分野での研究開発が特に期待されており，JAXA を窓口に民間企業にも利用が解放されてきた。

　こうした利用実績をふまえ，「きぼう」を利用した新たなビジネスやサービスを創出する目的で，JAXA は「きぼう」利用の民間移管を段階的に進めてきた。超小型衛星の放出（宇宙物体の発射の一形態）は Space BD 株式会社と三井物産エアロスペース株式会社が事業化し，毎年，国内外の大学などで作られた超小型衛星が多数放出されている。次いで，「きぼう」の船外に設置された実験設備（中型曝露実験アダプター i-SEEP）の利用事業と，船内実験設備を利用したライフサイエンス事業が，Space BD 株式会社によって展開されつつある。船外設備の利用事業では伝統工芸品やアート作品を宇宙空間に曝露し，「宇宙から

帰還した物」としてブランド化するといった事業が行われている。ライフサイエンス事業としては，企業や研究機関による研究のほか，高校生を対象とした教育事業などの実績がある。

ポスト ISS　　　　ISS の運用期間は，当初の予定よりも延長されたが，それでも 2030 年には終了し，2031 年には太平洋に落下させる予定である。それ以降の低軌道における宇宙活動について，NASA はもはや主体とはならず，企業による商業活動に委ねる方針を示している。すると，ここにも大きなビジネスチャンスが生まれることになる。早速，ブルーオリジン，ナノラックス，ノースロップ・グラマン，アクシオム・スペースといった米国企業がポスト ISS の宇宙ステーション構想を打ち出して開発に乗り出した。日本からは総合商社系の企業などが，これらの構想にパートナーとして参画を表明している。

　そもそも国際宇宙ステーション協定（IGA）は，14 条で各参加主体が所定の手続を踏むことにより ISS の能力を発展・追加することができる旨規定している。米国のホテル王が投資して創業したビゲロー・エアロスペース社は，輸送が簡便なインフレータブル（収縮可能）形状の BEAM（Bigelow Expandable Activity Module）を NASA との契約により 2016 年 4 月に試験的に打ち上げた。この実験の結果は現在の民間宇宙ステーション開発に生かされていると思われるが，ビゲロー・エアロスペース社自体はポスト ISS から撤退してしまった。

人工流れ星　　　　科学とエンターテインメントの両立で宇宙技術を革新する ALE 社を 2011 年に設立した岡島礼奈氏は，世界初の人工流れ星事業「Sky Canvas」の実現を目指している（Figure**6**.4）。JAXA は，同社が提案した「流星源と放出装置を用いた人工流れ星の実現可能性と市場性の検証」を技術実証衛星のテーマとして選定し，支援している。岡島氏は，東京大学在学中に天文ソフトウェアを活用したゲームソフト開発ベンチャーを立ち上げ JAXA 宇宙オープンラボ制度で採択・支援を受けた経験がある。

Figure**6**.4 ⦿　ALE 社の人工流れ星事業（Sky Canvas）

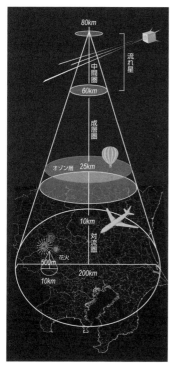

特殊素材の粒を人工衛星から宇宙空間に放出して大気圏に突入させることで，流れ星を人工的に再現することを目指している。粒が大気圏で燃焼する様子は地上からは流れ星のように見え，その輝きは最大で200km 圏内で同時に楽しむことができる（画像〔左〕はそのしくみ，画像〔上〕は地上から見たイメージ）。

（画像提供　株式会社 ALE）

3 月面での有人活動

月 面 産 業　⦿　　低軌道の宇宙活動とは異なり，月や火星などの探査については，宇宙機関が中心となる国家プロジェクトとして推進されるべきであると考えることで各国とも一致している。しかし，その場合にも，民間企業はパートナーとして，ISS の場合よりも大きな役割を果たす方向にある。

　日本でも，アルテミス計画を進める米国と協調して月の探査が実施されることに対する産業界の期待は高い。2021 年 7 月には，産学のメンバーに政治家も加わった「月面産業ビジョン協議会」が，『月面産業ビジョン』を公表した。その中では，月面利用に経済的な付加価値を見出し，民間が主体となって「月

Figure6.5 ◉ 月基地想像図

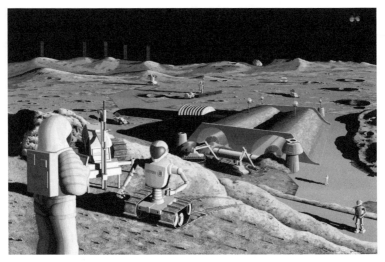

（出典） JAXA資料

面産業」を形成することが提唱されている。その目標を見据えた社会のコンセプトは「Planet 6.0」である。これは、「地球と他天体を含む宇宙が一体となった循環型の社会経済を構築することを目指す概念」とされている。

　『月面産業ビジョン』では、2040年には月面に1000人規模で人が滞在し、有人活動が行われると期待されている。そうした前提の下で、従来、宇宙ビジネスから縁遠いと思われていた企業も参入して、様々な月面ビジネスが構想されるようになった。たとえばトヨタ自動車株式会社は月面を走行する与圧ローバー（内部では地球上のような気圧が保たれた月面車）を開発するためJAXAとの共同研究を進めており、また株式会社大林組、鹿島建設株式会社、清水建設株式会社などのゼネコンや、折り紙技術を応用した展開構造物を開発する宇宙ベンチャーの株式会社OUTSENSEなどが月面での建設を実現するための技術開発に取り組んでいる。月面に人が滞在すれば食料を確保する必要もあるが、株式会社ユーグレナによるミドリムシ等の微細藻類を月面で地産地消する研究や、株式会社いけうちによる土を使わずに植物を育成するためのドライフォグ装置の開発などの事例がある。

宇宙資源ビジネス　◉　月面のビジネスのなかで，最もよく知られているのは資源開発ビジネスであろう。すでにみたように（第2章Ⅲ2［36頁］），ルナ・エンバシー社の「月の土地」販売ビジネスは，宇宙条約2条に定められている天体の領有禁止に反するものである。一方で，月面にはロケットのエネルギー源として活用できる水資源が存在するといわれ，今後激しい争奪戦が予想される。

HAKUTOで「グーグル・ルナ・Xプライズ」に挑戦した日本の株式会社ispaceも月の水資源開発を目指しており，2023年に民間企業として世界初の月着陸を目指した。惜しくも失敗したが，取得されたデータを生かして再挑戦することとなっている。

Ⅳ 　多彩な宇宙関連ビジネス

宇宙は多彩なフィールドであり，アイディア次第で多様な関連ビジネスが可能である。最後に，宇宙に関する画像，情報，知見，ブランドイメージなどをうまく活用した様々なビジネスや商品の実例を紹介しよう。

1 　映像・コンテンツビジネス

宇宙をコンテンツとして活用した商品の代表的なものはプラネタリウムだろう。コニカミノルタや五藤光学研究所はプラネタリウム業界で世界のトップメーカーである。さらに，2005年に設立された大平技研は，ソニーからスピンアウトした創業者，大平貴之氏の独自のコンセプトと巧の技により，ギネスブックに認定された精彩な星空を再現した「メガスター」シリーズで，ベンチャーながら国内外シェアを広げている。

2001年に電通の広告マンとして本格「宇宙CM」（ポカリスエット）を手掛けた高松聡氏は，宇宙CM専門の広告代理店SPACE FILMSを創業した。同社は日清カップヌードル「NO BOARDERシリーズ」のCMを2005年に国際宇宙ステーションで撮影している。高松氏は「民間人として日本人初のISS搭乗宇宙飛行士」を目指してロシアでの訓練も行った。

JAXA の映像は商業目的での利用も可能であり（有償），最近の宇宙ブームを受けて写真集などが多く出版されている。JAXA の施設にも多くの見学者が押し寄せており，近年，宇宙に関連したイベントやエンターテインメント事業が国内で盛り上がっている。宇宙を魅力的にみせる国内外のコンテンツを幅広く提案し，関連する許諾手続も引き受けるワンストップ・サービスの需要が高まっている。

2　宇宙ブランド商品

　宇宙は，先端技術や未来という前向きなイメージを人々に与える。宇宙プロジェクトに用いる部品は，特殊環境で不具合を生じないよう厳しい審査を経て認証される。すなわち，宇宙プロジェクトに自社製品が採用されれば，先端的な技術や信頼の証として，企業の競争力を高めたり従業員のモチベーションを高めることができる。町工場でも，ロケットのフェアリングなどの高い技術で世界的にも評価されている例が複数存在する。

　JAXA では近年，JAXA と企業の共同研究から生まれた商品や JAXA が保有する知的財産権を活用して生まれた商品に対して「JAXA LABEL」というブランドを付与する制度を運営している。月面で走行するロボット SORA-Q を 1/1 スケールで再現した「SORA-Q Flagship Model」（株式会社タカラトミー）や，宇宙飛行士のために開発された高レベルな消臭・防汚技術を用いた「MOONWORKER T シャツ」（ディプロモード株式会社）などに「JAXA LABEL COLLAB」が付与され，販売されている。

　宇宙空間に浮かぶ ISS に長期間滞在する宇宙飛行士の楽しみのひとつは食事であり，特に日本食はかねてから評判が高い。しかし地上の食品をそのまま ISS に持ち込むことはできず，長期保存性に加えて，無重力環境でも安全に食せる形状やパッケージに加工して厳しい安全基準をクリアする必要がある。しかし認証取得の費用を負担しても自社食品を宇宙飛行士に提供したい企業は少なからず存在する。JAXA では，日本食により日本人宇宙飛行士の精神的ストレスを和らげる効果に着目し，「宇宙日本食認証制度」を運営している。

　かつて国際宇宙ステーション（ISS）自体をブランド化してオリンピックのようにスポンサーを募るプロジェクトを参加主体間で検討した経緯がある。ス

ペースシャトル事故の影響で ISS のブランド価値が下がり実現しなかったが，宇宙のブランド価値は文字どおり計り知れない可能性がある。

3 冠婚葬祭ビジネス

　宇宙はその神秘性からか，冠婚葬祭にからめたビジネスにも縁がある。

　ファッションデザイナーのエリ・松居（エマ理永）氏は，JAXA の宇宙オープンラボ制度を活用し，宇宙ファッションの公募を行うとともに，宇宙での着用をイメージしたウェディングドレスをデザインした。海外では宇宙旅行をハネムーンとして予約購入する例もあり，宇宙×ウェディングのビジネスには幅広い可能性がある。

　一方で宇宙葬ビジネスが静かに広がりをみせている。1997 年に米国のオービタル・サイエンシズ社の空中発射ロケット「ペガサス」で 24 人の遺骨が打ち上げられている。ロケットには容積・質量の制約があることから，シリンダー状の容器に数グラムの遺骨を装填し，数百人分の遺骨を同時に打ち上げることが多い。遺骨は地球を周回した後で徐々に高度を下げ，最終的には大気圏突入で「火葬」され，場合によっては流星となるといわれている。スペース・デブリの観点からの懸念はあるが，潜在的なニーズが高いユニークなビジネスである。日本でも，米国のロケットを利用した宇宙葬を引き受ける企業が複数存在する。

4 コンサルティング・シンクタンク

　日本では近年，国・宇宙機関・産業界が一丸となってトップセールスで海外宇宙市場獲得が進められており，アジア・太平洋地域，さらにはアフリカなどで宇宙事業の立上げを支援するコンサルタントへの需要が高まっている。新興国政府からは，衛星や地上インフラなど様々な要素を組み合わせたビジネスモデルを実現するワンストップのコンサルティングサービスや，宇宙インフラを使いこなす人材育成・研修が求められている。企業からは，宇宙事業に付随する安全面の許認可などの行政手続，輸出規制などの知財，法務，複雑な商慣習などをクリアするためのコンサルティングのニーズが高い。

今日宇宙に関する情報はあふれている。顧客の特定目的に対応し，幅広いジャンルの情報を収集・取捨選択し，付加価値の高い分析や提言を行うコンサルティングサービスが求められている。このような時代の風を読み，株式会社電通は 2016 年に社内横断組織「電通宇宙ラボ」（Dentsu Space Lab）を立ち上げ，「宇宙に関する相談窓口」として，生活者目線で宇宙開発技術を生かすアイデアやソリューションを企業や団体に提供していくことを目指している。

5 教育ビジネス

宇宙に関する教育の取組みは，様々な主体により，子供から大学生まで幅広い年代の者を対象として行われている。JAXA にも宇宙教育センターが作られているほか，1986 年に設立された公益財団法人日本宇宙少年団（YAC：Young Astronauts Club - Japan）や 2008 年設立の認定 NPO 法人子ども・宇宙・未来の会（KU-MA）などが活発に活動してきた。もっとも，これらは非営利の活動であり，宇宙ビジネスではない。

それに対して，宇宙教育をビジネスとして展開するベンチャー企業が現れた。ISS の「きぼう」モジュール利用の事業化などを手がけてきた Space BD 株式会社は，宇宙飛行士に求められる能力や宇宙ベンチャーとしての事業実績を素材に教育プログラムを開発して高校や大学などの学校教育に提供したり，起業家育成のセミナー等を運営したりしている。こうして，宇宙教育もまた，宇宙関連ビジネスの一領域として開拓されつつある。

6 地方創生・ソーシャルベンチャー

宇宙を地域経済社会の発展に活用する取組みは以前から存在する。1987 年には，宇宙科学関係の施設のある市町村（2017 年現在は 5 市 2 町）が「銀河連邦」を結成し，関連イベント，子ども留学交流，物産販売等の経済交流などを推進している。ともに JAXA のロケット打上げ施設をもつ鹿児島県の肝付町と南種子町は，小山宙哉氏の漫画「宇宙兄弟」のヒットにあやかり，2013 年 7 月に友好都市提携となる「宇宙兄弟」を宣言して調印式を行った。

国内最大のロケット基地「JAXA 種子島宇宙センター」のある鹿児島県熊毛

Figure**6**.6 ◉ 南種子町の海岸風穴洞「千座の岩屋」でのスーパープラネタリウム「MEGASTAR Ⅱ」投影イベント

©種子島宇宙芸術祭・㈲大平技研

郡南種子町（種子島）は，全国的に人気の高い山村留学の「宇宙留学制度」や夏祭りの「ロケット祭り」など，「宇宙」を経済・観光・教育など様々な地域振興のツールとして積極的に活用している。2023 年からは，ライトアートを展示した夜の芸術祭「種子島宇宙芸術祭―ライトフェスティバル―」を冬に開催している。JAXA の協力を得て，種子島宇宙センター内の東京ドーム約 6 個分の広大な芝生広場をメイン会場に，ライトアートと満天の星空が煌めく幻想的な空間で，非日常的なアート体験を提供している。

　こうした地域の取組みに宇宙産業政策としての意義を認めた政府は，「宇宙ビジネス創出推進自治体」を認定するという事業を開始した。2018 年には北海道，茨城県，福井県と山口県の 4 道県が認定を受けたが，その後，2020 年には福岡県と大分県が認定され，さらに 2023 年には群馬，岐阜県，鳥取県，佐賀県，鹿児島県と長野市，豊橋市も新たに認定された。宇宙ビジネスの創出推進といっても，各道県の取組みは様々で，スペースポート開港（北海道，大分県），宇宙企業の誘致による産業集積形成（茨城県，福岡県），県内の中小企業によるサプライチェーン参入支援（福井県），さらには星空ツーリズムのＰＲ

（鳥取県）などに及ぶ。山口県は，JAXA の西日本防災衛星利用センターを誘致することで衛星データ産業の拠点になることを目指している。制度的にみると，地方自治体が宇宙産業の振興を図る場合には，まち・ひと・しごと創生法に基づく「まち・ひと・しごと創生総合戦略」（2022 年以降は「デジタル田園都市国家構想総合戦略」）の下で，宇宙産業を盛り込んだ「地域版総合戦略」または「地域ビジョン」を作成することが効果的であろう。

V 宇宙ビジネスの第一歩を踏み出そう

1 JAXA の新事業促進プログラム

　宇宙ビジネスには様々な可能性があるが，特に新規参入者には様々なハードルが存在する。日本の宇宙開発利用の司令塔である内閣府宇宙開発戦略推進事務局では，JAXA や産業界と連携し，衛星データ利用促進プラットフォーム，宇宙開発利用大賞，「スペース・ニューエコノミー創造ネットワーク（略称 S-NET）」，宇宙ビジネスアイデアコンテスト S-Booster などの様々な促進策を展開している。

　日本の中核的宇宙機関 JAXA でも，試験設備の供用，小型衛星の打上げ機会提供，知財の活用，画像・映像提供等，技術的な助言などの支援をかねてから実施してきた。さらに，宇宙ベンチャーを育成して宇宙関連ビジネスを創出する目的で，JAXA は 2018 年に宇宙イノベーションパートナーシップ（J-Sparc）という施策を開始した。これは，民間事業者と JAXA がそれぞれリソースを持ち寄り，共同で事業コンセプトの検討や技術開発・実証を行うというパートナーシップ型の共創プロジェクトである。リソースはそれぞれが拠出するので JAXA からの資金提供はないが，JAXA の各部門から職員が共創メンバーとして関与する。それまで宇宙ビジネスの経験をもっていなかった非宇宙企業がJ-Sparc を通じて宇宙ビジネスに参入した事例も現れるなど，大きな成果を上げている（Figure❻.7 参照）。

　2020 年の JAXA 法改正によって JAXA が出資機能（JAXA 法 18 条 11 号）をもつようになると，ベンチャー企業に対して直接出資することも可能になった。

さらに，2023 年の宇宙基本計画では，JAXA の出資機能および資金供給機能を活用して商業化支援，フロンティア開拓，先端・基盤技術開発などの強化を進めることとされ，宇宙戦略基金の設置が決定された（同法 18 条 7 号・21 条）。JAXA による宇宙ビジネスの支援は，今後，ますます強化されていくであろう。

　宇宙ベンチャーに対して資金供給や支援を行うのは，JAXA だけではない。1980 年代から投資会社として実績を持つスパークス・グループが 2020 年に設立したスパークス・イノベーション・フォー・フューチャー株式会社は，宇宙分野に特化したベンチャーファンドとして有望な宇宙ベンチャーに資金供給を行っている。また，宇宙ベンチャーに関心のある起業家，投資家，技術者などが集うオープンなプラットフォーム「SPACETIDE」を気鋭の若手オピニオンリーダーがチームを組んで有志で運営している。世界的に宇宙ベンチャーへの投資が急速に拡大するなか，ようやくその波が日本に到達し，宇宙ベンチャーへの入り口は身近なものとなりつつある。

　しかし，日本の社会的環境の下で実際にベンチャーを立ち上げて成功するのはなお容易ではない。たとえば終身雇用慣行により人材の流動性が低いため，人材や技術ノウハウが宇宙機関や旧来の宇宙企業に偏重している。この点では，熟練したアクティブシニアの活躍とともに，若手技術者がベンチャーに参画しやすい環境が必要である。また，政府予算に基づき創出された知的財産権の民間への開放が不十分であり，知財をインセンティブとして民間投資を呼び込むマーケットプル型の官民連携モデルの推進も検討すべきだろう。そして，本書で縷々語られているように，日本の法的流動性の低さがベンチャーの足かせとなりビジネスチャンスを逃すことになってはならない。宇宙ビジネスは世界的に急速に拡大している。時代の変化を先取りして先導する先進的な法政策の実現をぜひ期待したい。

2 宇宙ビジネスの進展と宇宙法

　国際宇宙法の基盤はアポロ時代に築かれたが，当時想定していなかった民間の多様な宇宙事業が進展している。国連宇宙空間平和利用委員会は加盟国が増加，多様化しており，コンセンサス方式であるために国際宇宙法の改正や新規制定は難しい。そのため，国際宇宙法と現状のギャップを埋めるには，国連総

Figure 6.7 国の支援策と連動した具体的な施策展開（JAXA の主な取り組み）

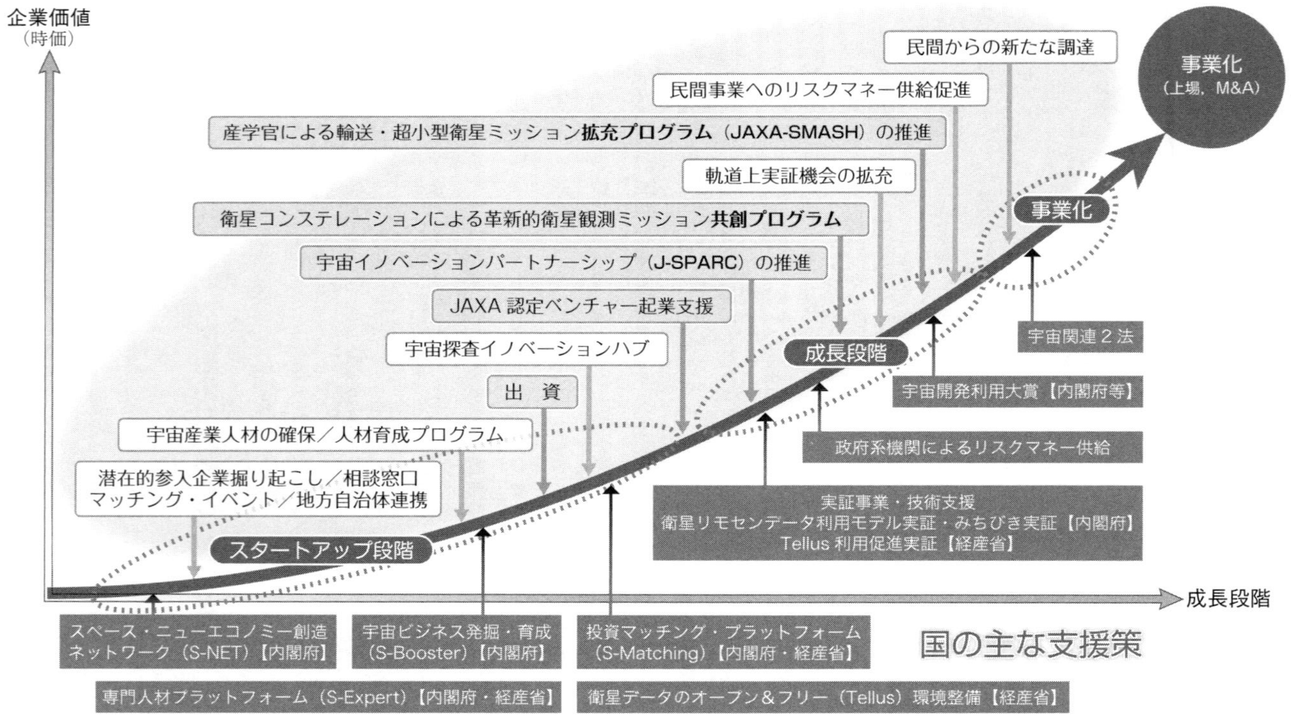
企業価値
（時価）
事業化
（上場，M&A）
民間からの新たな調達
民間事業へのリスクマネー供給促進
産学官による輸送・超小型衛星ミッション拡充プログラム（JAXA-SMASH）の推進
軌道上実証機会の拡充
衛星コンステレーションによる革新的衛星観測ミッション共創プログラム
宇宙イノベーションパートナーシップ（J-SPARC）の推進
JAXA 認定ベンチャー起業支援
宇宙探査イノベーションハブ
出　資
宇宙産業人材の確保／人材育成プログラム
潜在的参入企業掘り起こし／相談窓口
マッチング・イベント／地方自治体連携
スタートアップ段階
成長段階
事業化
宇宙関連２法
宇宙開発利用大賞【内閣府等】
政府系機関によるリスクマネー供給
実証事業・技術支援
衛星リモセンデータ利用モデル実証・みちびき実証【内閣府】
Tellus 利用促進実証【経産省】
成長段階
スペース・ニューエコノミー創造
ネットワーク（S-NET）【内閣府】
宇宙ビジネス発掘・育成
（S-Booster）【内閣府】
投資マッチング・プラットフォーム
（S-Matching）【内閣府・経産省】
国の主な支援策
専門人材プラットフォーム（S-Expert）【内閣府・経産省】
衛星データのオープン＆フリー（Tellus）環境整備【経産省】

（出典）　内閣府資料を基に JAXA が作成

会決議による原則宣言など，ソフトローでの対応が現実的であろう。宇宙産業の振興には，国内の関連法制度の整備も必須であり，事業者への規制のみならず産業振興の観点から検討を行い，税制や知財ポリシー等の関連法制度も連動させる必要がある。

宇宙ビジネス促進のためには，予見可能性を高めるための工夫が必要である。米国のブッシュ大統領が2004年に発表した新宇宙政策では，痛ましい空中破壊事故を受け，スペースシャトルを退役させ，今後ISSを含む地球近傍の宇宙輸送（有人を含む）については民間によるサービスを購入する方針を発表した。さらに，民間宇宙輸送の開発を促進するため，資金提供を行う開発公募（COTS）を実施した。宇宙輸送の「新市場」の創出であり，スペースXを含む複数のベンチャーが国による開発予算や将来の受注機会を巡って競い合った。

宇宙事業はプロジェクトのライフサイクルが長い。20年先の社会を見据えた長期の国家宇宙戦略が必要である。たとえば，宇宙基本計画が衛星開発・利用基盤のひとつとして掲げている宇宙太陽光発電は，技術面やコスト面で様々な課題があるが，将来実現すれば地球のエネルギー問題解決に大きな貢献となる。また，ロケットに代わる技術として研究を推進している宇宙エレベーターがもし実現すれば，まさに宇宙開発利用の手法を根本的に変革することとなる。火星への有人輸送機，ニューヨークへの輸送時間を格段に短縮するスペース・プレーンなど，一見不可能と思われるイノベーションへの不断の取組みは，将来の競争力獲得のために重要な投資である。

宇宙産業の振興においては，国策を支える宇宙製造業（いわゆる宇宙業界）と，民間市場を主なターゲットとしたベンチャーの性質は異なることを意識する必要がある。宇宙製造業は国の安全保障に密接に関係する国策産業として，国産できる産業規模を最低限維持することが喫緊の課題であり，国家による利用（アンカーテナンシー）の推進に加え，海外市場も積極的に獲得する必要がある。国際競争力を高めるためには，宇宙活動法などにより国による民間事業リスクの一部負担を法制化するとともに，ODAなどの関連施策との連動による海外市場の獲得や，PPPなどの産業連携手法の開発を行うとともに，革新的な改革による業界の活性化も意識すべきである。

一方，ベンチャー振興においては，宇宙ビジネスへの関心層を広げつつ，新規参入者を後押しするための環境を整える必要がある。ライセンス制度や安全

面での許可基準などの法制度を明確化し，規制改革や許認可のワンストップ・チャネル化などにより，ハードルを下げるべきだろう。

　宇宙はアイディアやネットワーク次第で様々なビジネスが可能である。多様なビジネスのポテンシャルを引き出すために，国内外の様々なベスト・プラクティスを収集・分析し，法制度を整備する必要がある。日本は法的流動性が低く，技術や産業の発展に伴う社会環境の変化に対するスピーディーな対応に課題がある。法制度構築に相応の時間を要する今日の状況の下では，強い信念に裏打ちされた優れたビジネスモデルの実行が新たな法制度の突破口であり，立法のドライバーとならざるをえない。しかし本来は，新しいビジネスを先取りして先導する先駆的な法政策が望ましい。

　近年急速に進展する宇宙ビジネスを適切に管理し，そして積極的に推進する法制度を日本で，そして国際社会においても，調和的かつタイムリーに発展させていく必要がある。

日本語文献

青木節子『日本の宇宙戦略』（慶応義塾大学出版会，2006 年）

池田文雄『宇宙法』（勁草書房，1961 年）

池田文雄『宇宙法論』（成文堂，1971 年）

宇賀克也『逐条解説 宇宙二法』（弘文堂，2019 年）

大久保涼編著代表・大島日向共同編著『宇宙ビジネスの法務』（弘文堂，2021 年）

国際法学会編『日本と国際法の 100 年 第 2 巻 陸・空・宇宙』（三省堂，2001 年）

小塚荘一郎＝笹岡愛美編著『世界の宇宙ビジネス法』（商事法務，2021 年）

小林鷹之＝大野敬太郎編著『宇宙ビジネス新時代！ 解説「宇宙資源法」』（第一法規，2022 年）

龍澤邦彦『宇宙法システム』（興仁舎，1987 年）

中村仁威『宇宙法の形成』（信山社，2023 年）

藤田勝利＝工藤聡一編『航空宇宙法の新展開』（八千代出版，2005 年）

山本草二「宇宙開発」山本草二ほか『未来社会と法』（筑摩書房，1976 年）

「特集 宇宙と法学」『法学教室』497 号（2022 年）

外国語文献

Bin Cheng, Studies in International Space Law（Clarendon Press, 1997）

Karl-Heinz Böckstiegel（ed.）, 'Project 2001' – Legal Framework for the Commercial Use of Outer Space（Carl Heymanns Verlag, 2002）

Marietta Benkö & Walter Kröll（eds.）, Luft- und Weltraumrecht im 21. Jahrhundert / Air and Space Law in the 21st Century（Carl Heymanns Verlag, 2001）

I.H.Ph. Diederiks-Verschoor & V. Kopal, An Introduction to Space Law, third revised edition（Wolters Kluwer, 2008）

Frans G. von der Dunk, National Space Legislation in Europe（Martinus Nijhoff, 2011）

Frans von der Dunk & Fabio Tronchetti（eds.）, Handbook of Space Law（Edward Elgar, 2015）

P.P.C. Haanappel, The Law and Policy of Air Space and Outer Space（Kluwer, 2003）

Stephan Hobe, Bernhard Schmidt-Tedd & Kai-Uwe Scrogl（eds.）, Cologne Commentary on Space Law, vol.I-III（Carl Heymanns Verlag, 2010, 2015）

Ram S. Jakhu & Paul Stephen Dempsey（eds.）, Routledge Handbook of Space Law

（Routledge, 2017）

Marietta Benkö & Kai-Uwe Schrogl（eds.）, Outer Space – Future for Humankind（Eleven, 2021）

Matthew J. Kleiman, Jenifer K. Lamie & Maria-Vittoria "Giugi" Carminati, The Laws of Spaceflight: A guidebook for new space lawyers（American Bar Association, 2012）

Manfred Lachs, The Law of Outer Space: An Experience in Contemporary Law-making（Sijthoff, 1972, reprinted by Martinus Nijhoff, 2010）

Francis Lyall & Paul B. Larsen, Space Law : A Treatise 2nd edition（Ashgate, 2018）

Francis Lyall & Paul B. Larsen（eds.）, Space Law（Ashgate, 2007）

Gabriella Catalano Sgrosso, International Space Law（LoGisma editore, 2011）

Lesley Jane Smith, Ingo Baumann & Susan-Gale Wintermuth（eds.）, Routledge Handbook of Commercial Space Law（Routledge, 2024）

Patricia Margaret Sterns & Leslie I. Tennen（eds.）, Private Law, Public Law, Metalaw and Public Policy in Space: A Liber Amicorum in Honor of Ernst Fasan（Springer, 2016）

Fabio Tronchetti, Fundamentals of Space Law and Policy（Springer, 2013）

ここでは，宇宙法全般に関するもののみを掲載する。

日本空法学会では，毎年の研究報告会において宇宙法関係の報告が行われており，その内容は学会誌『空法』に掲載される。また，『空法』の巻末には，毎号，海外の宇宙法に関する主要な文献の一覧も掲載されている。

さ 行

宇宙ビジネスのための宇宙法入門〔第3版〕
Introduction to Space Law for Entrepreneurs: 3rd edition

2015 年 1 月 25 日 初　版第 1 刷発行　　　　2024 年 4 月 25 日 第 3 版第 1 刷発行
2018 年 4 月 10 日 第 2 版第 1 刷発行

編著者　　小塚荘一郎，佐藤雅彦
発行者　　江草貞治
発行所　　株式会社有斐閣
　　　　　〒101-0051 東京都千代田区神田神保町 2-17
　　　　　https://www.yuhikaku.co.jp/
組　版　　田中あゆみ
印　刷　　株式会社理想社
製　本　　牧製本印刷株式会社
装丁印刷　株式会社亨有堂印刷所